幽暗意识与时代探索

张灏 著

SPM

南方出版传媒

·广州·

广东人民出版社

图书在版编目（CIP）数据

幽暗意识与时代探索／张灏著. —广州：广东人民出版社，2016.2
ISBN 978－7－218－10588－8

Ⅰ. ①幽… Ⅱ. ①张… Ⅲ. ①政治哲学－政治思想史－中国－
文集 Ⅳ. ①D092－53

中国版本图书馆 CIP 数据核字（2015）第 285032 号

YOU AN YI SHI YU SHI DAI TAN SUO
幽暗意识与时代探索

张 灏 著

出 版 人：曾　莹

总 策 划：肖风华
主　　编：李怀宇
责任编辑：陈泽航　李怀宇
封面设计：张绮华
责任技编：周　杰　黎碧霞

出版发行：广东人民出版社
地　　址：广州市大沙头四马路 10 号（邮政编码：510102）
电　　话：（020）83798714（总编室）
传　　真：（020）83780199
网　　址：http://www.gdpph.com
印　　刷：恒美印务（广州）有限公司
开　　本：889mm×1194mm　1/32
印　　张：8.75　插　页：1　字　数：196 千
版　　次：2016 年 2 月第 1 版　2016 年 2 月第 1 次印刷
定　　价：49.00 元

如发现印装质量问题，影响阅读，请与出版社(020－83795749)联系调换。
售书热线：（020）83795240

张灏

目　录

代　序

心存文化学术　关怀家国时代

梁元生

张灏教授祖籍安徽滁州，毕业于台湾大学，后负笈美国。1961 年及 1966 年先后获哈佛大学的历史学硕士及博士学位。1968 年起任教于俄亥俄州立大学，1998 年来港出任香港科技大学教授，2004 年退休。现居美国首都华盛顿。

张灏教授学识渊博，著述宏富。其于中国思想史的研究，更卓然成家，蜚声国际。先后获颁美国国家人文基金会及美国学术团体联合会之研究奖金、王安东亚学术研究奖金、美国胡佛研究所外国研究奖学金、和新加坡东亚哲学研究所之中国文化研究奖学金等，又曾受任俄亥俄州立大学维恩讲座教授（Wiant Professorship）、弗吉尼亚州亚洲研究名誉讲席、台湾清华大学之文史讲座教授，实至名归，士林钦仰。

张教授除了致力教研，对思想学术有精辟的分析和独特的见解外，并且对时代有强烈的感受，对文化有深厚的负担，对中国传统有深刻的反思，对家国民族的命运有极大的关切和浓烈的同情。心存文化学术，关怀家国时代，可说是海外中国知识分子的典型。

张灏教授治学精勤，博通中西。刘知几言史家有三长：

才、学、识，世罕兼之。章学诚亦曰：才、学、识，三者得一不易，而兼三尤难。非识无以断其义，非才无以善其文，非学无以练其事。张教授以畅丽的文字才情，渊博的知识学问，以及精辟慎密的思考与判断，著书立说，允称良史。而其钻研学问，从事研究，又能巨细兼顾，一方面观察入微，分析细致，却又注目大时代，关心大问题，格局恢宏、意义深远，有司马迁所说"究天人之际，通古今之变，成一家之言"的大气魄。

张灏教授二十世纪六十年代在哈佛大学的研究，着力于晚清思想，对于中国传统文化在西方冲击之下的困境与求存之道，尤其措意，著有《倭仁的仇外角色》（"Wo－jen：A Study of His Anti－foreignist Role"）及《梁启超与十九世纪末期中国思想之变化（"Liang Chi－Chao and Intellectual Changes in Late Nineteenth－Century China"）等论文。有关梁启超之专书《梁启超与中国思想的过渡》（*Liang Chi－Chao and Intellectual Transition in China，1890－1907*）也于1971年由哈佛大学出版。当时哈佛大学的晚清研究在费正清（John K. Fairbank）带领之下，多从"西方的冲击"之概念出发，而张书一反此观念与研究模式存在之偏颇，强调了中国传统在面临外面冲击时所具有的活力。中西文化对梁启超思想的发展，张教授皆有深入的分析，但尤其着重晚清儒学中经世思想及反汉学运动对梁氏之影响。

张灏教授以清末民初，即从甲午战争到五四运动那一段时期，为中国思想由传统到现代的"转型期"，是近代思想的"大变局"和"转折点"，最值得学者研究。除了梁启超之外，他也对此一时期的一些具代表性的知识分子进行了深入细致的个案研究。他对康有为、谭嗣同、章炳麟和刘师培的思想分析，集合成书，是为《危机中的中国知识分子——寻求秩序和意义》（*Chinese Intellectual in Crisis：Search for Order and Meaning，1890 – 1911*），1987 年由加州大学出版。张教授在书中指出，一般西方学者喜欢用"现代化"的概念理解此一时期知识分子的思想，并以此判断其人思想是进步或保守，是现代主义或传统主义。而"现代化"之涵义则主要源自韦伯（Max Weber）之"合理性"之概念，即把现代化说成一种通话合理安排人们的人格、技术、制度来达到控制人类环境的运动。再不然，就是把"现代化"主要和经济发展及其伴生现象等同起来。而此两种解释俱以为"现代化"是与道德过程及精神倾向无涉。张教授认为以此观念去了解中国近代思想变迁，实在有着颇大的局限性。这样做一方面会把近代西方文化过于简化，忽略了其他思想在西方现代化过程中所产生的影响，如基督教精神、无政府主义等；另一方面却又忽视近代中国思想中的道德精神和超越意识，即来自中国传统中所谓"天人性命之学"。在《危机中的中国知识分子》中，张教授强调这四位近代中国知识分子的思想中，都具有一种道德性和精神性思想倾向的特征。以康有为和刘师培而言，道德性倾向支配着其世界观，视人生为一"追求道德完美的至善过程"，而谭嗣同和章炳麟，其思想则以精神倾向为主导，把人生之终极思想，寻求"浸没入原始整一"之中。此四人之思想，都深深根植于传统，而又打破了传统。这种既有承继、又有断裂的特质，正是评价近代中国思想的要素。张教授这种与众不同（如黎文生 Joseph Levenson 主"断裂"，墨子刻 Thomas Metzger 重"继承"）、独辟蹊径的进路，为中国近代思想史的研究带来许多新鲜的角度和精彩的看法。

继《危机中的中国知识分子》之后，张教授于 1988 年及 1989 年连续出版了两本中文著作，颇引起学术界的震撼。第一本书是《烈士精神与批判意识》，对谭嗣同思想作进一步更深入的分析。书中张教授再次强调韦伯之"理性化"及"功效理性"取向，不能完全解释近代思想家的道德精神和超越意识。他说：研究思想，不仅指观念层次上的意识，也指情感层次上的意识，包括内心生活的各个方面。在探讨谭嗣同的思想与心路历程时，张教授注意到三种意识的交织：即强烈的道德意识、致用之学及实践的精神，以及天人合一的宇宙观。此三者紧结交织，使谭嗣同一方面知道追求完美的社会和人格必须从"治心"开始，另一方面使他深信心灵秩序和宇宙秩序互为一体、息息相关。张教授对谭嗣同《仁学》作抽丝剥茧的深入探讨，认为"仁"的精神给予谭氏"杀身灭族"的决心和"从容就义"的勇气，即本书所言的"烈士精神"。此外他又说：《仁学》中的道德理想，使谭氏对现存的社会和传统的基本制度，产生强烈的批判意识和抗议精神。而这种批判意识及抗议精神，追究渊源实来自《西铭》以及宋明理学中天人合一的思想；若再往上追溯，可及于孟子"尽心、知性、知天"的信念和精神。

换言之，谭嗣同的思想和生命中，虽有基督教和佛学的影响，但其烈士精神和批判意识，乃至生命及心灵中不少高贵情操和理想，皆又继承自儒家传统。

如果我们认为《烈士精神与批判意识》一书中对儒家传统的光明面讨论得较多，批判得较少，那么，在 1989 年出版的《幽暗意识与民主传统》一书中，张教授对儒家传统也有深刻的反省和批评。张教授对西方自由主义和民主传统有着非常透彻的认识，并以其"幽暗意识"——对人性中或宇宙中种种黑暗势力的正视和省悟——反照中国的历史和文化，认为中国传统也有着"幽暗意识"，不是一味地乐观，但对人生中的缺陷和阴暗面之警觉和批判，则不如西方自由主义之强烈和直接，因此对政治权力的看法也受到限制，是开不出民主宪政的重要原因。在西方文化反照下看中国的传统，张教授有精彩的比较，也有深刻的反省和崭新的体会。作者对文化的深情和其谏诤的风骨，在本书中清楚可见。

近十余年张教授研究中国思想史，更多着力于宋明及先秦两个大时代。其实，从其研究谭嗣同和梁启超的著作中，他已经一再提到他们思想中的传统渊源。特别是由梁氏的"经世思想"及谭氏的"道德精神"往上追溯，而及于明清经学、宋明理学，乃至先秦儒学。用张教授自己的话来说明这个转变："我在研究梁启超思想时，发现梁氏通过康有为在万木草堂的教育，而认识了'经世思想'发生兴趣。"又说："经世思想始自北宋，而得到较大发展于明清两代。……我认为中国传统的经世思想包括了三方面内涵：第一，是儒家天职的观念，把政治的事业作为人对社会国家一项重要的使命，具有一种强烈的淑世精神；第二，是对儒家提出的'大学'理念作出深入的思考和讨论，如何把修、齐、治、平的程序外延至政治、经济、社会各方面措施上，以期建立一个治世；第三，由'大学'的理念再落实到具体的经世的学问的讨论，特对有功利实效的典章制度的探讨。"张教授对经世思想的三层意义有详细的分析，可参看其《宋明以来儒家经世思想试释》一文。

张教授一方面从务实的"经世思想"回溯追源，另一面则从比较抽象的道德精神和超越意识，寻求了解中国传统文化之性格及意义。在这方面代表性的文章有《枢轴时代突破问题之反省：关于古典儒学》（"Some Reflections on the Problems of the Axial – Age Breakthrough in Relation to Classical Confucianism"），刊于 1990 年哈佛大学出版的 *Ideas Across Culture* 一书中。张教授重新检视商代以来宗教及道德的概念和精神，分析社会人生与宇宙秩序之间的关系，认为商周的更迭并非一定是从宗教祭祀到社会礼仪的转化，也非人道精神取代天道精神的思想变易，而是个既有疏离、又有继承的"转型时期"。张教授对先秦儒学中"天人之际"及"天人合一"观念的阐释，更有精彩独到之处。

梁元生：香港中文大学历史学讲座教授，文学院院长。

幽暗意识与民主传统

　　不论是在西方或者非西方，一般人对自由主义常常有这样一个印象：自由主义是相信人性是善的，是可以变得完美无缺的；它对整个世界的未来，人类的前途，是充满着无限的乐观和信心的。总而言之，在普通人的心目中，自由主义是近代西方人文思想所孕育出的一种理想主义。

　　这种印象的形成，并非偶然。因为18世纪以来，西方自由主义深受启蒙运动的乐观精神的影响。但不可忽略的是，自由主义还有另外一个思想层面。在理想上，它保持着自由主义传统的一些基本原则，因此，它珍视人类的个人尊严，坚信自由与人权是人类社会不可或缺的价值。但它同时也正视人的罪恶性和堕落性，从而对人性的了解蕴有极深的幽暗意识。因此这种自由主义对人类的未来是抱持着希望的，但这希望并不流于无限的乐观和自信。它是一种充满了"戒慎恐惧"的希望。这种把对人类的希望和幽暗意识结合起来的自由主义，并不代表西方自由主义的全貌，但从今天看来，却是最有意义，最经得起历史考验的一面。这篇文章就是要把西方自由主义的这一面和幽暗意识之间的关系作一些整理和介绍，① 同时以此为借

---

　　① 在作者所见到有关此问题的英文书籍中，尚无有系统的专著，因此幽暗意识与西方民主传统之间的关系，在欧美学术界，也是一个亟待厘清的问题。

镜，希望对传统儒家的人性论和政治思想作一些厘清和反省。

首先我得对幽暗意识在观念上作一些交代。所谓幽暗意识是发自对人性中与宇宙中与始俱来的种种黑暗势力的正视和省悟：因为这些黑暗势力根深蒂固，这个世界才有缺陷，才不能圆满，而人的生命才有种种的丑恶，种种的遗憾。

这种对人生和宇宙中阴暗面的正视，并不代表价值上的认可。实际上，这种幽暗意识是以强烈的道德感为出发点的，惟其是从道德感出发，才能反映出黑暗势力之为"黑暗"，之为"缺陷"。因此它和中外文化传统中各种形形色色的现实主义，如中国的法家，西方思想家如马基雅弗利（Machiavelli）与霍布斯（Thomas Hobbes）等人的学说，在精神上是迥异其趣的，同时它也和西方现代的功利主义和道德唯我论（ethical egoism）有着很大的不同。后者在价值上接受人的私欲和私利，而以此为前提去考虑个人与社会的问题，而幽暗意识却在价值上否定人的私利和私欲，然后在这个前提上求其防堵，求其疏导，求其化弥。因此它对现实人生，现实社会常常含有批判的和反省的精神。

在许多古老文明里，我们都可或多或少地找到这种幽暗意识。比较而言，它在印度与西方文化中特别深厚。印度文化的基本精神是出世的，因此它的幽暗意识虽然深厚，却未能对政治社会的发展有正面和积极的影响。而西方文化中的幽暗意识，却经由人世精神的发展，对政治社会，尤其是自由主义的演进，曾有极重要的影响。

一 幽暗意识与西方民主传统

我们都知道，西方传统文化有两个源头，希腊罗马的古典文明和古希伯来的宗教文明。希腊罗马思想中虽然有幽暗意识，但是后者在西方文化中的主要根源却是古希伯来的宗教。这宗教的中心思想是：上帝以他自己的形象造人，因此每个人的天性中都有基本的一点"灵明"，但这"灵明"却因人对上帝的叛离而汨没，由此而黑暗势力在人世间伸展，造成人性与人世的堕落。在古希伯来宗教里，这份幽暗意识是以神话语言表达出来的，因此，如果我们只一味拘泥执著地去了解它，它是相当荒诞无稽的。但是我们若深一层地去看它的象征意义，却会发现这些神话也含有着一些可贵的智慧。其中最重要的一点乃是这些神话所反映出对人性的一种"双面性"了解——一种对人性的正负两面都正视的了解。一方面，它承认每个人都是上帝所造，都有灵魂，故都有其不可侵犯的尊严。另一方面，人又有与始俱来的一种堕落趋势和罪恶潜能，因为人性这种双面性，人变成一种可上可下，"居间性"的动物，但是所谓"可上"，却有其限度，人可以得救，却永远不能变得像神那样完美无缺。这也就是说，人永远不能神化。而另一方面，人的堕落性却是无限的，随时可能的。这种"双面性"、"居间性"的人性观后来为基督教所承袭，对西方自由主义的发展曾有着极重要的影响。

此处需要顺便一提的是，基督教与西方自由主义的形成和演进有着牢不可分的关系，这在西方已为欧美现代学者所共认。美国政治思想史权威弗里德里希（Carl J. Friedrich）教授就曾著论强调：西方的自由宪政，从头至尾就是以基督教为其主要思想背景。至于西方民主宪政与希腊罗马的渊源，他则完全不予重视，此一论断虽有可议之处，但是基督教与西方近代，尤其英美式的自由主义有着极深的关系，则为不争之论。①

基督教对自由主义的贡献当然是多方面的，而它的人性论，却毫无疑问是它最重要的贡献之一。必须指出的是：基督教在这方面向来最受一般研究自由主义的学者所强调的是它对人性中的"神灵"（devine spark）和理性的肯定，由这一基本信念，不但进而肯定个人的尊严，而且也肯定人类有共同的价值，可以恪遵共同的法则，共营政治社会生活。这些信念和肯定，在欧洲近代初期变成"自然法"的一个重要源头，而"自然法"对近世自由宪政的重要性则是西洋史上众所熟知的事实。

可是上面所说的贡献只代表基督教人性观中的一面，如前所说，它还有另一面——它的现实性，它的幽暗意识。诚然这幽暗意识对自由主义的促进不似基督教对人性积极的肯定那样直接，那样明显。但是和后者配合起来，也曾对自由主义的推动，发挥不可忽视的功能。这种功能，大略说来，可从基督教的幽暗意识的两个思想层面去看。

首先，以幽暗意识为出发点，基督教不相信人在世界上有体现至善的可能，因为人有着根深蒂固的堕落性，靠着自己的努力和神的恩宠，人可以得救，但人永远无法变得完美无缺。这份完美无缺，这份至善，只有神有，而人神之间有着不可逾

---

① Carl J. Triedrich, *Transcendent Justice：The Religious dimension of Constitutionalism*（Duke University Press，1964）．

越的鸿沟。因此，从基督教看来，人既然不可能神化，人世间就不可能有"完人"。这种人性观，对于西方政治文化有着极重要的后果。我们知道，在基督教以外的一些文化里，如中国的儒家传统，希腊的柏拉图思想，解决政治问题的途径往往是归结到追求一个完美的人格作为统治者——这种追求"圣王"和"哲王"的观念，因为它和幽暗意识相抵触，在基督教传统里，便很难产生。

其次，幽暗意识造成基督教传统重视客观法律制度的倾向。人性既然不可靠，权力在人手中，便很容易"泛滥成灾"。因此，权力变成一种极危险的东西。大致而言，历史上解决权力问题的途径可分两种，一种是希望执掌权力的人，透过内在道德的培养，以一个完美的人格去净化权力。另一种是求制度上的防范。前面说过，从基督教的人性论出发，很难走上第一种途径，剩下来自然只有第二种途径。基督教的思想家，不论新教或旧教，思考人类的政治问题时，常常都能从客观的法律制度着眼，绝非偶然！

幽暗意识的这两项功能，可以从西方自由主义演进史中的一些具体史实去作更进一步的说明：

（一）西方自由主义的早期发展

这一发展是以 17、18 世纪的英美自由宪政运动为主干。而这一主干的发展从起始就和基督教的新教，尤其和新教中的加尔文教派（Calvinism）有着密切的关系，我们若对这些关系稍作探讨，便不难看出幽暗意识的历史意义。

加尔文教派在 16、17 世纪的英国发展成为所谓的清教徒教会（Puritan Church）。清教徒的教义含有极强烈的幽暗意识，主要因为它的整个教义是环绕着人神对比的观念而展开。神是至善，人是罪恶。人既然沉沦罪海，生命最大的目的便是企求神恕，超脱罪海，获得永生。这种思想，应用到政治上，演为清教徒的互约论（covenantal theology），[①] 人的社会乃是靠两重互约建立，即人与神之间的互约。一方面人保证服从神意，谨守道德；另一方面，基于人的承诺，神保证人世的福祉和繁荣，在这人神互约之下，人们彼此之间又订下了进一步的信约，言明政府的目的乃是阻止人的堕落，防止人的罪恶。在这一大前提下，政府的领袖如果恪遵神意，为民造福，则人民接受其领导，若他们不能克制自己的罪恶性，因而违反神意，背叛信约，则人民可以起而驱逐他，否则整个社会，必获神谴，而蒙受各种天灾人祸。总而言之，清教徒的幽暗意识随时提醒他们：道德沉沦的趋势，普遍地存在每个人的心中，不因地位的高低，权力的大小，而有例外，就人的罪恶性而言，人人平等！因此，他们对有权位的人的罪恶性和对一般人的堕落性有着同样高度的警觉。这份对有权位的人的罪恶性的警觉是清教徒自由思想中很重要的一环，在清教徒的文献中，不时流露出来。例如，英国 17 世纪的大诗人约翰·弥尔顿（John Milton）也是一位清教徒的思想领袖，他就曾说过这样的话："国王和行政首长，他们既然是人，就可能犯罪过，因此他们也必须被置于人民所制定的法律管制之下。"[②] 这种话，出自一位清教徒

---

① Edmund S. Morgan ed., *Puritan Political Ideas*, 1558—1794 (The American Heritage Series, 1965), Preface, Part 1 and Part 2.

② William Haller, *Liberty and Reformation in Puritan Revolution* (New York, 1955), chapter 10.

绝非偶然！

如上所述，幽暗意识在清教徒的自由宪政思想中有着极重要的地位，而这种自由宪政思想是造成 17 世纪中叶清教徒革命的原动力。这一革命虽然后来失败，它在思想上的影响却非常深远。首先，有近代自由主义之父之称的约翰·洛克（John Locke），早年就曾感染过清教徒革命所产生的共和宪政思想。而且不应忘记的是：洛克本人也是一位加尔文教徒。因此他的自由主义思想不仅只代表欧洲的人文理性主义，而且也植根于基督教的新教教义。

弗里德里希教授曾经指出：自由主义的一个中心观念——"政府分权，互相制衡"的原则就是反映基督教的幽暗意识。①因为人性既然不可靠，防止专制暴政的最好方法就是把权力在制度上根本分开，避免政府中任何一个部门有过多的权力，而政府领袖揽权专政的危险也就在制度上无形中化解了。

清教徒的自由宪政思想，除了直接间接有造于英国早期的自由主义，此外还有一层更深远的影响。

原来清教徒在英国国内因为宗教意见之不同，受到英国国家教会的迫害，于 17 世纪初期开始移民北美，17 世纪中叶清教徒革命失败后，移民继续增加，造成日后所谓的新英格兰殖

---

① Friedrich 这一论点，若专指洛克的思想而言，则颇有问题，因为史家尚无证据显示洛克的"政府分权"这一观念是特别来自基督教的罪恶意识。但重要的是：此一观念并非完全始于洛克，前于洛克的英国思想家如 James Harrington 即已有此思想。因此，就弗氏的观点，稍加修正，我们或者可以说：Harrington 与洛克这些人，沉浸于基督教思想的范围中，受幽暗意识有意无意的影响，因而有政府分权以防专制的构想。

民地。在这片新大陆的土地上，清教徒不但可以自由地传播他们的宗教信仰和政治社会思想，而且还可以把这些信仰和思想付诸实现。值得注意的是："新英格兰"在当时是整个北美移民地的思想中枢，因此，清教徒的思想不但笼罩新英格兰一区，而且也在整个北美殖民地普遍地散布。

前面提到，清教徒的政治社会观的中心观念是含有极强烈幽暗意识的互约论，由此而产生的自由宪政思想就是日后美国革命建国的一个重要思想泉源。①

这里必须指出的是：18 世纪欧洲盛行的启蒙运动思想传入北美洲，对当时殖民地的思想界，曾产生了相当大的冲击。但是晚近治美国史的学者多半都认为启蒙运动的影响，还是不能与英国 17 世纪清教徒革命时所产生的自由宪政思想相比，尤其重要的是，启蒙运动所强调的人性可臻至善的观念，迄未能将清教徒所遗留下来的幽暗意识取而代之。因此，在表面上，美国革命的思想主流诚然是接受了欧洲启蒙运动的人文理性主义，但骨子里基督教那份对人性堕落的警觉仍然在继续发酵。

约翰·亚当斯（John Adams）便是一个好例子。他是美国开国后的第二任总统，同时也是当时知识界的重镇，在他的思想里就时时表现出他对人性阴暗面的体验与警惕。因此，美国的自由主义在建国之初即与欧洲大陆受了启蒙运动强烈影响的

---

① 见前引 Morgan 的 *Puritan Political Ideas* 一书，pp. 305—330。读者也可参看 Morgan 所写之 "The American Revolution Considered as an Intellectual Movement" 一文。此文发表于 Arthur M. Schlesinger and Morton White 所编之 *Paths of American Thought*（Sentry edition）pp. 11—13。

自由主义有着重要的不同。①

美国早期的自由主义的结晶就是它的宪法。诚如英国史学家布莱士（James Bryce）所说，当美国"开国诸父"（Founding Fathers）于 1787 年的夏天聚集在费城草拟宪法时，他们的思想是带有很浓厚的幽暗意识的。他们对他们新建的国家充满着希望，但在希望中他们仍能正视现实，他们的基本精神是理想主义，但这份理想主义却含藏着戒慎恐惧的现实感。②

这份高度的现实感在当时影响宪法最后制定极大的《联邦党人文集》（*Federalist Papers*）有充分的流露，例如曾经参与撰写《联邦党人文集》的汉密尔顿（Alexander Hamilton）就曾说过："我们应该假定每个人都是会拆烂污的瘪三，他的每一

---

① 就以美国"开国诸父"中受欧洲启蒙运动影响最深的杰弗逊而言，他所表现的乐观精神也是相当"收敛"的。例如他曾说过："Although l do not with some enthusiasm believe that the human condition will ever advance to such a state of perfection as that there shall no longer be pain or vice in the world，yet l believe it susceptible of much improvement，and most of all，in matters of government and religion，and that the diffusion of knowledge among the people is to be the instrument by which it is to be effected." See *Ideas in America*：*Source Readings in the Intellectual History of the United States*，ed. by Gerald N. Grob and Robert N. Beck（New York，1970）。

② 布莱士曾说过这样的话："American government is the work of men who believed in original sin and were resolved to leave open for transgressors no door which they could possibly shut…The aim of the Constitution seems to be not so much to attain great common ends by securing a good government as to avert the evils which will follow not merely from a bad government but from any government strong enough to threaten the preexisting Communities and individual Citizens." See James Bryce，*The American Commonwealth*（New York，1889），vol. 1，p. 306。

个行为，除了私利，别无目的。"更重要的是麦迪逊（James Madison）在《联邦党人文集》中所发表的文字。麦氏素有美国"宪法之父"之称，在他看来，结党营私是人类的通性，我们必须正视这通性的存在。他曾提出一个很有意义的问题："政府之存在不就是人性的最好说明吗？如果每一个人都是天使，政府就没有存在的必要了。"乍听之下，这句话简直好像出自一个基督教神学家之口！

是这份对人性的现实感使麦迪逊深感政府的权力不能集中，集中之后，以人性的自私自利，必然会有暴政的出现。权力集中在一个人手里，固然会造成独裁专制，集中在大多数人手里，也会产生欺压少数人的民主专政。阻止权力集中的最好办法就是"权力分置，互相制衡"这一制度。他认为，有了这种制度之后，社会上各种团体结党营私也无妨，因为他们自私自利的行为可以互相抵消，互相牵制，而公共利益因之也仍然可以实现。易言之，一个个自私自利之人结合在一起可以化为一个完善的群体。"权力分置，互相制衡"这一制度的妙用就在此！①

麦迪逊这些想法日后变成美国宪法的基本原则。时至今日，美国立国已逾两百年，这部宪法显然是一部可以行之久远的基本大法。而其所以能行之久远的一个重要原因，则不能不

---

① 见 Arthur O. Lovejoy, *Reflections on Human Nature* (The Johns Hopkins University Press, 1961)，第二章，"The Theory of Human Nature in the American Constitution and the Method of Counterpoise," pp. 37—66。

归功于美国"开国诸父"当年的幽暗意识。①

（二）近代自由主义对权力的警觉

前面曾经指出，18世纪以后，西方自由主义的人性论，因为启蒙运动的影响，时时呈现浓厚的乐观色彩；许多自由主义论者都认为人可以变得十全十美，人类社会可以无限地进步，但是，正视人性阴暗面的现实感并未因此消失，在自由主义的传统中仍然有其重要的地位。这份现实感，虽然有不同的来源，但毫无疑问地，西方传统的幽暗意识是其重要源头之一。欧美知识分子，本着这份幽暗意识，对人类的堕落性与罪恶性，时时提出警告，对自由主义在现代世界所面临的种种挑战和陷阱，时时唤醒警觉。这是近代自由主义很重要但常受人忽视的一个层面。我们可以英国19世纪的阿克顿爵士（Lord Acton）为例证，对近代自由主义这一层面稍作说明。

阿克顿是英国19世纪晚期的大史学家，出身贵族世家，是一位天主教徒，他对史学最大的贡献是创编有名的《剑桥近代史》。与许多大史家一样，他有其独特的史观。在他看来，自由是人类最珍贵的价值，而人类一部历史也就是这价值的逐渐体现。但他并不是一位单纯的历史乐观论者，他与当时的许多历史学家和思想家不同，他并不认为人类的历史和未来就是

---

①　关于美国"开国诸父"的思想中的现实感，到底有多少成分来自传统基督教的幽暗意识，学者尚在争论中。有一些学者认为这份现实感来自他们对当时的政治和社会的观察。但问题是：政府的腐败，执政者的贪权，发生于每一个社会，为何美国的"开国诸父"独对这些现象有着特别强烈的感受与反应？从这一个角度看去，他们的清教徒背景显然是一个很重要的因素。

一个单线的进化；对于他而言，自由在历史体现的过程，是迂回的、曲折的、艰难的，当他回视人类的过去，他所看到的是血迹斑斑！黑暗重重！因此作为一个史学家，他说他无法一味地肯定和歌颂人类过去的成就，站在自由主义的立场，他必须批判历史、控诉历史。

阿克顿爵士这种对历史的看法是来自他基督教的背景。这种对历史阴暗面的敏感和正视，他归功于基督教原罪的观念。他曾借着别人说的一段话来表明他对基督教幽暗意识的感受："一个基督徒由于他的信仰，不得不对人世的罪恶和黑暗敏感。这种敏感，他是无法避免的。基督教对人世间罪恶的暴露可以说是空前的。我们因此才知道罪恶的根深蒂固，难以捉摸和到处潜伏。基督教的神示（revelation）一方面是充满了慈爱和宽恕，另一方面也恶狠狠地晾出了人世的真相，基督教的福音使罪恶意识牢系于人心……他看到别人看不见的罪恶……（这种）原罪的理论使得基督徒对各种事情都在提防……随时准备发觉那无所不在的罪恶。"①

基督教的幽暗意识不但使阿克顿爵士对历史的种种黑暗面有着普遍的敏感，同时也使他对人世间权力这个现象有着特别深切的体认。在他看来，要了解人世的黑暗和人类的堕落性，最值得我们重视的因素就是权力。从来大多数研究权力的学者认为权力是一个中性的东西，它本身无所谓好坏和对错。因此要谈权力的道德意义，必须落实于权力行使的具体环境，就这具体环境然后可予权力以道德的评价。但是阿克顿爵士却并不

---

① Lord Acton, *Essays on Freedom and Power*（The Beacon Press, 1984）序言，pp. 14—15。

采取这样一个看法。因为人性本具罪恶性，权力，既然是由人而产生，便有它无法消解的毒素。

从上面这种权力观，阿克顿爵士得到这样一个结论：地位越高的人，罪恶性也越大。因此教皇或国王的堕落性便不可和一般老百姓同日而语。他曾经很斩钉截铁地说过这样一句话："大人物几乎都是坏人！"在这样一个思想背景之下，他写下了那句千古不朽的警句："权力容易使人腐化，绝对的权力绝对会使人腐化"（Power tends to corrupt and absolute power corrupts absolutely）。①

不但位高权重的个人有受权力腐化的趋势，就是在一个民主的社会也时有这种危机，因为占大多数的群众（majority），仗恃他们的人多势众，投起票来，稳操胜算，常常会利用这种势力欺压凌暴少数人（minority）。这是现代民主制度所常见的内部危机，而阿克顿爵士早在 19 世纪即有此警惕！诚如他说，基督教的原罪意识使他"对各种事情都在提防，随时准备发觉那无所不在的罪恶！"

二　幽暗意识与儒家传统

前面提过，幽暗意识并非西方传统所独有；在世界所有古老文明中，几乎都有它的存在，中国传统文化也不例外。只是幽暗意识表现的方式和含蕴的深浅有所不同而已。但这不同的方式和程度却对中国传统的政治文化有着深远的影响。这是一

---

① 见 Lord Acton 于 1887 年致 Mandell Creighton 函，见上引 *Essays on Freedom and Power* 中第 364 页。

个很复杂的问题，在这里我只准备作一个简单的讨论。

儒家思想与基督教传统对人性的看法，从开始的着眼点就有不同。基督教是以人性的沉沦和陷溺为出发点，而着眼于生命的赎救。儒家思想是以成德的需要为其基点，而对人性作正面的肯定。不可忽略的是，儒家这种人性论也有其两面性。从正面看去，它肯定人性成德之可能，从反面看去，它强调生命有成德的需要就蕴含着现实生命缺乏德性的意思，意味着现实生命是昏暗的、是陷溺的，需要净化、需要提升。没有反面这层意思，儒家思想强调成德和修身之努力将完全失去意义。因此，在儒家传统中，幽暗意识可以说是与成德意识同时存在，相为表里的。

这两者之间的关系在原始儒家已可清楚地看出。要谈原始儒家，当然从《论语》开始。从正面看去，整个《论语》一书被成德意识所笼罩。但是换一个角度去看，周初以来的"忧患意识"也贯串全书。[①] 孔老夫子，栖栖皇皇，席不暇暖，诚如他所说，是因为"天下无道"。但是细绎《论语》中"天下无道"这一观念，可以看出忧患意识已有内转的趋势，外在的忧患和内在的人格已被联结在一起。这内转的关键是孔子思想中"道"的观念。"夫子之道，忠恕而已矣"，"人能弘道，非道弘人"。《论语》中这些显而易见的话，已清楚地显示：孔子所谓的道，已不仅指外在超越的天道，它也意味着人格内蕴的德性。透过这一转化，孔子已经开始把外在的忧患归源于内在人格的昏暗。易言之，《论语》一书中已非完全承袭周初以来的忧患意识，忧患意识已渐渐转化成为"幽暗意识"。

---

① 　徐复观：《中国人性论史·先秦篇》，第 20—32 页。

孔子以后，幽暗意识在原始儒家里面有更重要的发展，主要因为成德和人性之间的关联变成思想讨论的焦点，荀子在这方面的思想当然是最为突出的。他的性恶论就是对人性的阴暗面作一种正面的抉发。但荀子思想的影响，对后世儒家传统的形成，尤其就宋明儒学的主流而言，不够重要，重要的是孟子，可是孟子在这方面的思想却是相当间接而曲折的，需要一点分疏。

谈到孟子，首先必须指出的是：他对成德这个问题是采取"正面进路"，他的中心思想是个人成德之可能，因此强调人有天生的"善端"，本此善端，加以扩充，便可成德，于是而有"人人皆可以为尧舜"的结论。不可忽略的是，孟子这种"正面进路"和乐观的人性论尚有另外一面。不错，孟子是特别强调人的善端，但他同时也深知这善端是很细微的。"人之异于禽兽者几希！"这个"几希"固是孟子对成德采取乐观之所本，但也道出了他对人性的现实感。而就是本着这份现实感，后世儒者像王夫之才有"君子禽兽，只争一线"的观念；曾国藩才说出"不为圣贤，便为禽兽"这种警语。

因此，我们可以说：与孟子之乐观人性论相伴而来的是一种幽暗意识。尽管这种意识表现的方式常常是间接的映衬，或者是侧面的影射，它仍显示孟子对人性是有警觉、有戒惧的。只有本着这份警觉与戒惧，我们才能了解为何《孟子》一书中一方面肯定"人人皆可为尧舜"，强调人之趋善，"如水之就下"，而另一方面却时而流露他对成德过程的艰难感，为何他要重视"养心""养气"等种种的功夫。最重要的是他的幽暗意识与他乐观的人性论相糅合而造成他思想中另一重要层面，《孟子》里面有一段话很清楚地点出这层面。"公都子问曰：

'钧是人也，或为大人，或为小人，何也?'孟子曰：'从其大体为大人，从其小体为小人。'曰：'钧是人也，或从其大体，或从其小体，何也?'曰：'耳目之官，不思而蔽于物，物交物则引之而已矣。心之官则思，思则得之，不思则不得也。此天之所与我者，先立乎其大者，则小者不能夺也，此为大人而已矣。'"

这一段话的意思是：孟子认为人之自我有两个层面，一层是他所谓的"大体"，一层是"小体"。孟子有时又称这两层为"贵体"和"贱体"。从《孟子》一书的整个义理结构来看："大体"和"贵体"是代表天命之所赐，因此是神圣的、高贵的。"小体"和"贱体"是代表兽性这一面，因此是低贱的，倾向堕落的。这显然是一种"生命二元论"，是孟子人性论所表现的另一义理形态。

这种生命二元论，是整个儒家传统形成中的一个极重要发展。它是了解宋明儒学思想的一个基本关键，同时也是了解后者所含藏的幽暗意识的一个起足点。① 当然这并不是说宋明儒学在这方面没有受到其他的影响。无可否认的，大乘佛教进入中国后，它所强调的无明意识，直接间接地加深了宋明儒学的幽暗意识。但是后者在表现幽暗意识的方式上，仍然与大乘佛教有着基本的不同，因为佛教的无明观念，像基督教的原罪意识一样，对生命阴暗面是作正面的彰显与直接的透视。但是宋

---

① 美国学者墨子刻（Thomas A. Metzger）在他的 *Escape from Predicament*，*Neo-Confucianism and China's Evolving Political Culture*（Columbia University Press，1977）一书中，提出困境感（Sense of Predicament）的观念，对宋明儒学中的幽暗意识，曾有间接的讨论，发人深思，读者可以参看。

明儒学，至少就其主流而言，仍然大致保持原始儒家的义理形态，强调生命成德之可能，因之对生命的昏暗与人世的缺陷，只作间接的映衬与侧面的影射。这是宋明儒学幽暗意识的基本表现方式，而这表现方式就是以孟子生命二元论为其理论的出发点。

宋明儒学，本着孟子生命二元论，再受到大乘佛教和道家思想的激荡，就演成它的"复性"思想。"复性"观念的基本前提是：生命有两个层面——生命的本质和生命的现实。而生命的本质又是人类历史的本原状态，生命的现实又是人类历史的现实过程。于是在这种前提上便出现了对生命和历史的一种特殊了解。生命的现实虽在理论上不一定是昏暗，却常常流为昏暗。因此由生命的本质到生命的现实便常常是一种沉沦。依同理，人类历史的本原状态和生命的本质一样，是个完美之境，但在历史现实过程中却时时陷入黑暗。在这样的思想背景下，就形成了复性观的主题：本性之失落与本性之复原；生命之沉沦与生命之提升。

很显然的，复性思想是含有相当浓厚的幽暗意识的。既然复性思想以不同的形式贯串宋明儒家各派，它所蕴涵的幽暗意识自然也不限于任何一家一派。但在宋明儒学的主流——程朱学派中，它似乎特别显著和突出。这主要因为程朱学派的义理结构是以二元论的形式出现。在宇宙观方面，它有理与气的对立，在人性观方面，它有天理与人欲，道心与人心的对立。这种对立使得成德过程的艰难性在朱子思想中特别明显。朱子曾说过下面这样一段话："以理言，则正之胜邪，天理之胜人欲，甚易；而邪之胜正，人欲之胜天理，甚难。以事言，则正之胜邪，天理之胜人欲，甚难；而邪之胜正，人欲之胜天理，却甚易。正如人身正气稍不足，邪便得以干之。"换句话说，朱子认为，按照道理说，正应该克邪，但在现实人生里，邪却是经常胜正的！

朱子不但从天理与人欲的对立去看人生。同时也从这个角度去放眼看历史。在他看来，历史的本源，也就是所谓的"三代"，是天理流行，一片光明净洁，而历史的现实过程，所谓三代以后，即便是汉唐盛世，也多半是人欲泛滥，一片黑暗！他在答陈同甫的信里，把三代以后历史的沉沦，说得最为明白斩钉截铁："若以其能建立国家，传世久远，便谓其得天理之正，此正是以成败论是非，但取其获禽之多，而不羞其诡遇之不出正也。千五百年之间，正坐如此，所以只是架漏牵补过了时日。其间虽或不无小康，而尧舜三王周公孔子所传之道未尝一日得行于天地之间也。"这些话，出自朱子之口，道尽了宋明儒学正统派中的幽暗意识。

幽暗意识不仅限于程朱学派，就在对成德充满乐观与自信的王学里，也时有流露。理由很简单，王学虽然很少直接谈"复性"这个观念，但"复性"所代表的生命观，却仍然是王学思想中基本的一环。我们只要翻阅《阳明全集》，学绝道丧，人心陷溺的感喟，随处可见，便是明证。王学的乐观是来自王阳明之深信他发现了挽救人心、培养德性的独特方法，而并不代表他们无感于人心的陷溺。

这里必须指出的是：王学文字中，"学绝道丧，人心陷溺"这一类话，并非出自对人世浮泛的观察，而是本自他们对生命的体验。例如王畿是王门中最富乐观精神的一位，他对一般人成德之信心可于他的"见成良知"这一观念看出。但同时他却能够对人性中所潜藏的罪咎和陷溺作深入的体认。他曾说过：

"吾人包裹障重，世情窠臼，不易出头。以世界论之，是千百年习染，以人身论之，是半生依靠。"①

这种幽暗意识，在王门另外一位重要人物，罗洪先的思想中看得更清楚。他对自己内心深处所蟠结的罪咎，曾有这样勘查入微的反省："妄意于此，二十余年矣，亦尝自矢以为吾之于世，无所厚取，自欺二字，或者不至如人之甚，而两年以来，稍加惩艾，则见为吾之所安而不惧者，正世之所谓大欺，而所指以为可恶而可耻者，皆吾之处心积虑，阴托之命而恃以终身者也。其使吾之安而不惧者，乃先儒论说之余而冒以自足，以知解为智，以意气为能，而处心积虑于可耻可恶之物，则知解之所不及，意气之所不行，觉其缺漏，则蒙以一说，欲其宛转，则加以众证，先儒论说愈多，而吾之所安日密，譬之方技俱通，而痿痹不恤，搔爬能周，而疼痒未知，甘心于服鸩，而自以为神剂，如此者不知日月几矣。呜呼，以是为学，虽日有闻，时其习明师临之，良友辅之，犹恐成其私也。况于日之所闻，时之所习，出入于世俗之内，而又无明师良友之益，其能免于前病乎，夫所安者在此，则惟恐人或我窥，所蒙者在彼，则惟人不我与，托命既坚，固难于拔除，用力已深，益巧于藏伏，于是毁誉得失之际，始不能不用其情，此其触机而动，缘衅而起，乃余痕标见。所谓已病不治者也，且以随用随足之体，而寄寓于他人口吻之间，以不加不损之真，而贪窃

① 关于王畿及其他晚明清初的几位思想家对于生命阴暗面的感受，读者可以参看：Pei-yi Wu，"Self-examination and Confessions of Sins in Traditional China"，*Harvard Journal of Asiatic Studies*，vol. 39，no. 1（June，1979），pp. 5—38。

于古人唾弃之秽，至乐不寻，而伺人之颜色以为欣戚，大宝不惜，而冀时之取予以为歉盈，如失路人之志归，如丧家之丐食，流离奔逐，至死不休，孟子之所谓哀哉！"

是经过这种深切的反省和自讼，他才能对生命有这样的感受："吾辈一个性命，千疮百孔，医治不暇，何得有许多为人说长道短邪？"

这种对生命有千疮百孔的感受，在晚明刘宗周的思想里有更明显的流露，造成幽暗意识在宋明儒学里一个空前的发展。例如他在《人谱》一书中，把成德的实践过程分成六步，每一步都有罪咎的潜伏，都有陷溺的可能。他在总结第六步——"迁善改过以作圣"时，曾有这样的话："学者未历过上五条公案，通身都是罪过；即已历过上五条公案，通身仍是罪过。"接着在《人谱续篇·纪过格》里，他对这"通身的罪过"有极详尽的抉发和分析。他把罪过分成六大类，每一大类再细分成各色各种，其中第一大类，刘宗周称之为"微过"，最足以表现他对罪过勘查的细微："以上一过实函后来种种诸过，而藏在未起念之前，仿佛不可名状，故曰微，原从无过中看出过来者。'妄'字最难解，真是无病疼可指。如人之气偶虚耳，然百邪从此易人。人犯此者使一生受亏，无药可疗，最可畏也。"[①]

《人谱》里面所表现的罪恶感，简直可以和其同时代西方清教徒的罪恶意识相提并论。宋明儒学发展到这一步，对幽暗意识，已只是间接的映衬和侧面的影射，而已变成正面的彰显和直接的透视了。

---

① 牟宗三：《从陆象山到刘蕺山》，第519—541页。

上面讨论的主旨是在强调：儒家思想，尤其是宋明儒学，是含有幽暗意识这一层面的。所以要这样强调，主要是为了纠正一个很流行的错误观念，那就是儒家思想一味地乐观，对于生命的缺陷和人世的遗憾全无感受和警觉。但是这种强调并不就是对儒家与基督教在这方面不同之处的忽视。前面说过，两者表现幽暗意识的方式和蕴含的强弱很有不同。基督教是作正面的透视与直接的彰显，而儒家的主流，除了晚明一段时期外，大致而言是间接的映衬与侧面的影射。而这种表现的不同，也说明了二者之间另一基本的歧异，如前所说，基督教，因为相信人之罪恶性是根深柢固的，因此不认为人有体现至善之可能；而儒家的幽暗意识，在这一点上始终没有淹没它基本的乐观精神。不论成德的过程是多么的艰难，人仍有体现至善，变成完人之可能。

　　重要的是，儒家在这一点上的乐观精神影响了它的政治思想的一个基本方向。因为原始儒家从一开始便坚持一个信念：既然人有体现至善，成圣成贤的可能，政治权力就应该交在已经体现至善的圣贤手里。让德性与智慧来指导和驾驭政治权力。这就是所谓的"圣王"和"德治"思想，这就是先秦儒家解决政治问题的基本途径。

　　两千年来，儒家的政治思想就顺着这个基本观念的方向去发展，因此它整个精神是贯注在如何培养那指导政治的德性。四书，便是儒家思想在这方面的好注脚，而一部《大学》，对这思想尤其有提纲挈领的展示。众所周知，《大学》这本书是环绕三纲领、八德目而展开的，我们不妨把这三纲领、八德目看做儒家思想的一个基本模式。大致而言，这个模式是由两个观点所构成：第一，人可由成德而臻至善。第二，成德的人领导与推动政治以建造一个和谐的社会。而贯串这两个观点的是一个基本信念：政治权力可由内在德性的培养去转化，而非由外在制度的建立去防范。很显然的，对政治权力的看法，儒家和基督教是有着起足点的不同的！

总而言之，圣王的理想，《大学》的模式，都是儒家乐观精神的产物，同时也反映了幽暗意识在儒家传统里所受到的限制。必须指出的是：这些理想和模式是中国传统定型和定向的一个重要关键。由它们对传统的影响，我们可以看到中国传统为何开不出民主宪政的一部分症结。这里我且以正统的朱子学派作为例证，对这问题稍作剖析。

朱子注释《大学》是宋明儒学的一个奠基工作，影响极大，他的主要论旨是：人由内在德性的修养，可以臻于至善，但是人的成德，不能止于修身，必须由个人的修身，进而领导政治，推动社会，以达到"治平"的理想。总而言之，成德的过程是修身与经世缩合为一。这仍是儒家"内圣外王"理想的发挥。

在朱子传统中造成两种趋势：一种是以儒家的道德理想去观照和衡量现实政治，从而产生抗议精神与批判意识。朱子平生的思想和立身行事就已经很有这种倾向。他的一生，多次遭贬受谪，无非是因为他坚持儒家道德的原则，抨弹政治，守正不阿。

这种抗议精神，在后世的朱子学派，持续不衰，最明显的例子是明末清初陆世仪、张扬园、吕晚村这一批学者，他们之不事新朝，并不只是对异族的反感，他们也是本着儒家的道德理想，坚持抗议精神而有所不为的。陆世仪在他的《思辨录》里就曾说过这样的话："周子曰：师道立而善人多。《学记》

22

曰：师严而后道尊。斯二言诚然。《尚书》云：天降下民，作之君，作之师，则师尊与君等。又曰：能自得师者王，则师又尊于君，非师之尊也，道尊也，道尊则师尊。"换句话说，师儒代表道统，而道统高于君主，因此师儒的地位，至少不应低于君主。这是何等的抗议精神！何等的批判意识！这里不应忘记的是：陆世仪的《思辨录》是以"大学模式"为中心思想所写成的一部书。

然而，话说回来，儒家的抗议精神和批判意识毕竟不是西方的民主宪政，两者之间仍有着重要的差异。其中一个基本的不同就是民主宪政是从客观制度着眼，对权力加以防范，而儒家的抗议精神则是着眼于主观德性的培养以期待一个理想的人格主政，由内在的德性对权力加以净化。上面提到的陆世仪就是一个极好的例证。他对政治的构想最后仍归结于期待圣王的出现。他的抗议精神是由"大学模式"表现出来，因此也难免受到这模式的限制！

前面说过，朱注《大学》，在宋明儒学的主流里造成两种趋势，抗议精神的发扬仅是其一。另一种趋势就是以现实政治为基础而求德治的实现。代表这个趋势的是南宋以来影响极大的一本书——《大学衍义》。此书是南宋朱学的重镇——真德秀所编著。他编著此书的目的乃是承袭朱注大学的传统，但缩小朱注原来的目标，而纯以当时君主为对象，以求修齐治平理想的实现。于是，在朱子的手里，那还是一部谈成德治道一般原则性的书，到真德秀笔下，便完全变成一部帝王成德之学了。

《大学衍义》，后来在明初由当时一位朱派学者——邱濬加了一个重要的补充，这就是《大学衍义补》。这个补充主要在讨论如何在现实制度的安排中发挥由上而下的德治。后来由经世思想出发而讨论制度安排的种种丛编如《皇明经世文编》、《经世文钞》、《皇清经世文编》等在基本义理规模上都未能超过《大学衍义正补》两编。因此由"大学模式"的思想为基础，在儒家传统中确曾产生过有关制度的构想和讨论。但必须强调的是，此所谓制度是现存的行政制度及其附丽的礼乐制度，而非基本的政治制度。因此，这种制度是第二义的，而非第一义的。借用牟宗三先生的两个名词，我们可以说，它是表现"治道"的制度，而非"政道"的制度。

上面我们简略地讨论了圣王的理想和"大学模式"在朱学传统所造成的两种趋势。一种引发了抗议精神与批判意识，但这精神与意识始终停留在道德理想的层面，未能落实为客观制度的构想。另一种引发了制度的构想，但所谓制度是表现"治道"的制度而非"政道"的制度。这两种趋势都可归源于儒家的乐观精神和理想主义，同时也间接透露出儒家传统的一个重要消息：幽暗意识虽然存在，却未能有充分的发挥。衡之幽暗意识在西方自由主义传统的重要性，我们也可由此了解到中国传统之所以开不出民主宪政的一个重要思想症结。

后　　记

去年我在另外一篇文章里也曾稍稍触及幽暗意识与民主政治之间的关系这一问题，并曾就这一问题，对中国传统作了一些简短的批判与反省。徐复观先生当时在美省亲，读到此文后曾来信表示不同的意见，他回香港后，并曾发表文章，就我的论旨，提出商榷，10 月间，他把他的文章寄给我看，我因当时被学校一些杂事纠缠住，未能和他仔细讨论这个问题，不过我在回信中答应在短期内将为文详述我的观点，向他请教，没想到，如今这篇文章写好了，而他已经离开人世！

我知道徐先生一向喜欢后辈向他请益辩难的，就以这篇文章来表示我对这位现代中国自由主义的老斗士的一点敬意和悼念吧！

超越意识与幽暗意识
——儒家内圣外王思想之再认与反省

　　内圣外王是儒家人文传统的一个核心观念。这个观念，和传统其他的核心观念一样，有其多面的涵义。在这些多面的涵义中，我们至少可以大别为广狭二义。就其广义而言，它代表一种人格的理想。其含意可以和儒家其他的一些类似的理想，如"经世修身""新民明德"等观念相通。在这一层意义上，"内圣外王"的理想是很有些足以供给现代文化反省和镜鉴的"资源"。例如，"内圣外王"这个观念蕴涵着一种"人格主义"。这种人格主义一方面强调人的社会性，认为人的社会性与人之所以为人有其不可分的关系。因此，人必须参与社会、参与政治。这些"外向"的义务是人格的一部分。这和近代西方的个人主义以个人为本位去考虑政治和社会问题在精神上有着重要的不同。另一方面，儒家的"内圣"思想是含有超越意识，儒家相信人的本性是来自天赋，因此，在这基础上，个性永远得保存其独立自主，而不为群性所淹没。这种"人格主义"，综合群性与个性，而超乎其上，消弭了西方现代文化中个人主义与集体主义的对立，可以针砭二者偏颇之弊病，为现代社会思想提供一个新的视角。

　　此外，"内圣外王"这个理想把人格分为内外层面，而强调其相辅相成，对于现代文化而言，也有特别的意义。因为现代文化，在科技的笼罩之下和"大众社会"的群性压力之下，对生命的了解有过于量化和"外化"的倾向，从而忽略生命内在的心灵深度层面。这是造成现代文化偏枯和失调的一个重要原因。"内圣外王"这个理想，视内在心灵生活和外在的社会与物质生活同样重要，对于现代文化重外而轻内的取向，可以发挥调剂与平衡的功能。

但是，讨论"内圣外王"这个理想，我们不能只注意其广义的一面。更重要的是它的狭义的一面。也就是它的政治理想层面，因为这一层面对中国传统和现代的政治都曾经发挥过极大的历史影响。对这一面加以分析和反省可以使我们了解儒家的政治思想，乃至中国的政治文化的一些基本限制和症结。只有经过这些分析和反省，我们才能进一步发掘和彰显"内圣外王"在人格理想层面的现代意义和价值。

在政治理想的层面，"内圣外王"代表儒家特有的一种道德理想主义——圣王精神。这个精神的基本观念是：人类社会最重要的问题是政治的领导，而政治领导的准绳是道德精神。因为道德精神是可以充分体现在个人人格里，把政治领导交在这样一个"完人"手里，便是人类社会"治平"的关键。

这份圣王德治精神有两种特征。一种特征是：它是植基于儒家的超越意识。因为这份超越意识，"圣王"观念才能展现其独特的批判意识与抗议精神；同时也因为这份超越意识有其限制，它的批判意识未能在儒家传统作充分的发挥。因此，要想了解圣王精神在这方面的底蕴与缺陷，分析其超越意识是一个必要的条件。

圣王精神的另一特征是它所涵蕴的幽暗意识，我们必须正视这份幽暗意识，因为只有这样我们才能掌握圣王精神之全貌，尽窥其曲折。但是，另一方面我们必须认识儒家幽暗意识的限制。因为只有从这个限制中我们才能了解为何儒家的政治理想始终以圣王为极限，以及这极限为何有其危险性。

一　超越意识与圣王观念

儒家的内圣外王观念是表现一种人文精神，但重要的是，这种人文主义与现代的人文主义有着基本的不同；现代人文主义是排斥超越意识，而儒家人文思想，透过内圣的观念，则是以超越意识为前提。这份超越意识主要是反映于儒家的天人之际的思想。在先秦儒家，天人之际思想最突出的表现自然是"天人合一"的观念。孔子在《论语》中便表现他个人与天有特别相契的关系。同时，他思想中的"德性伦理"也蕴涵着以天为主的超越意识。[①] 孟子本着孔子这种超越体验加以推广，认为任何人若能发挥己身天赋本有的善，均可与超越的天形成内在的契合。[②] 这一思想结穴于《中庸》与《大学》的中心观念：以个人的道德转化去承受天赋内在的使命。[③] 这是一种天命内化的观念。这个观念蕴涵着权威二元化的意识，也就是

①　详见拙文 "Some Reflections on the Problems of the Axial Age Breakthrough in Relation to Classical Confucianism", in *Problems Across Cultures：Essays on Chinese Thought in Honor of Benjamin I. Schwartz*, ed. by Paul A. Cohen and Merle Goldman, Harvard University Council on East Asian Studies series, Forth Coming。

②　同上。

③　同上。

说，不仅天子以国家元首的资格，可以承受天命，树立政治与社会的权威中心，而且任何人凭着人格的道德转化，也可以直接"知天"、"事天"，树立一个独立于天子和社会秩序的内在权威。这造成不仅是儒家思想，而且是中国思想的一个突破性的契机。①

此处必须指出：《大学》与《中庸》是《礼记》中的两章。现存的《礼记》，据一般的了解是汉代编成的书，但其包罗的思想，并非限于汉代，而是上及于战国晚期以至秦汉之际。②

值得注意的是：《礼记》一方面有《大学》《中庸》所代表的"天人合一"思想，另一方面也有《王制》《月令》《明堂令》等篇所反映迥然不同的思想。《王制》是讨论古代理想的封建制度，而《月令》则是讨论这个制度的宇宙间架。③《月令》的中心思想是：王制是植基于宇宙秩序，因此这个制度的运作，特别是这个制度的枢纽——天子的行为，必须与宇宙运行的韵律和节奏相配合。"明堂"制度就是《月令》这种思想的具体表现：天子及其臣下随从每月的衣食住行，以及其

---

① 详见拙文"Some Reflections on the Problems of the Axial Age Breakthrough in Relation to Classical Confucianism"。

② 见高明：《礼学新探》，《〈礼记〉概说》，第13—97页。

③ 见王梦鸥：《礼记今注今译》上册，第201页。《月令》篇兼记"月"与"令"。"月"是天文，"令"是政事。先秦有一派学者认为王者必须承"天"以治"人"，故设计这一套依"天文"而施行"政事"的纲领，其实仍似一种"王制"。惟是，古代的天文知识，曾被应用于阴阳五行说，故此《月令》亦可视为依据阴阳五行说而设计的《王制》，不过重点是放在天子身上。

他生活细节都需要透过"明堂"的安排与宇宙秩序的运行相配合。① 这也是一种天人之际的思想。但是这种天人之际的思想是以"天人相应"的观念为中心的。②

这种思想之与《大学》《中庸》的天人合一思想相并出现，透露先秦儒家的一个重要消息：天人之际的思想是以两种形式出现：除了天人合一的内在超越形式，尚有"天人相应"的一种形式。

必须强调的是：这种天人相应的观念不但在战国晚期的儒家思想出现，而且在原始儒家的主流思想里也潜存着。因为在《论语》《孟子》《荀子》诸典籍里，传统的"礼"的观念仍占极重要的地位，而"礼"的核心是祭天地与祭祖先的观念。例如，《论语》就曾强调"禘祭"与"治天下"的关联，③ 而《孟子》也曾指出"明堂"是王政的一环。④ 这些观念意味着：皇权与家族两制度是人世与神灵世界所不可或缺的管道。⑤

从这个角度看去，礼的重要部分可以说是殷商文化所遗留的"宇宙神话"的延续。所谓"宇宙神话"是指相信人世的秩序是植基于神灵世界和宇宙秩序的一种思想。这种神话相信宇宙秩序是神圣不可变的。因此它也相信人世秩序的基本制度

---

① 见王梦鸥：《礼记今注今译》上册，第201—241页。

② 详见拙文"Some Reflections on the Problems of the Axial Age Breakthrough in Relation to Classical Confucianism"。

③ 《新译四书读本》，台北：三民书局，1957，《论语》，第72页。

④ 同上，第269页。

⑤ 同上。

也是不可变的。① 不错，周初的天命思想，透过"德"的观念，已把王权与宗族血缘关系分开。也即天子这个职位，不能由任何特定的宗族所垄断，而是由道德的培养所决定，因此有其开放性。② 但是，作为一种制度，天子和宗族的神圣性仍然存在。易言之，天命思想只是殷商的宇宙神话的修正，依然视人世秩序的两个基本制度——皇权与宗族为通向神灵世界的基本管道。③ 天命思想的这一面为西周礼制所承袭，到春秋时代仍然盛行。前面提到，《论语》《孟子》诸书并未排斥礼制，只是以代表超越精神的"德性伦理"去调节制衡礼制所蕴含的"外范伦理"。

因此，以礼为桥梁，《月令》里面的王制，是上承殷商的宗教文化。王制和明堂等制度，以阴阳、五行等观念所建构的宇宙观为间架，在思想的铺陈上当然比较繁复和系统化，但就其基本精神而论，实在是殷商的宇宙神话和宇宙王权的翻版。④

---

① 详见拙文 "Some Reflections on the Problems of the Axial Age Breakthrough in Relation to Classical Confucianism"。关于"宇宙神话"（cosmological myth）之讨论，可参见 Eric Voegelin 所著 *Order and History*，*vol.* 1，*Israel and Revelation*（Louisiana State University Press，1957），pp. 1—11，此观念 Voegelin 原用以分析近东古文明的特征。我认为此观念也可用以了解中国殷商的宗教和政治思想。有关殷商文化这一面，读者可参见 Paul Wheatley，*The Pivot of the four Quarters*（Chicago：Aldine Publishing Company，1971），pp. 55—56，411—451。

② 详见拙文 "Some Reflections on the Problems of the Axial Age Breakthrough in Relation to Classical Confucianism"。

③ 同上。

④ 同上。

总之，儒家的天人之际思想的两种形式是有一些基本的不同。天人相应的思想是胎源于殷周的古老神话传统；而天人合一的思想是肇始于枢轴时代（axial age）的思想创新与精神跃进天人相应的形态是认为天人之际的联系是透过人世间的基本社会关系和制度而建立的外在实质联系；而天人合一的形态是认为天人之际的联系主要是透过个人心灵的精神超越而建立的内在本质联系。因为有这些歧异，二者所蕴含的批判意识也有不同，天人感应的思想，只能以人世秩序的基本制度的神圣不可变性为前提而发挥有限度的批判意识；天人合一的思想则以内化超越为前提，蕴含了权威二元化的激烈批判意识。从晚周开始，二者常常糅合在一起出现于各家各派的思想中，但二者不同的比重也大致决定各家各派的超越意识和批判意识的强弱。

前面提到天人相应的思想盛行于晚周到秦汉这一时代。其结果是此一型思想在汉儒传统里取得主导地位，而天人合一的思想则在此主导思想的笼罩下，渐形萎缩。我现在权以《春秋繁露》与《白虎通义》为代表，对汉儒这一思想趋势，稍作说明。

《春秋繁露》的思想主要是以阴阳五行的宇宙观为思想间架，发挥儒家的道德理想。后者的一个基本重点当然是天下国家的"治平"。此处，董仲舒的思想是以阴阳五行的宇宙观为前提：人世秩序是宇宙秩序的一部分，二者息息相关。因此，人世次序的建立必须求与宇宙秩序相配合、相呼应。而其间之关键在于人世的基本制度，特别是天子的地位；天子透过制礼作乐，以及政事的综理和德性的培养，对于人世秩序与宇宙秩序之间的和谐有决定性的作用。① 由此可见，就人世的治平这个理想而言，《春秋繁露》全为天人相应思想所笼罩。

《春秋繁露》，除了天下治平这一重点外，尚有另一重点——个人成德的理想。就这一理想而言，天人合一的内化超越思想，在《春秋繁露》里仍有其地位。首先，董仲舒认为：成德并不完全是外范道德的绳制，内蕴的德性也须发挥其作用。因此，他强调在成德过程中礼与志必须求得平衡，志为质而礼为文，行礼必以文质调和为目的，② 而论礼也须分"经"和"变"两种。③ 显然，就董而言，内心的薪向，可以调节礼的运用，以免礼流为僵化的仪节。

更重要的是：董仲舒把个人分为外在的身体与内在的心灵，身体以利为取向，而心以义为取向："天之生人也，使之生义与利，利以养其体，义以养其心，心不得义不能乐，体不

---

① 顾颉刚，《秦汉的方士与儒生》（上海，1957）。《春秋繁露》中，强调天子为天人相应之枢纽，比比皆是，兹略引数语，以见此思想之重要："古之造文者，三画而连其中，谓之王。三画者，天地与人也。而连其中者，通其道也。取天地与人之中，以为贯而参通之，非王者孰能当是？是故王者唯天之法，法其时而成。"（《春秋繁露·王道通三》，卷十一，第9页。）同卷第12页，又有下列数语："人主立于生杀之位，与天共持变化之势。物莫不应天化，天地之化如四时，所好之风出，则为暖气而有生于俗，所恶之风出，则为清气而有杀于俗。喜则为暑气而有养长也，怒则为寒气而有闭塞也。人主以好恶喜怒变习俗，而天以暖清寒暑化草木，喜怒时而当则岁美，不时而妄则岁恶，天地人主一也。"
② 《春秋繁露·玉杯第二》，四部丛刊初编缩本，卷一，第7—8页。
③ 《春秋繁露·玉英第四》卷三，第15—16页。

得利不能安，义者心之养也，利者体之养也。"① 故"体莫贵于心，故养莫重于义，义之养生人，大于利"。② 此处必须指出的是：就董仲舒而言，义仅是人之内在的德性之一，其他为董仲舒所强调的尚有仁与智；③ 特别重要的是仁，因为仁一方面代表人性中的善，另一方面是天所赋予，代表超越的全德。"仁之美者在于天，天，仁也。天覆育万物，既化而生之，又养而成之，事功无已，终而复始；凡举归之以奉人，察于天之意，无穷极之仁也，人之受命于天也，取仁于天而仁也。"④ 由此可见，内蕴的德性有其超越的基础。这个观念毫无疑问的是反映天人合一思想。

但是，董仲舒认为这种超越内化的德性只能形成修德的潜能。因为人心中尚有可以滋恶的情欲，修德的潜能是无法靠本身的力量实现的。它必须仰赖外在制度和规范的督促与制约。⑤ 易言之，外在的礼制仍然是个人成德的一个必要条件，而外在的礼制一方面是包括以三纲为中心的政治与社会基本制度；另一方面，它是与宇宙的秩序和韵律相配合，相呼应的。⑥ 因此，在董仲舒的思想里，以超越内化为基础的成德观念附属于、受制于天人相应的宇宙观。

到了《白虎通义》，这种超越内化的趋势继续萎缩。人世的秩序似已完全取决于礼制和宇宙秩序的配合与呼应。汉儒的

----

① 《春秋繁露·身之养重于义第三十一》卷九，第5页。
② 同上。
③ 《春秋繁露·必仁且智第三十》卷九，第49—50页。
④ 《春秋繁露·王道通三第四十四》卷十一，第62页。
⑤ 《春秋繁露·深察名号第三十五》卷十，第55—57页。
⑥ 又见《春秋繁露·基义第五十三》卷十二，第68—69页。

主导思想至此几乎整个为天人相应的宇宙观所垄断。[1]

汉以后，儒学式微而佛道发皇，直到晚唐和北宋，儒学才渐渐复苏，遂有宋明儒学之兴盛。这其间的一个主要发展当然是四书取代五经在儒家经典中的主导地位。四书与五经最重要的差异是：四书是以内化道德为取向，而五经则主要是以外范道德为取向。内化道德是以内化超越为前提，如上所指，内化超越是以"天人合一"的观念为形式出现，在四书的义理结构中，有产生权威二元化的趋势。[2] 但重要的是，这权威二元化的趋势，虽在宋明儒学的思想中时有若隐若现的发展，却始终未能成形滋长。其主要症结之一在于：天人合一的思想只是在表面上取得主导地位，而实际上天人相应的思想所蕴含的宇宙神话仍然渗透掺杂其中，使得天人合一的超越意识受到不同程度的窒抑和扭曲，而批判意识也因之不能畅发为权威二元化的

---

① 《白虎通德论》（四部丛刊缩本），卷第八，《情性》（第60—61页）一节中有分析五性六情，所谓五性是指仁义礼智信，六情是指喜怒哀乐爱恶，"六情者所以扶成五性也"。"性所以五，情所以六，何？人本含六律五行之气而生，故内有五藏六府，此情性之所由出入也。"五性六气不但与人体内的"小宇宙"联结，而且与外在"大宇宙"的阴阳方位相系："喜在西方，怒在东方，好在北方，恶在南方，哀在下，乐在上。何以？西方万物之成，故喜。东方万物之生，故怒。北方阳气始施，故好。南方阴气始起，故恶。上多乐，下多哀也。"这种大小宇宙对应相系，使内化消解，超越架空，完全反映"天人相应"的宇宙观。

② 详见拙文"The Inward Turn：The Formation of Conceptions of Order in Taohsueh"，Unpublished Paper Written for the Conference on Sung Statecraft at Scottsdale，Arizona（1986）；又见钱穆：《朱子之四书学》，《朱子新学案》第四册，第180—230页。

思想。现在试以宋明儒学的两个重要潮流——朱学和王学，对这超越意识演变的曲折及其影响，略作说明。

朱学的代表人物当然是朱子，朱子的基本思想大体表现于朱注四书。而后者最突出的一面就是前面提到的内化道德。这里必须澄清一个治宋明儒学史常有的误会：所谓宋明儒学的内化倾向是指环绕修身这个观念而展开的内化道德。这套内化道德观念展现一个人格的理想，是朱子思想的一个基本价值和目标。但不可忽略的是：这套内化道德观念也是实现一个理想社会的工具或途径。这也就是说：在朱子思想里，外王或经世，与内圣或修身一样，同为宋明儒学的一个主要蕲向或目标。因此，一般人认为宋明儒学内化的趋势代表"外王"与"经世"观念的式微是大可商榷的。①

所以朱子的思想，一方面是反映儒家以外界社会为关怀的经世精神，另一方面是反映以内化道德为内容的人格理想。这里必须指出的是：朱子思想中的内化道德是以超越意识为基点的。朱子认为人心中含有天理，是为其性，因此人心直通天道，故他在《中庸章句序》里强调：人心不仅含有人心，而且也含有道心，② 这种"道心"，加上经世精神，孕育一种"心灵秩序"和内在权威，不但有独立于现存政治社会秩序的倾向，而且有与外在秩序相扞格，相抗衡的潜能。这在思想上是一种二元化的结构。

_____

① 详见拙文《宋明以来儒家经世思想试释》，收于《近世中国经世思想研讨会论文集》，台北"中央研究院"近代史研究所编，1984 年 5 月。

② 《中庸章句序》，《朱文公文集》，四部丛刊初编缩本，卷七十六，第 1407—1408 页。

但从深一层看，这一权威二元化的结构在朱熹的思想里并未完全地体现。内化道德固然在朱熹思想里取得主导地位，但在朱熹的整个思想中，以礼制为内容的外范道德仍然有其重要性。朱子的礼学当然并不一定就是肯定现存秩序的礼仪规范，但至少他所谓的礼是肯定现存秩序的基本制度。更重要的是：他认为这一礼制也是植基于超越的天。因此，我们可以说：一种变相的宇宙神话仍然盘踞在朱子的思想里。①

更重要的是：汉儒的三纲思想，从周敦颐开始，就渗透入宋明儒学的超越意识。朱熹的思想在这一点上也不例外，他说："宇宙之间，一理而已，天得之而为天，地得之而为地，而凡生于天地之间者，又各得之以为性，其张之为三纲，其纪之为五常，盖皆此理之流行，无所适而不在。"② 三纲既是天理的一部分，朱子以天理为基础的内化超越自然受到架空与扭曲。这当然也是宇宙神话的一种变相渗透，难免构成由内化超越意识通向权威二元化的思想的障碍。

认识朱子思想这一背景，我们才能了解为何朱学的政治思想常常表现为"帝王之学"。我此处主要是指南宋以来，在儒学传统里发挥极大影响的两部书——真德秀的《大学衍义》和

---

① 钱穆：《朱子之礼学》，《朱子新学案》，第四册，第112—179页。

② 见朱熹：《近思录》，台北：世界书局，卷九，"治法"引周敦颐语，第242页。又见《朱子论阴阳》，《朱子新学案》，第一册，第285—286页；陶希圣：《中国政治思想史》，台北：全民出版社，1954，第四册，引朱子语，第117页。

邱濬的《大学衍义补》。① 在这两部书里，《大学》的道德理想变成帝王施政牧民的圭臬，这种思想当然未尝不蕴涵一些批判意识。但是这些批判意识是有极大的限制，充其量只能针对帝王的个人行为及施政措施发挥一些抗议作用，其与以内化超越为泉源的二元权威意识是不可同日而语的。②

朱学传统里，比较能发挥抗议精神而凸显权威二元化意识的是明末清初的少数学者如陆世仪、吕晚村等。陆世仪就曾说过这样一段话："周子曰：师道立而善人多。《学记》曰：师严而后道尊。斯二言诚然。《尚书》云：天降下民，作之君，作之师，则师尊与君等；又曰：能自得师者王，则师又尊于君。非师之尊也，道尊也，道尊则师尊。"③ 值得注意的是陆世仪这一段话出之于《思辨录》，而他在《思辨录》里也提到纲常名教，他不但未曾本着权威二元化意识加以驳斥，而且似乎认为当然。④ 这就是因为在当时，"三纲"已经普遍被假定为"天道""天理"的一部分。一旦三纲思想羼入超越意识，则以超越意识为基础的权威二元化思想自然被打一个大折扣。

内化超越意识所引发的批判精神在陆王心学里有着空前的发展。陆王思想的义理结构深受孟子的影响，在孟子思想里，

---

① Wm. Theodore de Bary, *Neo-Confucian Orthodoxy and the Learning of the Mind-Heart* (Columbia University Press, 1981), pp. 73—126.

② 详见拙文 "The Inward Turn：The Formation of Conceptions of Order in Taohsueh"。

③ 陆世仪：《思辨录辑要》，《正谊堂全书》，卷二十，第 5—8 页；卷二十一，第 6 页。

④ 同上注，卷二十一，第 1—23 页。

权威二元化的意识是以道与势和德与位对抗的形式出现；① 在陆象山的思想里是以理与势对抗的形式出现。② 鉴于宋明理学中"理"的超越倾向已有被三纲意识架空的趋势，我们当然不能假定陆王学派的内化超越思想完全没有这个趋势的可能。王阳明的思想就是一个很好的例证，阳明思想中的内心超越的倾向超过陆象山。一方面，他主张"心即理"，把成德的潜能完全置于内化超越的基础上。同时，他又深化良知的观念，而谈"心体"与"良知本体"，并以之为己身之"主宰"与"真我"。更重要的是：他甚至认为"心体"与"良知本体"已是超越善恶对立而骎骎乎与佛家之"空"与道家之"无"不分轩轾。③ 但是这种深化的内在超越观念，似乎并未使阳明思想完全摆脱"天人相应"的宇宙观的羁绊。例如他在《论五经臆说十三条》中就曾明白地以"天人相应"的宇宙观为前提，肯定纲常名教与君主制度之神圣性。④

　　宋明儒学的批判意识在王阳明本人的思想中虽无突破，但阳明身后的传人在这方面却有着空前的发展。首先是所谓左派王学，这一派的思想主要是奠基于王学的超越内化的观念。王

　　① 见《新译四书读本·孟子》，第 436、479 页。

　　② 《陆象山全集》，台北：世界书局，1966，第 108 页。

　　③ Julia Ching, To Acquire Wisdom: *The Way of Wang Yang-ming* (New York：Columbia University Press, 1976), pp. 52—124, 125—165.

　　④ 《王文成公全书》（四部丛刊初编缩本），卷二六，第 742—743 页；卷三十一，第 885—888 页。

畿的三教合一思想是阳明之强调超越内化观念的进一步推演。①
王艮本着阳明良知思想对他的启发，辅之以他个人的神秘主义
的精神体验，把天人合一的观念不但加以引申，而且与批判意
识结合，替整个泰州学派的抗议精神铺路。② 这份精神的最大
特色在于它强调在现存的政治社会秩序之外，有一个独立的思
想权威可以与其抗衡。何心隐之强调师尊于君，③ 李贽的一生
以个人之良知对抗各种政治社会权威和儒学正统，④ 都是这份
精神的突出表现，使权威二元化的意识因此在晚明有着接近突
破性的发展。

---

① 《龙溪先生全集》，近世汉籍丛刊，广文书局，卷六，第 12 页；
参见 Tang Chuni，"The Development of the Concept of Moral Mind from
Wang Yangming to Wang Chi"，in *self and Society in Ming Thought*，ed. by
Wm. Theodore de Bary；and *the Conference on Ming Thought*（New York：
Columbia University Press，1970），pp. 93—117。

② 《王心斋全集》，台北：广文书局，《年谱》卷一，第 2—3 页，
第 4—6 页；卷二，第 8 页；卷三，第 1—4 页；卷四，第 3 页，第 4—5
页，第 6—9 页。

③ 容肇祖：《论友》，《何心隐集》，北京：中华书局，1960，卷二，
第 28 页；《师说》，同上书，27—28 页，卷三，第 51—52 页，第 65—
66 页；读者可参阅 Donald G. Dimberg，"The Sage and Society：The Life
and Thought of Ho Hsin-yin"，Monograph no. 1 of *the Society for Asian and
Comparative Philosophy*（The University Press of Hawaii，1974），p. 86。

④ 李贽：《夫妇》，《焚书》，上海：中华书局，1936，卷三，第
101—102 页，第 110—112 页；《续焚书》，上海：中华书局，1959，卷
一，第 3—4 页，第 17 页，卷二，第 75— 76 页，第 77—78 页；《夫妇
辨总论》，《初潭集》上海：中华书局，1974，册一，第 1—2 页；《论
师友》，卷 11—20，读者可参阅吴泽：《儒教叛徒李卓吾》，上海：华夏
书店，1949，第 77—83 页。

在左派王学之外，黄宗羲将王学中的批判意识发挥得更为彻底。黄是刘宗周的弟子。刘的思想是对王学末流的一种修正。但是对王学的基本架构仍然大部分肯定。① 因此，他的思想有两个特征值得注意：首先，他对阳明思想中的内化超越作深层体验的阐释，因此他的内化超越意识结晶为独体与意根等观念。② 其次，这些观念是扣紧他的工夫论而展开，因此，是蕴含强烈的致用精神而落实于个人的道德实践。③

黄宗羲承袭了这个致用精神而加以扩大。他曾说过："心无本体，工夫所至，即其本体。"④ 不过重要的是：他认为内化超越意识不但要落实于个人道德的实践，而且要植根于群体的政治社会生活。这就是他的经世精神。⑤ 在彰显这份经世精神时，他的思想充分发挥王学中的两个特色。一是王学中深化的内在超越精神；二是孟子思想中的以德抗位，以道抗势的权威

① 黄宗羲：《蕺山学案》，《明儒学案》，世界书局，卷六十二，第672—718页。

② 同上。

③ 同上注，"古人只言个学字，又与思互言，又与问并言，又兼辨与行。则曰：五者废其一，非学也。学者如此下工夫，尽见精实，彻内彻外，无一毫渗漏，阳明子云：学便是行，未有学而不行者，如学书必须把笔伸纸，学射必须操弓挟矢，笃行之，只是行之不已耳，且知五者总是一个工夫。"第702页。

④ 同上注，《自序》，第1页。又见《先师蕺山先生文集序》，第348页："形而上者谓之道，形而下者谓之器，器在斯道在，离器而道不可见。"

⑤ 黄宗羲：《余姚县重修儒学记》，《明儒学案》，世界书局，"夫道一而已，修于身则为道德，形于言则为艺文，见于用则为事功。"第396—397页。

二元化观念。[①] 二者绾合为黄宗羲思想中特有的高度批判意识，其结果不但是以师道与君道对抗，[②] 甚至完全突破纲常名教中所蕴含的宇宙神话，而提出有君不如无君的观念。[③]

批判意识随着超越精神在王学中有空前的发展而臻于高峰，但也随着王学在 17 世纪以后的式微而转弱。这一思想的转折，与儒学内部的演化极有关系，值得稍作分析。首先，王学的式微并不代表宋明儒学的全面退潮。不错，朱学思想的创造活力在 17 世纪以后大为减退，但就一般士大夫的思想信念而言，因为朱注《四书》是考试制度下士子进身的阶梯，朱学的影响仍然极为广被。可是，如前所论，朱子思想中的超越意识已被三纲思想渗透，其批判精神也已无法充分发挥。至于 17 世纪以后儒家学术思想的发展方向，汉学的兴起是一个关键。汉学最初的目的，诚如余英时所指出，是"回向原典"，[④] 以期恢复儒学的原始精神。但是演变的结果，"婢作夫人"，原来当作工具的考据注疏之学不自觉地变成目的。所谓儒家的"知识主义"于焉出现，驯至侵蚀了儒家的精神信念和超越意识。[⑤]

---

① 黄宗羲：《余姚县重修儒学记》，《明儒学案》，第 396—397 页。又见《孟子师说》，四库全书卷一，第 13—15 页。

② 黄宗羲：《原君》，《明夷待访录》，上海：新华书店，1957，第 1—2 页；《原臣》，同上，第 5 页；《择相》，同上，第 7—8 页；《学校》，同上，第 9—13 页。

③ 同上，《原君》，第 2 页。

④ 余英时：《中国近代思想史上的胡适》，台北：联经出版公司，1984，第 79 页。又见《清代学术思想重要观念通释》，《史学评论》（台北）第五期，第 27 页。

⑤ 钱穆：《中国近三百年学术史》，上册，第四章，第 121—157 页。

汉学家对"仁"的解释便是一个很好的例证。在宋明儒学里面，仁绝非仅代表一种人际关系的价值规范，而是含有强烈的超越意识的精神信念。因此，对仁的解释往往以"天人合一"的观念为前提。[①] 而清儒则训仁为"相人偶"，视仁仅为一种人际关系的范式。[②] 由此可证清儒的内化超越意识的衰萎。

重要的是：清儒的汉学对超越意识的侵蚀绝不只限于其知识主义层面。因为"知识主义"之侵蚀超越意识往往在不自觉的层面上进行，而汉学之反超越却时而是在自觉的思想层面上立论。从一些汉学家看来，含有超越意识的天、理、性命等观念，堕于谈玄说虚，而有违离儒家关切现实人生的危险，因此汉学家时有以"礼"取代"理"的主张，[③] 造成清儒思想中有外化取向的趋势，与"知识主义"相伴出现。同时我们也可以了解，乾嘉时代以后，清儒的"知识主义"渐渐退潮，儒家的致用精神稍稍复苏，曾国藩提出"以礼经世"的观念，绝非偶然。[④]

清儒所说的"礼"当然是涵义极广：它指行为规范，也指制度仪节，后者并非一成不变，可于清儒对古礼的解释争论不

---

① 牟宗三：《中国哲学的特质》，香港：人生出版社，1963，第25—39页。

② 钱穆：《中国近三百年学术史》，下册，第十章，第480—481页。

③ 同上，第491 — 500页。

④ 同上，引曾国藩之语："古之学者，无所谓经世之术也，学礼焉而已矣。"第583—589页。

休见之。[①] 但礼以君主与家族制度为核心则无可怀疑，而这些核心制度上通宇宙秩序也为不单之论。故清儒以礼代理的间接结果是天人相应的思想强化而天人合一的思想式微，造成批判意识萎弱，当然汉学思想中也并非全无批判意识，如戴震的思想，以及受其影响的扬州学派乃至所谓的"常州学派"都含有不同程度的抗议精神。但是以内化超越意识为基础而通向权威二元化的批判意识，毫无疑问是受到了窒抑。

前面曾经指出，这种批判意识是肇源于先秦儒家的天人之际思想。重要的是：这天人之际思想从开始就有其双重性。一方面是天人合一的内化超越思想；另一方面是天人相应的思想。前者是儒家在轴心时代的创新，而后者则是殷周宇宙神话的演化。二者在儒家思想发展的各个主要时期，虽有强弱比重之不同，而这双重性格却始终持续不变。这就是儒家超越意识的局限，也是批判意识不能畅发，权威二元化思想不能生根滋长的一个基本原因。扣紧这双重性的演变我们可以掌握以内圣外王观念为主导的儒家政治文化之所以与西方以自由主义为主的政治文化异道而驰的一个重要线索。

二　幽暗意识与圣王观念

所谓幽暗意识是发自对人性中与生俱来的阴暗面和人类社会中根深柢固的黑暗势力的正视和警惕。在许多古老的文明

---

① 　钱穆：《中国近三百年学术史》，上册，第307—318页；下册，第583—589页。

里，我们都可或多或少地发现这种幽暗意识的存在。^① 中国也不例外。徐复观先生曾经强调：中国从周初人文精神开始跃动时就有"忧患意识"的出现。^② 必须指出的是：这种"忧患意识"只是幽暗意识的前驱。因为它只是代表当时的人已经意识到时代的艰难和环境的险恶；而幽暗意识则是指：在"忧患"之感的基础上，人们进一步认识他们所体验的艰难和险恶不是偶发和傥来的现象，而是植基于人性，结根于人群；只要人还是人，忧患便不可能绝迹，因此"忧患意识"虽在周初出现，幽暗意识却要等原始儒家在所谓的"轴心时代"肇始以后，才露其形迹。

要谈原始儒家，当然从《论语》开始。从正面看去，整个《论语》一书是被成德意识所笼罩，但是换一个角度去看，周初以来的"忧患意识"也贯串全书。孔老夫子，栖栖皇皇，席不暇暖，诚如他所说，是因为"天下无道"。^③ 但是细绎这一观念在《论语》中的意义，可以看出忧患意识已有内转的趋势，外在的忧患和内在的人格已被联结在一起。这内转的关键是孔子思想中"道"的观念。"夫子之道，忠恕而已矣"、"人能弘道，非道弘人"。^④《论语》中这些话，已清楚地显示：孔子所

---

① 关于西方幽暗意识之哲学分析，读者可参阅 Paul Ricoeur, *The Symbolism of Evil* (Boston：Beacon Press，1967)；关于印度传统中幽暗意识之分析，可参阅 Wendy D. O' Flaherty, *The Origins of Evil in Hindu Mythology* (University of California Press，1976)。

② 徐复观：《周初宗教中人文精神的跃动》，《中国人性论史·先秦篇》，台中：东海大学，1963，第二章，第15—35页。

③ 《论语》，《四书读本》，第88、230页。

④ 同上，第83、203页。

谓的道，已不仅指外在超越的天道；它也意味着人格内蕴的德性。透过这一转化，孔子已经开始把外在的忧患归源于内在人格的昏暗。因此，他要谈"内自省"和"内自讼"。[1] 易言之，《论语》一书已非完全承袭周初以来的忧患意识，后者已渐渐演化成为"幽暗意识"。

可是话说回来，在《论语》中，幽暗意识虽已显现，但它毕竟是成德意识的从属和陪衬。而《论语》的成德意识的主趋，毕竟是乐观精神所凝聚成的道德理想主义，它并未因幽暗意识的出现而受到冲淡。因此孔子所憧憬的仍是古圣王的盛世，所希望的仍是由成德而成圣，由成圣而主政。所谓"修己以敬"、"修己以安百姓"，就是这个意思。[2] 圣王这两个字虽在《论语》中找不到，但圣王精神却隐然为它的一个主题。

《论语》中的幽暗意识，在孔子以后，特别是《孟子》和《荀子》的思想里有定型和定向的发展。谈到孟子，首先必须指出的是：他对成德这个问题，与《论语》一样，是采取"正面进路"，他的中心思想是个人成德之可能，因此强调人有天生的"善端"，本此善端，加以扩充，便可成德，于是而有"人皆可以为尧舜"的结论。[3] 不可忽略的是：孟子这种"正面进路"和乐观的人性论尚有另外一面，不错，孟子是特别强调人的善端，但他同时也深知这善端是很细微的。"人之异于禽兽者几希！"[4] 这个"几希"固然是孟子对成德采取乐观之

---

① 《论语》，《四书读本》，第83、96、159页。
② 同上，第194页。
③ 《孟子》，《四书读本》，第459页。
④ 《论语》，同上，第391页。

所本。但也道出了他对人性的现实感。而就是本着这份现实感，后世儒者像王夫之才有"君子禽兽，只争一线"的观念；曾国藩才说出"不为圣贤，便为禽兽"这种警语。①

因此，我们可以以说：与孟子之乐观人性论相伴而来的是一种幽暗意识。尽管这种意识表现的方式常常是间接的映衬，或者是侧面的影射，它仍显示孟子对人性是有警觉，有戒惧的。只有本着这份警觉与戒惧，我们才能了解为何《孟子》书中一方面肯定"人人皆可以为尧舜"，强调人之趋善，"如水之就下"，而另一方面却时而流露他对成德过程的艰难感，为何他要重视"养心""养气"等种种的功夫。② 更重要的是：他的幽暗意识与他的人性论中的乐观精神相糅合而造成他思想中另一重要层面；《孟子》里面有一段话很清楚地点出这层面："公都子问曰：'钧是人也，或为大人，或为小人，何也？'孟子曰：'从其大体为大人，从其小体为小人。'曰：'钧是人也，或从其大体，或从其小体，何也？'曰：'耳目之官，不思而蔽于物，物交物则引之而已矣。心之官则思，思则得之，不思则不得也。此天之所与我者，先立乎其大者，则小者不能夺也，此为大小而已矣。'"③

这一段话的意思是：孟子认为人之自我有两个层面：一层是他所谓的"大体"，一层是"小体"。孟子有时又称这两层为"贵体"和"贱体"。④ 从《孟子》一书的整个义理结构来

---

① 钱穆：《中国近三百年学术史》，上册，第三章，第114页。

② 《孟子》，《四书读本》，第285—287，第446—448页。

③ 《论语》，同上，第454—455页。

④ 同上，第453—454页。

看："大体"和"贵体"是代表天命之所赐，因此是神圣的，高贵的。"小体"和"贱体"是代表兽性这一面，因此是低贱的，倾向堕落的。这显然是一种"生命二元论"，是孟子人性论所表现的另一义理形态。

不可忽略的是：在这生命二元论的结构里，孟子的重点是大体与贵体，而小体与贱体则是从属与陪衬。这个重点符合他的成德思想的"正面进途"，同时也代表他承袭了《论语》思想的乐观精神，而认为人虽有"小体"与"贱体"的一面，但那一面是可以克服与净化的，因此人毕竟还是可以成圣成贤，变成完人的。这里必须指出的是，孟子认为"人皆可以为尧舜"，并不意味他视人人在政治上平等，后面这个命题虽然可以是孟子思想的逻辑蕴涵，但他并未作这样的推论。他仍然认为："劳心者治人，劳力者治于人。"① 这个观点的逻辑结论是：一旦一个人因修德而成圣贤，便应该成为政治上的统治者，这便是他所谓的"以德行仁者王"，② 这个观念显然也是属于"圣王"的思想模式。

在先秦儒家的思想中，荀子的性恶论是对人性的幽暗面作正面的彰显和直接的强调。在这一点上，荀子与孟子是有着基本的歧异。但不可忽略的是：荀子思想有其复杂性。我们如果仔细分析这复杂性，不难发现：荀子的幽暗意识，虽与孟子不同，但其背后的一些基本观念却与孟子有相似之处，只有透视这些基本观念，我们才能认清幽暗意识在荀子思想中的地位和意义。

---

① 《论语》，《四书读本》，第329—332 页。
② 同上，第294 页。

对荀子的幽暗意识作一番透视，我们必须从他对心的观念着眼。从来学者论荀子，大多注意他的"性论"，而不大注意他的"心论"。[①] 他的"性论"很简单，一言以蔽之，就是性恶的强调，但他的"心论"则不如此简单。不错，荀子认为心的主要功能是"知能"。但他所谓的"知"有其模棱暧昧的双重性。一方面，借用宋儒的一个名词，他视"知"为"闻见之知"；在这一层面上，他认为人虽无先天内在的德性，却可透过"知能"的学习，吸收外在的礼仪规范，而"化性起伪"，故他说："途之人可以为禹。"[②]

另一方面，荀子的"知"也带有精神的知性。他认为心是"形之君也，神明之主也"；[③] 心，透过德性的发挥，可以"诚信生神"，[④] 是上通"天德"。[⑤]《荀子·不苟篇》里有这样一段话："君子养心，莫善于诚，至诚则无它事矣。唯仁之为守，唯义之为行。诚心守仁则形，形则神，神则能化矣；诚心行义则理，理则明，明则能变矣，变化代兴，谓之天德。"[⑥] 由这一段话，我们可以了解为何荀子谈到"知"和"学"时，特别

---

① 唐君毅与 Benjamin I. Schwartz 为少数之例外，见唐君毅：《中国哲学原论》，香港：人生出版社，1966，上册，第四章《原心下》，第 111—134 页。Schwartz, *The World of Thought in Ancient China*, pp. 314—316。

② 见《荀子》四部丛刊初编缩本，卷十七，第 171—180 页。

③ 同上，卷十五，第 156 页。

④ 同上，卷二，第 17 页。

⑤ 同上，第 16 页。

⑥ 同上。

强调需要一个"虚一而静"的心,一个"大清明"的心;[1] 为何荀子不但谈"知道",而且也谈"体道"。[2] 在这一精神知性层面上谈道德转化,当然与在"闻见"知性的层面上谈道德转化很有不同。但重要的是:不论是哪一个层面,他都认为有成圣之可能,由之而"理天地,总万物,为民之父母",[3] 也就是说变成圣王。

在先秦儒家里面,荀子第一个明白地提出"圣王"的名词,我在前面曾经指出:这个名词虽未在《论语》、《孟子》里出现,但这观念却已蕴涵在其义理结构里面。就这一点而言,荀子的幽暗意识并未能突破论孟的政治理想,同时,值得在此指出的是:荀子提出"心者形之君也而神明之主也"[4] 的观念;也就是说,他认为个人生命有心和形的高低主从两个层面,就这一点而言,他也未能跨出孟子思想中的二元生命观的结构,去安置他的幽暗意识。

从另外一个角度去看,荀子虽未超越"论孟"的基本政治理想,但他却彰显了圣王理想在"论孟"二书中隐晦不明的一面,那就是政教合一的观念。荀子曾说:"天地生君子,君子理天地。君子者,天地之参也,万物之总也,民之父母也。"[5] 这句话蕴涵圣人作为君子之终极,不但是"民之父母"而且也是"天下之道管"。[6] 不但可以"通于神明,参于天地",而且

---

① 见《荀子》,四部丛刊初编缩本,卷十五,第 155 页。
② 同上,卷十五,第 154—155 页。
③ 同上,卷五,第 56 页。
④ 同上,卷十五,第 156 页。
⑤ 同上,卷五,第 56 页。
⑥ 同上,卷四,第 44 页。

可以"总万物"。也就是说:"圣王"是集政教的领导于一身。

　　总之,在《论语》里首次出现的幽暗意识,经过孟荀思想的引申和转折,在先秦儒学传统中有其不可忽视的地位与功能。同时我们也可看出其观念上的限制。因为它始终不能突破"圣王"的理想模式。而这圣王模式,经过孟荀思想的发挥,展现三个特点:第一就是一种终极的乐观精神。幽暗意识虽然出现,儒家仍然相信,人毕竟有体现至善而上通神明之可能。这种理想主义,与西方传统,特别是基督教对人之认识有起足点的不同,因为后者相信,人的德性不论如何提升,永远不能体现至善和神性,只有神才能体现完美和至善。而人神之间的鸿沟是无法逾越的。第二就是前面所说的政教合一的倾向。圣人就是法王,而法王应兼人王。这两个特点,在以后儒家思想的发展上,有其定型与定向的意义。第三,圣王的乐观精神含有相当的乌托邦主义的倾向。因为圣王的出现就代表一个完美的理想社会降临。先秦儒家相信这个理想的社会曾经具体地实现于远古的过去。因此而有"尧舜之治"和"三代"的憧憬。值得注意的是:儒家的乌托邦理想虽然主要是以过去为取向,因此没有像基督教与大乘佛教里面那样强烈的前瞻性的乌托邦主义。但因为它毕竟是相信圣王是可能会再现的,它的乌托邦主义也是蕴涵着某种程度的未来取向,不可忽视。

　　在先秦儒家以后,中国思想对幽暗意识作正面的突出与直接的彰显是大乘佛教。佛教原始教义,就已特别强调无明意识与"苦业"的观念。大乘佛教兴起以后,原始教义经过一些转折和变化。其中一个重要的转折就是大乘在无明意识之外,也强调佛性和法身的观念,不但把二者与涅槃境界等同起来,而且认为二者是植根于个人内在的心性。[①] 也就是说：人有内在成佛的潜能，透过"发"心，人可以发挥这个潜能，体现佛性，证成法身。这一发展意味着大乘佛教已回到古印度的奥义书的中心思想：宇宙的超越真宰是内在人心深处的精神实体。[②]这个中心思想在中国大乘的"真常唯心"系统特别具有影响力，与原始教义的无明意识绾合而造成一种二元的思想结构。因为属于这个系统的天台、华严和初期禅宗都认为如来藏内在于每个人的自我，由此而在人的生命中引发两种可能的发展：一方面是生死流转；另一方面是涅槃还灭。[③] 前者使人沉沦苦海，而后者使人超脱苦海，体现佛性。这也是一种生命二元论的模式，即使是禅宗的主流，所谓南派禅宗，表面上是发展般若空宗的思想，实质上以心性的观念为基础，绾合般若的智慧与无明意识，仍然不离生命二元论的模式。[④] 大乘佛教，在这生命二元论的架构中，对幽暗意识的安排，虽与原始儒家有轻重之不同，但其肯定人可以体现至善与"神性"，则无不同。因此，大乘佛教与儒家传统接触以后，在二元论的架构中，有提升幽暗意识的功能，却无突破原有架构的基本前提的影响。

大乘佛学对儒家幽暗意识的提升，首先反映为儒家的"复

---

① 关于大乘佛教的基本思想演化，可参见木村泰贤：《大乘佛教思想论》，台北：慧日讲堂，1976。

② Heinrich Zimmer, *Philosopher of India* (Princeton University Press，1969)，pp. 355—378。

③ 妙钦：《大乘佛教三大宗派的比较研究》，收于《大乘佛教漫谈》，大乘文库 [10]，第105—124页。

④ 演培法师：《金刚般若波罗蜜经讲记》，台北：海潮音杂志社，1970。

性"思想。① "复性"这个观念,顾名思义是人性已经失落,需要恢复,其中的"幽暗意识"已是呼之欲出。我们若再检视其义理结构,幽暗意识也是有强烈的透显。因为"复性"观念的基本前提是:生命有两个层面——生命的本质和生命的现实,而生命的本质又是人类历史的本原状态,生命的现实又是人类历史的现实过程。于是在这种前提上便出现了对生命和历史的一种特殊了解。生命的现实虽在理论上不一定是昏暗,却常常流为昏暗。因此,由生命的本质到生命的现实便常常是一种沉沦。依同理,人类历史的本原状态和生命的本质一样,是一个完美之境,但在历史现实过程中却时时陷入黑暗。在这样的思想背景下,就形成了复性观的主题:本性之失落与本性之复原;生命之沉沦与生命之提升。这个主题和结构,显然是儒家和佛家的生命二元论的糅合。

幽暗意识在宋明儒学里,不但表现为"复性"的思想,同时也反映为另一种趋势。宋明儒学的主流认为:宇宙万物,包括人在内,均由理与气两种质素构成;而二者都代表宇宙存有的正面性。理固然是代表善性,就是气在基本上也属善性。因此,就宇宙的基本存有而言,是无阴暗罪恶可言的。只是在气的流动生化中,才有阴暗罪恶的衍生。但是宋明儒学在发展过程中,却有视个人生命为善恶两极对立互争的趋势,这个趋势

---

① 晚唐学者李翱,著《复性书》,为宋儒思想之先驱,李翱之《复性书》颇受梁肃之《止观统例》影响。而《止观统例》乃发挥天台宗之如来藏思想。后者,以如来藏本具染净二性为基本观点,在基本上是属于二元论架构。见冯友兰:《中国哲学史》,第九章,《隋唐之佛学下》,第751—799页;及第十章《道学之初兴及道学》中"二氏"之成分,第805—812页。

大大地提升了宋明儒学的幽暗意识，因为朱子曾说过下面这样一段具代表性的话："以理言，则正之胜邪，天理之胜人欲，甚易；而邪之胜正，人欲之胜天理，甚难。以事言，则正之胜邪，天理之胜人欲，甚难；而邪之胜正，人欲之胜天理，却甚易。正如人身正气稍不足，邪便得以干之。"[①] 换句话说，朱子认为：照道理言，正应该克邪；但在现实人生里，邪却是经常胜正的！

朱子不但从天理与人欲的对立去看人生。同时也从这个角度去放眼看历史。在他看来，历史的本源，也就是所谓的"三代"，是天理流行，一片光明净洁，而历史的现实过程，所谓三代以后，即使是汉唐盛世，也多半是人欲泛滥，一片黑暗！[②] 他在答陈同甫的信里，把三代以后历史的沉沦，说得最为明白："若以其能建立国家，传世久远，便谓其得天理之正，此正是以成败论是非，但取其获禽之多，而不羞其诡遇之不出正也。千五百年之间，正坐如此，所以只是架漏牵补过了时日。其间虽或不无小康，而尧舜三王周公孔子所传之道未尝一日得行于天地之间也。"[③] 这些话，出自朱子之口，道尽了宋明儒学正统派中的幽暗意识！

幽暗意识不仅限于程朱学派，就在对成德充满乐观与自信的王学里，也时有流露。阳明虽以朱学为敌，但他仍以"去人欲，存天理"为基本关怀。同时，王学虽然很少直接谈"复性"这个观念，但"复性"所代表的生命观，却仍然是王学思

---

① 钱穆：《朱子新学案》，第一册，第412页。
② 同上，第415—418页。
③ 同上，第414页。

想中基本的一环。《阳明全集》里，学绝道丧、人心陷溺的感喟，随处可见。王学的乐观是来自阳明之深信他发现了挽救人心、培养德性的独特方法，而并不代表他无感于人心的陷溺！

在《阳明全集》里有下面一段话充分显示他对"学绝道丧"的感受："古今学术：诚伪邪正，何啻碔砆美玉，有眩惑终身而不能辨者，正以此道之无二，而其变动不拘，充塞无间，纵横颠倒，皆可推之而通。世之儒者，各就其一偏之见，而又饰之以比拟仿像之功，文之以章句假借之训，其为习熟，既足以自信，而条目又足自安，此其所以逛己逛人，终身浸溺而不悟焉耳，然其毫厘之差，而乃致千里之谬，非诚有求为圣人之志，而从事于惟精惟一之学者。莫能得其受病之源，而发其神奸之所由伏也。若仁之不肖，盖亦常陷溺于其间者几年。怅怅然既自以为是矣。赖天之灵，偶有悟于良知之学，然后悔其向之所为者。固包藏祸机，作伪于外，而劳心日拙者也。十余年来，虽疼自洗剔创艾，而病根深痼，萌蘖时生，所幸良知在我，操得其要，譬犹舟之得舵，虽惊风巨浪，颠沛不无，尚犹得免于倾覆者也。夫旧习之溺人，虽已觉悔悟，而其克治之功，尚且其难若此，又沉溺而不悟，日益以深者，亦将何所底极乎。"是根据这种体验，他才说出这样的话："戒惧之念，无时可忽。若戒惧之心，稍有不存，不是昏聩，便已流入恶念。"[1]

王畿是王门中最富乐观精神的一位，他对一般人成德之信心可于他的"见成良知"这一观念看出[2]。但同时他却能够对

---

① 《明儒学案》，台北：世界书局，1965，第81页。

② 《明儒学案》，卷十二，第101页。

人性中所潜藏的罪咎和陷溺作深入的体认。他曾说过："吾人包裹障重，世情窠臼，不易出头。以世界论之，是千百年习染；以人身论之，是半生依靠。"① 因此，他才对宋明儒学的"复性"观念有这样的解释："吾人一身学问，只在改过，须常立于无过之地，方觉有过，方是改过真功夫，所谓复者，复于无过者也。"②

这种幽暗意识，在王门另外一位重要人物——罗洪先的思想中有同样的透显。他对自己内心深处所蟠结的罪咎，曾作勘查入微的反省："妄意于此，二十余年矣，亦尝自矢以为吾之于世，无所厚取，自欺二字，或者不至如人之甚，而两年以来，稍加惩艾，则见为吾之所安而不惧者，正世之所谓大欺，而所指以为可恶而可耻者，皆吾之处心积虑，险托之命而恃以终身者也。其使吾之安而不惧者，乃先儒论说之余而冒以自足，以知解为智，以意气为能，而处心积虑于可耻可恶之物，则知解之所不及，意气之所不行，觉其缺漏，则蒙以一说，欲其宛转，则加以众证，先儒论说愈多，而吾之所安日密，譬之方技俱通，而痿痹不恤，搔爬能周，而疼痒未知，甘心于服鸩，而自以为神剂，如此者不知日月几矣。呜呼，以是为学，虽日有闻，时其习明师临之，良友辅之，犹恐成其私也。况于日之所闻，时之所习，出入于世俗之内，而又无明师良友之益，其能免于前病乎，夫所安者在此，则惟恐人或我窥，所蒙者在彼，则惟人不我与，托命既坚，固难于拔，用力已深，益巧于藏伏，于是毁誉得失之际，始不能不用其情，此其触机而

---

① 钱穆：《宋明理学概述》，台北：学生书局，1984，第 323 页。
② 《明儒学案》，卷十二，第 109 页。

动，缘衅而起，乃余痕标见，所谓已病不治者也，且以随用随足之体，而寄寓于他人口吻之间，以不加不损之真，而贪窃于古人唾弃之秽，至乐不寻，而伺人之颜色以为欣戚，大宝不惜。而冀时之取予以为歉盈，如失路人之忘归，如丧家之丐食，流离奔逐，至死不休，孟子之所谓哀哉！"①

是经过这种深切的反省和自讼，他才能对生命的阴暗面有深切的感受："吾辈一个性命，千疮百孔，医治不暇，何得有许多为人说长道短耶？"②

这种生命的感受，在晚明刘宗周的思想里有更明显的流露，造成幽暗意识在宋明儒学里一个空前的发展。例如他在《人谱》一书中，把成德的实践过程分成六步，每一步都有罪咎的潜伏，都有陷溺的可能。他在总结第六步——"迁善改过以作圣"时，曾有这样的话："学者未历过上五条公案，通身都是罪过，即已历过上五条公案，通身仍是罪过。"③接着在《人谱续篇·纪过格》里，他对这"通身的罪过"有极详尽的抉发和分析。他把罪过分成六大类，每一大类再细分成各色各种，其中第一大类，刘宗周称之为"微过"，最足以表现他对罪过勘查的细微："以上一过实函后来种种诸过，而藏在未起念之前，仿佛不可名状，故曰微，原从无过中看出过来者。'妄'字最难解，直是无病疼可指。如人之气偶虚耳，然百邪此易入。人犯此者一生受亏，无药可疗，最可畏也。"④

---

①　《明儒学案》，卷十八，第 177—178 页。
②　同上书，第 178 页。
③　《刘子全书》，台湾：华文书局，1968，卷一，第 171 页。
④　同上书，第 172 页。

《人谱》里面所表现的罪恶感，简直可以和其同时代西方清教徒的罪恶意识相提并论。宋明儒学发展到这一步，对幽暗意识，已不只是间接的映衬和侧面的影射，而已变成正面的彰显和直接的透视了。

由宋明儒学的思想环境而论，幽暗意识的提升，并不足异。前面提到，儒学在唐宋之际的复兴，曾受大乘佛教甚深的影响，而此影响在以后宋的儒学的演化过程中是持续不断的。尤其在晚明，三教合一的风气使得儒佛的沟通更加频繁。吴百益教授曾经指出，佛学大师云栖袾宏就曾是佛教的幽暗意识在晚明散发的一个管道。① 同时，必须指出的是：儒学思想中内化的趋势也是助长幽暗意识提升的一个重要内在因素。因为内化的趋势加上成德实践的需要，使得内心的省察更形重要，终于变成宋明儒学（特别是陆王心学）的中心课题。必须注意的是：这种由道德实践所推动的内心省察是一个精神挣扎的过程。在这过程中，体会到心灵净化的重重困难和障碍，进而重视人心中的幽暗面也是很自然的结果。

重要的是，在彰显宋明儒学这方面的发展时，我们不能孤立地去强调幽暗意识的提升，因为从朱熹到王阳明乃至刘宗周，不论复性思想或者"理欲两极"的思想都是以四书的义理结构为背景，而四书的义理结构是结穴于"大学模式"。所谓"大学模式"是由两个观点所构成：其一，人可由成德而臻至

---

① Pei-yi Wu，"Self-examination and Confession of Sins in Traditional China"，*Harvard Journal of Asiatic Studies*，vol. 39，no. 1（June，1979），pp. 5—38.

善；其二，由成德的人领导与推动政治以建造一个和谐的社会。① 这就是圣王观念。作为"大学模式"的中心思想，这个观念仍是宋明儒学所孕育的幽暗意识的前提。因此幽暗意识，尽管在王学里有着空前的提升，并未突破圣王观念所代表的儒家终极的乐观精神。

由于四书的思想在宋以后的中国社会里有着广被的流传，对中国政治文化产生决定性的影响是"大学模式"和圣王观念，而非附属其中的幽暗意识。不错，17 世纪以后，汉学的发展使得荀学变成清儒思想中的一个暗流，可是荀学在清儒思想中发酵的一面不是其幽暗意识，而是它的礼学与"知识主义"。② 这里值得顺便一提的是：荀子思想的幽暗意识在清末汉学重镇俞樾的思想里曾有浮现；③ 而俞氏的弟子——章炳麟，承受俞氏在这方面的影响，加上大乘佛教的无明意识的震荡，

① 《大学》，《四书读本》，第1—16 页。

② 关于荀子的礼学在清儒的"汉学"思想中的地位，见钱穆：《中国近三百年学术史》，第八章《戴东原》与第十章《焦里堂、阮芸台、凌次仲》。关于清儒思想中的"知识主义"，见余英时：《从宋明儒学的发展论清代思想史——宋明儒学中知识主义的传统》，《历史与思想》，台北：联经出版事业公司，1976，第87—120 页；《清代思想史的一个新解释》，第121—156 页。

③ 俞樾：《宾朋集》，卷四十五，《性说》上下二篇，阐扬荀子的性恶论而驳孟子的性善论："《荀子》必取于学者也；《孟子》必取于性者也。从《孟子》之说，将使天下之人，恃性而废学，而释氏之教得以行于其间；《书》曰：'惟日其迈'（《尚书·召诰》），《记》曰：'率性之谓道'（《中庸》首章），《孟子》之说，率其性者也；《荀子》之说，节其性者也。夫为君子之责者，在使人知率其性；人者，在使知节其性者也。故吾人论性，不从《孟》而从《荀》也。"

曾对中国近代思潮中的乐观精神与乌托邦的倾向作正面的挑战，在当时思想界独树一帜。[①] 但是从长远的发展看来，俞、章二氏的幽暗意识只是昙花一现，传统对中国近代政治文化发生影响的是圣王观念及其附丽的乌托邦思想倾向。谁也不能否认：政治权威主义，乌托邦心态和政教合一的观念曾经是近代政治文化的一些主导倾向。[②] 同时，谁也不能否认这些倾向多少以中国传统遗留下来的圣王观念为其渊源。因此，今天我们剖析传统中幽暗意识的成长以及其与圣王观念的关系也是发掘中国近代政治文化的一个重要症结。

总结地说，我在这篇文章里就"圣王"这个理想从两方面作了分析。一方面是就"圣王"理想与传统秩序的义理基础的关系而言。在这方面，我们发现"圣王"观念的批判性很强，有发展权威二元化的思想的契机。但是由于儒家超越意识的局限，"圣王"观念的批判性，在儒家传统的演化中，并未能畅发，而权威二元化思想的契机，也未能充分地展现。

重要的是：即使圣王理想的批判意识得以畅发，这也并不意味儒家传统可以有西方自由主义的发展。因为圣王是儒家的终极政治理想，从这方面去看，它含有"政教合一"式的权威主义和乌托邦主义的倾向。这些倾向和西方自由主义异道而

---

① 见拙文 *Chinese Intellectuals in Crisis*：*Search for Order and Meaning*，1890—1911 （University of California Press，1987），Chapter 4，"Chang Pring-lin"，pp. 104—145。

② 见拙文 "Intellectual Crisis of Contemporary China in Historial Perspective"，Paper Written for the Conference on Confucian Ethics and the Industrial East Asia，Sponsored by the Institute of East Asian Philosophies，Singapore。

驰，不可轻易地相提并论。

这些结论是根据我们就圣王观念所蕴涵的超越与幽暗两种意识的分析而达成的。这里必须进一步指出的是：这两种意识都是主要植基于儒家传统所谓的内圣之学，因为天人之际和人性善恶都是属于"内圣之学"的核心问题。就这一点而言：今日一些学者对"内圣外王"这一观念所作的一些阐释是很可商榷的。他们认为：儒家传统的"内圣之学"已经臻于完备，而传统的症结是在于外王之学的局限。由于这局限，内圣之学的精义无以畅发与彰显。但是，诚如朱熹在《大学章句》和《大学或问》里所强调，"新民"和"明德"（也就是说经世与修身）是两个互相依存，无法分开的观念。我们可以同样地说：内圣和外王也是两个互相依存，无法分开的理念。因此，儒家传统不能在政治思想上开出民主自由的观念，我们不应只归咎于儒家的外王思想。实际上，根据我在上面所做的分析，外王思想的局限与内圣思想的偏颇有密切的关联。也就是说，分析传统的政治理念，我们不能只孤立地就传统政治思想的发展去看，必须跳出名词范畴的樊篱，把问题的症结放在整个儒家的义理结构去看，才能窥其全豹，而抉其底蕴。

幽暗意识的形成与反思

　　1982 年的夏天，《中国时报》在台湾宜兰山间的栖兰山庄举行了一个学术思想的研讨会。我应邀赴会，由于这个机缘，我把蓄之有年的一些问题与想法写成《幽暗意识与民主传统》一文，自那时起，这些问题与想法一直萦回在我的脑际，形成我思想发展的一条主轴。转眼 20 年过去，如今我回视这段心路历程，时间的距离使我看清楚它的来龙去脉，也加深了我对其思想义涵的认识。

　　该从我早年的政治意识说起吧！在台湾念大学的时代，受到殷海光先生的思想启蒙，我是一个五四型的自由主义者。当时我对自由民主这些理念的认识很朦胧，可是生活在台湾 1950 年代的白色恐怖中，却对这些理念有着无限的向往与热情。

　　1959 年我去了美国。在海外的新环境里，我的思想很快有了变化。首先是"新中国"给我的震撼。在海外我听到许多在台湾听不到的有关新中国的消息，读到在台湾读不到的"三十年代"文学，我感觉第一次真正发现了中国和做中国人的意义，也第一次感到做中国人是值得骄傲的。这些感觉对于一个长期在台湾受教育，被逃亡漂泊的心理所笼罩，缺乏"祖国认同"的年轻人，实有着难以想象的震撼。就这样，我的思想开始左转了。现在追忆那时的心境，这左转的动力毫无疑问主要来自民族情感。与许多来自台湾的留学生一样，我是在海外找到了中国的民族主义，也由于它的牵引，我开始正视马克思主义思想，思考这思想提出的一些问题。

左转很快冲淡了我本来就很朦胧的自由主义立场，我不知不觉地进入1930年代中国知识分子的心境。一旦发现了群体的"大我"，个人"小我"也无所谓了。1960年代初，有好几年，我和殷先生虽然通信不断，但与他所代表的自由主义似乎是渐行渐远了。

但我的左转并未持续太久。1960年代后期大陆上掀起"文革"风暴，使我的政治意识再一次转向。记忆中，"文革"开始时，我正结束哈佛的学业，去美国南方一所州立大学教书。那儿报纸很少登载中国的消息。但从各方零星的报道，我完全无法理解当时中国的动态。随着"文革"运动的展开，我的困惑日益加深，觉得有重新检讨我思想左转的必要。就在这番检讨中，几年前我在研究所念书时的一段经验，又重新涌现在我的脑际，不但帮助我对"文革"进行反思，而且使我在思想上又作了一次重要调整。

这就要回到1962年的冬天，哈佛大学的春季课程排出了一门新课。这新课的准确题目，现在已记不清了，大概是"西方近代的民主理论与经验"，由一位法学院教授与另一位校外请来的访问教授合开。这位访问教授就是当时名重一时的美国宗教思想家尼布尔（Reinhold Niebuhr）。这门课的题目与尼布尔的大名引起我的好奇心，决定春季开学后去旁听。因为这门课是排在早上第一节，记得开学那天，一向迟睡迟起的我，特别起了一个大早，冒着料峭的春寒赶去上课。课室是在著名的佛格博物馆的地下室，我抵达博物馆的大楼时，才知来得太早，大门仍然关着，却见门前有一位相貌古癯、走路微跛的老者先我而到，在门前来回踱步，等着开门。他看见我，就主动与我打招呼，问我为何这样早赶来博物馆，我说是为了听课。他接着问我准备听哪门课，当他听到我的回答时，就微笑着告诉我他就是那位授课的访问教授。真是出乎我的意料！正不知应该再说些什么，博物馆的大门开了，也就随着陆续来到的学生进去入座上课。

那年春天，这门课我断断续续总算听完了。但听得很不理想，主要因为我当时西方思想史的背景很不够，对于堂上讨论的问题，常常不能清楚地掌握它们的意义。但尼布尔在堂上说的一些话却在我的脑海中留下很深的印象，决心要探究一下他的思想。就这样，我开始接触到以往一直未注意的一股西方民主思潮。

这股思潮就是一次大战后在欧洲基督教内兴起的，一般称之为危机神学（Crisis theology）或辩证神学（Dialectical theology）。这派神学后来传到美国，经尼布尔大力阐扬，在1930至1950年代的美国思想界造成很大的影响。

危机神学的主旨是：回归基督教的原始教义，而彰显后者所强调的人与神之间无法逾越的鸿沟。一方面是至善完美的超越的上帝，另一方面是陷于罪恶的人类。不错，人的本原是好的，因为上帝造人是根据他自己的形象，但这本原的善很快就因人背叛上帝而泯没。因此，就人性论而言，危机神学特别重视人的罪恶性。尼布尔在思想界重大的贡献就是以危机神学的人性论为出发点，对西方自由主义以及整个现代文明提出质疑与批判。他认为要认识现代世界，必须记住人的罪恶性。最能表现人之罪恶的就是人对权力的无限贪欲。二次大战前出现的左右两派的极权暴政，便是这罪恶性的明证。而环顾当时世界各种主义与学说，如社会主义、浪漫主义、马克思主义，乃至自由主义，可悲的是它们都忽略了人的权力欲所反映的罪恶性。所以，他要特别重提基督教的双重人性观：我们不仅需要看到人的善的本原、上帝所赋予每个人的灵魂而尊重个人的价值，我们也同样需要正视人的罪恶性而加以防范。只有从这双重人性论的观点，才能真正发挥民主制度的功能，彰显它的价值。因此而有他的名言："人行正义的本能使得民主成为可能，人行不义的本能使得民主成为必要"（Man's capacity for justice makes democracy possible，man's capacity for injustice makes democracy necessary）。

在听尼布尔讲课以后的几年，我对他的思想稍有涉猎，但真正深入地体会尼布尔对人世与人性的深思灼见，还是"文革"开始以后的事。在"文革"运动展开的过程中，我在海外虽是"隔岸观火"，但那熊熊的烈火却深深地震撼着我。与海外许多华人不同，这烈火在当时没有使我对"文革"抱持同情或幻想，相反的，它却震醒了我左转的迷梦。其中一个重要原因是：在观察这场风暴中，尼布尔的思想突然有了活生生的意义，好像得到经验感受的印证。我看见了，在理想的狂热中，在权力斗争中，人是多么诡谲多变，多么深险难测，人性是可以多么丑陋，多么扭曲，多么可怕！在人性的阴暗里，我找到了"文革"所展示的权力泛滥的根源。我不禁自问：权力，假如有制度加以防堵，加以分散，还会变成这样泛滥成灾吗？尼布尔那句名言，特别是那第二句话又在我的脑际浮现："人行不义的本能使得民主成为必要。"我由此开始对民主重新估价。在左转过程中，我对民主丧失的信心，也因此渐渐恢复了。

在恢复民主信念的同时，我也修正了我对民主的认识。在此以前，因为年轻时代受了五四的影响，多年来我对民主的看法常常是高调的：民主不是国家富强的良药，就是道德理想的体现。但长久在西方国家对民主运作的观察，以及看到中国近代民主道路的坎坷，已使我无法再抱持高调的民主观。这种领悟，加上"文革"以后我对政治的一番新认识，使我对民主的重新肯定变得低调。英国政治家丘吉尔对民主的评价曾经有句名言："民主并非一个理想的制度，只是人类到现在还未想到一个比它更可行的制度。"这句话很能代表我近 20 年来对民主的看法。不错，民主政治确实有许多缺点，但至少，在民主制度下，权力泛滥成灾、千万人头落地的情形不大容易发生。从这一点去看血迹斑斑的人类历史，民主的价值已够我们珍视了。因此，自从我由左转回到自由主义的立场以后，我一直深感在中国谈民主，常常需要一个低调的民主观，才能稳住我们的民主信念。

这就是我在 1980 年代初提出"幽暗意识"这一观念的思想背景。这些年来，从这个观点出发，我看到了我从前对时代认识与感受的思想限制，在检讨与反省这些思想限制的过程中，我对"幽暗意识"也有了更深的体会。

在我早年的求学过程中，有两个观念——儒家的"忧患意识"与马克思的"异化"曾经深深地影响我对时代的感受与认识。前者我是透过徐复观先生的著作认识的。由这个观念我开始知道：儒家，基于道德理想主义的反照，常常对现实世界有很深的遗憾感与疏离感，认为这世界是不圆满的，随时都有忧患隐伏。就此而言，忧患意识与幽暗意识有相当的契合，因为幽暗意识对人世也有同样的警觉。至于对忧患的根源的解释，

66

忧患意识与幽暗意识则有契合也有很重要的分歧。二者都相信人世的忧患与人内在的阴暗面是分不开的。但儒家相信人性的阴暗，透过个人的精神修养可以根除，而幽暗意识则认为人性中的阴暗面是无法根除、永远潜伏的。不记得谁曾经说过这样一句话："历史上人类的文明有进步，但人性却没有进步。"这个洞见就是幽暗意识的一个极好的注脚。

这个洞见也使得幽暗意识与马克思的异化观念有所不同，后者在 1960 年代的西方知识界相当风靡。我当时在研究所念书，曾经对它发生极浓厚的兴趣。这观念的前提是：普遍人性是不存在的，要了解人，必须从人的社会实践，特别是生产活动去观察。但不幸的是：人的生产活动不可避免地会发生本末倒置的现象，因为在生产过程中，人不但不能主宰与享有自己劳动力的成果与生产成品，反而落入后者形成的枷锁，变成它的奴役，这就是马克思所谓的"异化"现象。就了解人的社会性而言，"异化"这个观念毫无疑问是带有很深的忧患意识。

从幽暗意识的观点去看，这是异化观念可取的地方，但同时也有它严重的盲点：前面提到，马克思不相信普遍人性。因此，异化不能归因于内心，而只能归因于外在的社会结构。在他看来，异化是社会结构在历史演进的过程中所产生的阶级制度的结果。而社会结构与阶级制度是人造的，因此人也可以加以改造。于是马克思相信：透过人为的革命，社会可以改造，阶级制度可以取消，异化作为忧患的根源可以根除，由此人间可以实现一个完美的社会。可见，异化观念并无碍于马克思主义变成一个极端的理想主义。

因此，从幽暗意识出发，我一方面接受马克思的异化观念所含有的洞见，同意外在的社会制度可能是人世忧患的一个重要原因；另一方面，我却不能接受他的极端理想主义。因为除了外在制度这个源头，人世的忧患也可种因于人内在的罪恶性。后者可加以防堵与疏导，但却无法永远根除。也就是说，外在制度的改革，不论多么成功，多么彻底，人世间的忧患仍然不会绝迹。乌托邦也许天上有，人世间是永远不会出现的！

基于上述讨论，可见幽暗意识是与忧患意识以及异化观念有相契合之处，也有基本不同之处。正因如此，我近十多年来对儒家的道德理想主义与马克思的历史理想主义，在同情了解的同时，也保持批判的距离。但这并不意味着我无条件地反对理想主义。实际上，人的理想性是幽暗意识的一个不可少的背景观念。因为不如此，则幽暗意识将无所别于所谓的现实主义。

如所周知，东西文化传统里都曾经出现过一些现实主义。例如中国的法家，以及西方传统里的马基雅维利（Machiavelli）与霍布斯（Hobbes）的思想，他们都曾强调人性中的负面。幽暗意识与这些现实主义不同之处在于后者于价值上接受人性的阴暗面，而以此为前提去思考政治与社会问题。与此相反，幽暗意识仍然假定理想性与道德意识是人之所以为人不可少的一部分。惟其如此，才能以理想与价值反照出人性与人世的阴暗面，但这并不代表它在价值上认可或接受这阴暗面。因此，幽暗意识一方面要求正视人性与人世的阴暗面，另一方面本着人的理想性与道德意识，对这阴暗面加以疏导、围堵与制衡，去逐渐改善人类社会。也可以说，幽暗意识是离不开理想主义的，二者相辅相成，缺一不可。随之而来的是我近年来越发信之不疑的一个对人的基本看法：人是生存在两极之间的动物，一方面是理想，一方面是阴暗；一方面是神性，一方面是魔性；一方面是无限，一方面是有限。人的生命就是在这神魔混杂的两极之间挣扎与摸索的过程。

总之，我是透过对儒家忧患意识、马克思的异化观念与各种现实主义的反思而逐渐澄清了幽暗意识这观念。在这反思的过程中，我觉得我进一步认识了人，认识了自己，也认识了这时代。

传统儒家思想中的政教关系

一、前言

大家知道政教关系是世界上每个传统文化都要面对的重要问题。我今天要讲的题目就是中国传统儒家对这个问题产生的基本观点与立场。一般说来，当代学界对儒家这方面的思想发展的讨论很聚讼，大约有两派观点。一派是持政教一元或政教相维的看法。这种看法自从晚清张之洞提出以来，就很流行。五四之后大张其军，可以说是学界的主流看法。另一派持不同的观点，认为儒家自晚周开始以来就是自视为独立于现实政治权威的一个精神传统；因此政教二元或政教对等是儒家自觉意识的一个基本特征。我个人认为这两种看法都有他们各自不同的观点与不同的价值；但作为一种纵览全局的认识，都在不同程度上有问题有偏颇。今天在这篇演讲里，我准备就政教关系这个问题，把政教一元与政教二元这两个观点放在传统儒家思想发展的脉络里合而观之，希望对儒家思想在这方面的特殊性与复杂性，做一些分析与梳理。

我们知道儒家思想的兴起是在晚周，大约公元前六世纪至三世纪的时期，但我在这里追溯儒家有关政教关系的思想背景，却要从殷商到周初这段时期开始谈。因为我认为只有以这一段文化的演变为背景，我们才能深入地掌握儒家思想在这方面兴起与展开的原委与意义。

二、殷周思想背景

谈殷商时代的文化，当然要从它的文化核心——宗教思想开始。这几十年来有关这方面的讨论常常为巫这个问题所吸引。我认为这些讨论对于了解殷商宗教并无多少实质贡献；因为我们现在只知道甲骨文中有"巫"这个字，也就是说，巫作为一种宗教神职人员是存在的；但除此以外，考古学家还都没有在甲骨文里发现进一步有关巫的性质与功能的直接资料，是故现在关于巫的讨论，多半是根据晚周以及晚周以后有关巫的文献所作的臆想与揣测，因此我在这里对殷商宗教的认识不从巫这个问题着眼，而仍然以甲骨文直接提供的资料为依据。

根据甲骨文的资料，大致而言，殷商宗教文化是环绕三种神灵信仰而发展的：祖宗神、自然神以及凌驾于两者之上，殷人称之为"帝"或"上帝"的最高神。此处无法细谈，我只想强调，这三种信仰合而观之，反映一种在古代亚非大陆诸文明初起时常出现的一种世界观，也存在于殷商宗教的核心思想里，那就是一些学者称之为"宇宙神话"（cosmological myth），它是特指一种宗教观，视宇宙为人世秩序与神灵秩序绾合为一的整体，两者相互参与，互相衔接，密不可分。殷商的宇宙神话大约而言有下列几个特征：第一，这种宇宙观有最高神："帝"或"上帝"；但这最高神并不代表超越。他与其他神灵只有量的差异而非质的差异。它控制自然与人类的力量大过其他神灵，但他并不像后世高级宗教那样代表一个超越的领域，在基本特征上与人世秩序有本质的不同。因而殷人对外界宇宙的取向仍然是一元而非二元的。在他们的心目中并无一个不可思议的最高精神主宰凌驾于外在可见的宇宙秩序之上。第二，如前所述，在殷人心目中，人世秩序之外，有一个神灵秩序，但这两个秩序是紧密相连的，也可以说，人世秩序是嵌放于神灵秩序里，二者之间有两个基本衔接点：家族制度与王制。第三，家族制度是殷商社会最普遍的神灵秩序与人世秩序之间的沟通衔接的管道。每个家族透过祖先崇拜的信仰与仪式，可以与过去的祖先神灵沟通，并受到他们的保佑与恩泽。这个家族祭拜祖先的仪式是由宗族族主主持的，因此在每个宗族里，族主权威很大；他不但综理一切有关宗族的重要事务，而且也是祭祖仪式的主祭司；也可说他是每个宗族的政治领袖，也是宗教领袖；在这宗族内集政治与宗教权威于一身。第四，这种政教合一的模式，不仅出现于殷商社会的基层组织——宗族，也出现于殷商时代的政治秩序的核心体制：王制。甲骨文显示，殷王的最高权威是基于他是唯一的宗族之主，能与最高神——上帝沟通交涉；因此他也是集宗教与政治权威于一身，兼具人王与法王双重资格的领袖。这里值得注意的是，殷王不能直接祭祀上帝，因此他与上帝的交往沟通不是直接的，而是间接透过祭祖请求他已逝的祖先，在"宾上帝"的时候，为他转达他的崇敬与需求；也可说祖先崇拜的信仰与仪式是殷王与上帝之间沟通的媒介。因此殷商政治秩序的核心与社会基层组织都有着政教合一的权威结构，绝非偶然。

根据上面四点，我们可以看到，只有以殷商的宗教宇宙观为背景，我们才能充分认识殷王的权威与功能。前面指出，他不仅是综理人间事务的政治领袖，他也是衔接宇宙中神灵秩序与人间秩序的枢纽。从这个观点来看，我们也可以了解殷王的祭祀活动有一个显著的宇宙取向。也就是说甲骨文的资料，显示殷人已有东南西北四方的观念，殷王自居四方之中而取向于四方，因此有祭四方之仪节。同时他也配合时序的流转，把一年分成四季，作当时所谓的"四风"之祭。考古学家陈梦家就曾指出，殷王祭四方与四风就是后世传统礼制所谓"天子祭天地，祭四方，祭山川"的开始。总之，殷王祭祀活动的两大特征：透过祭祖通上帝，与它的宇宙方位与时序取向，显示殷商王制是整个宇宙秩序的枢纽。难怪中国人日后称之为神器。放在古代世界史的脉络来看，它是属于以政教合一为特征的宇宙王制（cosmological kingship）。这种王制在古代亚非大陆文明里代表一种典型；西从近东的古埃及与以两河流域为发源地的西亚帝国，到中亚的波斯帝国，到东亚的殷商王朝都为这种宇宙王制所笼罩。只有古印度文化似乎是一个例外，但它的政治文化里也含有一些宇宙王制的痕迹。总之，只有从这宇宙王制思想背景，我们才能了解继殷商王朝而起的周王朝所带来的宗教与政治思想的重大变化。

纪元前一千年左右周王朝开始，它的统治维持到纪元前三世纪。这长达八百年的周代，大约相当于世界文化的轴心时代，发生了一些深巨的思想变化，其中最重要的就是所谓的超越突破：殷商的上帝崇拜被天的信仰所取代。前面提到，殷商的上帝信仰并无超越意识。这主要是因为在殷商人的宗教观念中，上帝与殷王室的祖宗神关系紧密，分化不清。但周初天的观念却与周王室的祖宗神分化与区别清楚，没有任何混淆的关系，很清楚地显示天是一个超越万有，至高无上，有普世性的精神主宰。

除了超越意识之外，"天"的信仰也带来一些前所未有的道德价值意识。我说前所未有是因为在殷商甲骨文里未曾见过道德意识的字眼。如今在周初的文献，如《诗经》、《书经》里，道德性的字眼，如"德"、"敬"、"孝"、"礼"、"彝"等屡屡出现；可以说，一种有别于实然的应然意识已经很清楚地浮现于周初的宗教观念里。

此外，随着"天"的信仰而来，周初的神话意识也有一些重要发展。大致而言，在殷商时代，人们在宇宙神话的笼罩之下，对外在世界只有直觉的表象感受，而没有对这些感受的反思能力。但周初的文献已经显示初步的反思性，反映于根源神话（origin myth）的出现。因为后者代表人们已开始对外界表象从何来提出疑问，寻求解释。一般说来，古代文明初起时，根源神话大约可分四类：世源神话（cosmogony），说明世界的起源；神源神话（theogony），说明神灵的起源；人源神话（anthropogeny），说明人的起源；政源神话（genesis of political order），说明政治秩序的起源。周初文献中所见的根源神话主要属于后两类，前两类几乎是绝迹。

关于人源神话，周初主要的观念是：人是天生；最好的例子就是诗经中的"天生蒸民，有物有则，民之秉彝，故好是懿德"那句话。这个观念自然使人联想到基督教圣经中上帝造人（*Imago dei*）的观念。后者代表上帝与人世在本体上是属于两个迥然不同的领域；上帝造人完全是由超越外在的地位，凭空而造。上帝与人世之间是断层关系。而诗经中"天生蒸民"的生是"生育"之义，即人是从天体化生而出，因而人与天的关系不是断层，而是衔接与延续。是故与基督教上帝造人的观点相较之下，周初"天"的超越观念有它的暧昧性与不稳定性，对后世儒家天人关系与政教关系观念的发展，有不可忽视的影响。

在周初出现的神话中，最受人注目的是政源神话，反映于《诗经》与《书经》里所彰显的"天命说"。这个政源神话，后来进入儒家的核心思想，特别是关于政教关系的思想。我想对它作五点说明。

第一，天为宇宙的最高主宰，也是人世政治权力的泉源。权力的基本形式——皇权——的授予与转移是取决于天意，这就是所谓的"天命"。

第二，周初"天"的超越性，也蕴含它的普世性：它有普世的权威，因此承受天命的周王，号称"天子"，也应该有普世性的权威，反映在诗经中"普天之下，莫非王土；率土之滨，莫非王臣"的观念。这种突显王权的普世性，未见于殷商有关宇宙王制的甲骨文资料，而是周初天命说所带来的一个新发展。这个"普世王权"的观念从此变成中国传统君主自我认同的重要一环。

第三，天命的授予与天意的抉择是以德性为标准。从此，一个前所未有的问题，也就是今天所谓的政治正当性的问题开始出现于中国传统的政治思想里。

第四，"天命观"不仅代表一个道德的理念，而且也代表一个历史上原始的黄金时代，一个圣王理想曾经实现过的"尧舜三代"，因此它也意涵人类历史上政治秩序的原始典范；这也就是日后朱子所谓"上古神圣，继天立极"。

第五，以殷商王制为背景去看，周初的天命说带来一些重要的思想变化，它把超越意识与道德意识注入宇宙王制，使得王位的获得与转移都系于帝王德性的表现，也就是说帝王的人格与施政行为都要受制于德性的审查与批判。因此在天命说里，帝王个人的权位与他开创的王朝政权都可能失去天命因而产生变革。但重要的是，这王位制度本身不能变革。它仍然是神灵秩序与人世秩序衔接沟通的枢纽，是整个宇宙次序的中央一块"神圣的空间"，一个神器与宝位。任何人经过上天以道德为标准的选拔，登上这宝位，掌握这神器，就是承受天命，代表天以绝对的皇权统治人世；同时他又代表人世祭祀天与宇宙的方位与时序，是人王也是法王，集统治中心以及教化与祭祀中心于一身。

总之，根据上述五个重点说明，相对于殷商的宇宙王制观念而言，天命说当然代表一些新的思想发展。但这些新发展仍然发生在宇宙王制的体制以内，而不是发生在体制的本身。后者的神圣性仍是天命说预设的前提，而不是它的道德反思性与批判性的对象。就此而言，周初天命说就只代表对宇宙王制的一个重要修正，而不是一个制度性思考的基本突破。这个突破的契机要等到原始儒家出现以后才产生。

原始儒家从晚周开始出现，就承袭了周初的天命说以及它的前提——天道观，并以此基点，展开了有关政教关系的思考。关于原始儒家这方面的思想，有两个大趋势，特别值得我们注意。

一个大趋势是天命说的进一步发展。这也有两面，一面是天命说里面的德性意识的深化。大约而言，周初出现的道德意识是属于所谓公共道德，是环绕群体意识与政治秩序而发展的。但晚周的道德观念则由"公共道德"扩展到个人的生命与人格发展的层面，并以此为基础对个人与群体生命作了反思，由此深化而产生了以"仁"为代表的全德观念。在这全德的观念里，政治有着核心的地位。因而在儒家的入世观念里，德性是兼涉个人与群体生命，而群体生命的德化就少不了政治。讲到政治，原始儒家的基本典籍，如《论语》《孟子》仍然回到天命的观念；政治必须德化，而德化的原始典范就是尧舜三代的圣王体制。但深入去看，在圣王体制的后面，儒家的原始模式也隐然蕴涵一个更基本的理念：政治与道德精神是分不开的。道德精神必须通过政治才能进入群体生命；而政治必须以道德精神为它的存在的理由与意义的基础。

现在看天命说进一步发展的另一面，天命说的扩大；从周初到晚周初期，它的一个重要前提是它以君主与天的关系为对象，也即天命只能传授给政治领袖——君主，只有君主才能承担天命，跟天沟通交涉。但在原始儒家里，特别是在孔子之后所谓的思孟学派里，天命说有了新发展；它已由天与君主的关系为对象扩大出去，使得天命说是以每个人为对象，认为每一个人都可以他的心灵承受天命，与天直接沟通交涉，反映于中庸的"天命之谓性，率性之谓道，修道之谓教"，以及孟子所说的"尽心知性知天"这些观念。由此在原始儒家里出现了一个超越内化的趋势，也隐然萌发一种二元权威的意识；也就是说天命说扩大解释，也意谓以天子为代表的政治秩序之外，还有每一个人直接通天的心灵所引生的独立的权威与秩序；孟子书中的以德抗位，以道抗势，以天爵对人爵的观念，就是顺着这二元权威意识发展出来的。

天命说发展到此，产生了一个基本制度性的观念突破：一个独立的心灵权威与秩序，在以宇宙王制为核心的现实政治社会秩序之外出现。放在比较文化的视野里，这二元权威与秩序的观念有其重大的历史意义；因为在西方文化一个心灵秩序与现实政治秩序对峙的观念，在这文明的两大思想源头——古希伯来与古希腊文化——都已生根萌芽，日后从中世纪开始演变为政教对峙的二元秩序，形成西方近现代自由主义与民主观念的一个必要的文化背景。从这个比较文化视野回头看儒家天命论里所产生的超越内化与独立的心灵秩序的观念，这二元秩序的思想契机既已萌发，它以后在传统政治文化里有何进一步发展？其结果如何？这自然是研究儒家政教思想发展，亟待探讨的问题。

在天命说本身思想的深化与扩大这一趋势之外，另外一个趋势就是儒家思想就天人之际的关系，发生一些重要转折，对天命说的发展也有不可忽略的影响。前面提到，周初的人源神话，认为人是天生。这种"出生于天"的观念，使得天人关系特别密切，有一种连续性，很容易使超越的天实化（immanentization）而进入和参与宇宙与人世，由此淡化甚至架空天的超越性。这种超越实化的趋势在东周初年已经出现，反映于春秋时代视人世的道德秩序为天道体现的观念：例如左传昭公二十五年，"礼，上下之纪，天地之经纬也，民之所以生也"；左传文公十五年，"礼以顺天，天之道也"，左传昭公二十六年，"礼之可以为国也久矣，与天地并"。这些都是超越实化很清楚的例证。

在东周晚期的战国时代，超越实体化的趋势更形显著。这主要是因为所谓的阴阳五行思想兴起，渗透面极广，对儒家思想影响很大。我现在想以五经中礼记的"月令"与"明堂"二章为根据，简略地说明一下阴阳五行说。如何在儒家思想里助长超越实化的趋势。月令篇的思想主旨是以阴阳五行的观念为间架来解释宇宙的空间构造与时间运行。一方面它把阴阳五行配入一年四季（四时）十二个月中，作为天道运行的法则。另一方面把五行的周而复始作为历史运行的法则；然后在这样一个宇宙观架构里面，把天地间万事万物以"万物化生"与"以类相感"的原则组织进去，使得万事万物互相关联，互相配搭，互相感应，变成一个无所不包的关联感应系统，贯串着、笼罩着、维系着整个宇宙秩序；这种关联相应式的宇宙秩序有一个中央枢纽，那就是天子这个位子，也就是礼记所谓的王制。天子作为宇宙的枢纽，必须在他的施政上，以及生活行为与居处上，一切一切都要配合"以类相感"这个原则。礼记中的"明堂"一章就是说明这个原则，如何在古代的王制中具体的实施。所谓明堂是指古代天子的宫室。在这里他按照阴阳五行四时十二月的宇宙运行，发布政令，主持政务，以及处理日常生活的一切。也就是说，明堂是天子在施政上、生活上"法天地"的神圣之地。礼记"明堂"所报道的不一定是古代王制的实况，而是一种理想。但是这种理想加上"月令"里的阴阳五行的宇宙观，很清楚地显示晚周儒家的天命说以及它背后天人合一的观念受到阴阳五行说的渗透浸淫之深；周初的超越天道观已实化为阴阳五行在宇宙内的体现与运作。至此天命说的主旨已变成天子承受天命的主要任务不是实现天赋的道德使命，而是"法天地"；也就是遵行以阴阳五行四时十二月这些观念为主干的宗教仪节；就此而言，天命说的实化趋势可以说是以宇宙方位、时序运转为取向的殷商宇宙王制的延伸与扩大。

我刚才说明了阴阳五行的思想如何扩大了超越实化的趋势，这趋势加上我在前面提到的两个观念——超越内化以及以尧舜三代圣王之治为政治秩序的原始典范——是由天命说出发的三个对后世政教关系影响极深的思想发展。现在看看原始儒家以后有关政教关系的思想演变。我准备就这演变的两个主要阶段：汉朝儒学与宋明儒家，作一些基本的分析。

三、汉朝儒学

关于汉朝儒家中有关政教关系的思想发展，我准备以董仲舒为代表人物作一些重点讨论。我之所以选择董仲舒，一方面是因为众所周知，他是使儒学在汉武帝时变为主流官学的领军人物；另一方面也是因为他的儒学思想来源于今文学派。今文学派不同于古文学派：后者认为孔子主要是继承与延续古代先王学术思想的大儒。而前者认为，孔子是古代文化上有开创性、有特殊地位的先知圣哲。是故如何为孔子在古代文化与政治传统中定位是今文学派所面对的一个主要问题，这个问题实际上在先秦儒家已经出现。至少他的一些门生弟子已经承认，孔子在道德精神上的崇高地位，可以上比尧舜，甚至"贤于尧舜"。按照天命说的逻辑，他应该有王位。孟子就明白说出"孔子作春秋，春秋天子之事也"。今文学派以董仲舒为代表承袭了这个问题，认为孔子也有王位，但他的王位代表什么样的权威？我们能不能因此说董仲舒的思想有政教对等二元权威的观念？

要回答这个问题，我们必须检查他的主要著作：《春秋繁露》。在这部书里，董仲舒的儒家思想，基本上是在阴阳五行的观念架构中展开。首先，天人合一的宇宙观以超越实化的形式，形成他的政治社会思想的基本前提；超越的天道，经过实化，与人世秩序的核心制度——王制结合起来，由此王制变成人世秩序与宇宙秩序衔接的枢纽。在《春秋繁露》书中，凸显王在天人之间的枢纽地位，没有比下面一段话说得更清楚："古之造文者，三画而连其中，谓之王，三画者，天，地与人也。而连其中者，通其道也，取天地与之人中以为贯而参通之，非王者孰能当是?"古之造文者是否这个意思，我们不知道，但这段话很清楚地反映董仲舒所谓"天地人主一也"的观念。这种重视帝王为天地人结合的枢纽的观念也反映在董仲舒思想的另一重要发展：他承继了晚周以来，特别是出现于法家韩非子思想中的一个趋势。那就是把政治伦理核心的君臣关系与家族伦理核心的父子与夫妇关系结合起来，加以绝对化，形成"三纲"的观念。同时他进一步把这个趋势纳入他的"天地人主一也"的宇宙观里，加以神圣化，视为天道的一部分，这就是他所谓的"王道之三纲，可求于天"。这三纲说后来变成儒家礼教秩序的核心观念，影响儒家传统政教关系思想的发展至深且巨。

董仲舒这些观念显然是上接《礼记》的"月令"与"明堂"等篇有关王制的思想。他的重视王制，更可从他对儒家思想的认识与诠释看到。在他看来，要实现儒家的两大基本目标：个人成德与天下国家治平，王制是不可忽缺的基本前提。首先，就个人的成德而言，他以阴阳气化的宇宙观为基点，认为人性与宇宙万物一样，是由阴阳气化形成。这阴阳气化在人体内形成"质"，董仲舒认为这就是儒家所谓的"性"。这个质包括好的"仁气"，与坏的"贪气"："贪仁之气，两在于身"。在《春秋繁露》里面，他又把仁贪二气与阴阳相配，"阳为性，阴为情"，总之，他认为人性中有善的原始本性与恶的情两部分，因此人性可善可恶，也就是说善可以从性出，但性的本身未必全为善。他曾用禾与米的关系作比喻说"故性比于禾，善比于米。米出禾中，而禾未可全为米也。善出性中。而性未可全为善也"。他又说"是以米出于粟，而粟不可谓米；玉出于璞，而璞不可谓玉；善出于性，而性不可谓善"。因此，董仲舒认为性要变善，不能全靠人性的内在力量，必须要有外力的介入去促成。这外力是什么？就是他所谓的王制与王教；他说"天生民性有善质，而未能善，于是为之立王以善之，此天意也。民受未能善之性于天，而退受成性之教于王。王承天意，以成民之性为任者也"，又说"性者，天质之璞也；善者，王教之化也。无其质，则王教不能化；无其王教，则质璞不能善"，可见王教与王制在董仲舒的思想里，对于儒家个人成德的理念实现的重要性。

至于儒家另一个主要理想目标：天下国家的治平，"王制"与"王教"在董仲舒思想里显得更重要、更突出。首先，我在前面提到君主是宇宙秩序与人世秩序相衔接的枢纽，是人世通天地的必经管道，所谓"天地人主一也"。以此为基点出发，董仲舒认为君主的皇权统治，是达到儒家治平的理想的唯一途径，而天子的任务就是去"配天"，去"则天地"或"法天地"，或"副天为政"。至于如何配天？如何"法天地"？第一，平时君主必须配合天道以阴阳五行四时四方的方位运转的需要，也就是说按照宇宙秩序的需要去综理政事，主持国务；也可以说原始儒家的天命说所突出的道德涵义遭淡化，而以配合宇宙秩序所需的祭祀仪节为政务的主轴。第二，改朝换代或帝王继位时，必须以汉儒所谓"五德转移，天命无常"的观念为指标；也就是说必须按照宇宙运行的节奏来做一番改制。所谓宇宙运转的节奏主要是指当时所谓的五德始终说与董仲舒所谓的三统说。这两个宇宙观都是指朝代的递嬗或王位的转移必须按照五德所代表的五个时代或者三统代表的三个时代轮流运转的次序，而每个时代的来临都需要帝王做一番改制与之配合。所谓改制主要指与宗教祭祀相关的礼乐仪节，也就是董仲舒所谓的"更称号，改正朔，易服色"，而非指当时以三纲为代表的现实基本政治社会体制；后者已因天道实化而被纳入为天道的一部分，因此董仲舒说"改制而不易道"。

根据方才的董仲舒思想的分析，有两点特别值得我们注意：第一，政教合一是他思想中的主位，帝王既有政治元首的权力，也有道德教化与宗教祭祀权力；他既是政治中心，也是教化中心。第二，以三纲说为代表的政治社会基本体制已经进入儒家的终极理念：天道；王制由此神圣化，绝对化。总之，在董仲舒的思想里孔子王的称号与独立的权威已被架空，故他称孔子为"素王"，而又明白地说"素者，空也"绝非偶然。也就是说，孔子所代表的二元权威只是表面的、形式的，没有实质意义。

董仲舒这一套政教合一思想，在汉武帝以后为两汉正统儒学所继承；从西汉宣帝的石渠阁奏议到东汉章帝的白虎观奏议，它是由帝王亲自主持与裁决的儒学会议的结论的焦点，从此变成日后儒家传统中有关政教关系思想的一个基本背景。

四、宋明儒学

现在让我们来看看宋明儒学的政教关系思想的发展。我的讨论将集中于宋明儒学的主流：道学。大家知道宋明的道学发轫是以晚唐至北宋初期的思想大变化为背景。这个大变化的一个主趋势，就是走出佛道的出世精神而回归到儒家的入世精神与经世理念。在北宋初期这个大变化分为两个重点不同的趋势，一个是以皇极意识为重点，一个是以人极意识为重点。这里人极意识主要当然是指周敦颐以"立人极"这个观念来界定儒家的人本主义；就了解宋明儒学的政教关系思想而言，道学的人极意识是一个必要的出发点。这里我想就人极意识的两个重要方面作一些简要的说明。

在一方面，人极意识的核心有一个人类生命发展三部曲的观念。首先是超越内化的意识，在人现实的躯体中形成一个精神本质，因此人的自我变成二元：躯体我与精神我，这是人类生命发展模式的第一部曲。其次是一种原始典范的观念，认为人的精神本质在人类历史的开端，曾经在人的现实生命中圆满体现过。也就是说，人的精神本质与现实生命在人类的本原状态时，曾经结合为一，形成一个原始的模范世界。但是在以后的历史流变里，这原始典范丧失了，人的本质异化了。在宋明理学里因此有三代与三代之后的二层史观，这就是人类生命发展的第二部曲。因为人类的生命发展就个人或群体而言都有异化，人类生命的终极目的是克服这异化，恢复原本的精神本质。这就是宋儒所谓的"复性"，这个终极的目的取向也就是人类生命发展的第三部曲。

在这生命三部曲的认识之外，人极意识还有另外一面的认识，那就是人生命的双向发展；也就是说，道学的人极意识不只是为个人生命的修身成德说法，不只是教人"希圣希贤"；同时它也是透过政治的运作，求群体生命的完善。这种修身与经世双管齐下、相辅相成，原是先秦儒家的道德理想主义的进一步发展。这在北宋道学开山人物的思想中，都有明白的展示。余英时在他的巨著《朱熹的历史世界》已有详尽精辟的剖析。我在此要进一步指出的是：在追求群体生命的德化时，儒家的道德理想主义，并不是一往无前的顺势发挥，而是有所保留地渗入一些现实感。这种现实感并非宋明道学的新见，而是来自先秦儒家。从孔孟开始就明白地或蕴涵地认为，个人虽有成德的潜能，但大多数人并不能顺畅发挥这潜能；能够做到这一点的只有少数孟子所谓的"先知先觉"之士；因而群体生命的道德完成就必须要靠这些先知先觉的精英从上面提携引导，这就是宋儒之所以不相信，一般人可以全靠自己"尽性"与"复性"，而需要朱子所谓的"治而教之，以复其性"。如何从上提携引导？如何"治而教之"？这就是宋明道学政治观的一个核心问题，宋初道学是如何回答这问题？

如前所示，以董仲舒为代表的汉儒主流对这问题的认识是：一般人要德化，必需要靠他们所谓的"王制"与"王教"的制约与感化。回头来看宋明道学的答案就没有像汉儒那样简单明了。从宋初道学几位先驱的思想去看，这"教民以尽性"的先知先觉应该是周敦颐所谓的圣人。如他在《太极图说》中所说，"圣人则定之以中正仁义，立人极"。圣人可以说是人极的典型与化身，这个教导与领导一般人民修身成德的任务自然落在圣人或圣贤的肩头上。这里我必须提醒大家，周敦颐与其他北宋诸子的著作，都以"皇极"为他们背景思想中的一个预设。从这个观点去看，一个重要问题自然出现，就"教民以尽性"这个主要任务而言，皇极以及它所代表的"王制"与"王教"，与圣人有何关系？北宋诸子的著作中，大致而言，含糊其辞，没有交代清楚。这种情形到了南宋，在朱熹的思想中始有突破，使得人极与皇极，圣人与王制之间的关系问题，开始突出而明朗化、尖锐化。

我所谓的突破就是朱熹提出的"道统说"，我们知道这道统观念是朱熹在《中庸章句序》里正式提出的。这是宋明儒学里的一件大事；朱熹认为天道或天理内化于人心，形成一个人的内在心灵秩序，独立于外在的政治社会秩序；但这心灵秩序不仅内在于每个人的心中，而且也客观化为一个神圣的精神传承。这就是朱熹所谓由"上古神圣，继天立极"而形成的道统，在朱子的心目中，这圣圣相传的道统有这样一个特殊的传承次序：尧—舜—禹—汤—文—武—周公—孔子—颜子曾子子思—孟子—二程。这里值得注意的是：（一）这个道统传承由尧舜到周公都是所谓的古圣王；他们既是有德的圣人，又是有政治权力的君主，德与位，精神与权力，人王与法王在他们身上合而为一；（二）周公以下，从孔子开始，传承道统的人都是有德无位的圣贤；而同时周公以后的历代君主都被排除在道统之外；这有一个重要的意涵：后代世袭的君主已没有传统天命说认为君主应有的道德崇高性与神圣性。用现在的话说，他们已失去传统道德与政治的正当性与合理性。

这里必须注意的是，朱子并没有对这个道统论的蕴涵做出推论，加以彰显。他最后做出的结论和立场，我在后面会有交代。此处我想先指出，道统论一旦提出，在宋明理学内产生极大的影响，其中一个很重要的影响就是引发宋明儒对道统与秦汉以下历代君主，包括与现存皇权之间的关系的讨论，也就是朱子以后出现的所谓道统与治统的争辩。在这场由十三到十七世纪长达三四百年的争辩中，出现了两个不同的立场和趋势：政教合一或一元权威与政教对等或二元权威。现在先看后者的思想发展。就政教二元的思想发展而言，在宋明理学的两个主要传承——理学与心学里，都有一些学者认为孔孟的道统应该是由有道德有智慧的圣贤君子承继、主持与传递，这也就是韩愈所谓的"师"或"师道"。他们相对于现实皇权以及皇权所代表的"治统"或"君统"，有独立的权威与对等的地位。甚至有些人根据元儒杨维桢所谓"道统，治统之所在也"的理由，认为道统应该高于治统。我现在因为时间的关系，只能从宋明儒学的两大流派——程朱与陆王，各举一个例证来说明政教对等、二元权威的立场。就程朱学派而言，这个例证来自十七世纪儒学重镇陆世仪的"君师对等"的思想。

陆世仪这方面的基本立场，见于他的主要著作《思辨录》。这部书是以四书的《大学》为范本，发挥儒家明道、求道的观念；因此他全书根据天道内化于心的观念，以"修身"为出发点，透过"大学之道"，对外扩充到经世，从而在人世间建立一个理想的政治与社会秩序；这也就是他所谓的"道学"的主旨。而在他看来，道学的传承与发扬的关键在于师道与学校。这就与汉儒董仲舒的观点很不同。如前所述，在董仲舒的思想中，个人的修身与群体的治平都需要王制与王教的介入。而陆在《思辨录》里特别强调师与师道的重要性不下于君父，他甚至有时认为师的地位犹高于君，因为师代表宇宙的终极理念：天道。他在《思辨录》，曾有这样一段话："周子曰：师道立而善人多，学记曰师严然后道尊，斯二言诚然，尚书云天降下民作之君作之师，则师尊与君等，又曰能自得师者王，则师又尊于君。非师之尊，道尊也，道尊故师尊。"这里政教对等、二元权威的观念已是呼之欲出了。

至于陆王学派，在二元权威方面有更显著的发展；主要因为它把儒家超越内化的观念发挥到空前的高度。大家知道，王学的核心观念是"心即理"，把人的内心与天理或天道等同起来，认为人的内心有直接来自超越内化的道德精神，圆满自足，不待外求。因此特别彰显个人心灵的自主与道德尊严，蕴含一个独立于外在政治社会权威的内在心灵秩序与权威。这种观念在晚明的左派王学与泰州学派里产生广泛而重要的影响。但左派王学与泰州学派的重点大致而言是在社会与学术文化领域里强调个人的道德自主性，还没有直接挑战以王制与君权为本的政治权威。但在属于所谓广义王学的黄宗羲的思想里，这种挑战发生了。因此出现了政教对等二元权威的观念。

严格地说，黄宗羲在学术师承上与思想上并不以王学自限。但他的政治社会思想大致而言承受了王阳明心学很重要的影响，因此有些学者认为他服膺一种广义王学。他认为人的内在心灵秩序才真正是天命之所寄，是天道进入与落实于人世的管道，因此有其神圣性。是在这样一个背景下，他强调学校的重要性：学校是传承与维持天道的地方，是人极秩序的中心。基于此，他才敢大胆地说"天子之所是未必是，天子之所非未必非，天子亦遂不敢自为非是而公其非是于学校"；他才敢说"治天下之具皆出于学校"。他才有这样惊人的构想：太学祭酒主持太学，代表天道。因此祭酒讲学的时候，天子也是他的学生。说"每朔日，天子临幸太学。相、六卿、谏议皆从之。祭酒南面讲学，天子亦就弟子之列。政有缺失，祭酒直言无讳"，就此而言，黄宗羲可说是把政教对等二元权威的观念在儒家传统里发展到空前的高峰。这种君师对立政教二元的论调，在宋明的传统里，维持大约四百年的光景；但在十七世纪下半叶以后便逐渐消沉下来。这个消沉的直接背景就是清朝康熙皇帝对这个问题明白露骨地表态。我们知道,康熙在中国历史上是一位好皇帝。自登基以后他勤奋好学,励精图治,文治武功都有辉煌的成就。他蹻踌自满之余,宣布自己不仅是一位拥有绝对皇权的君主,而且也是一个圣德昭著的君主;换句话说他自视为圣王再世,德位兼备,道统与政统在他身上是合而为一。因此,他重申源自传统天命论的政教合一的基本原则;从而禁止政教关系的讨论以及随之而来的一些君师对等二元权威的论调。经他这一番强势申告,群臣也都跟进唱和,歌功颂德。在这样一个气氛之下,二元权威的意识,以及政教关系的讨论,经过宋明清四百年,若断若续,若隐若现的发展,终告流产。

这思想流产应做如何解释?表面看起来,康熙皇帝的现实权威的吓阻作用是明显的原因,因此有些学者就夸大它的重要性,认为这是二元权威不能在宋明儒学有开花结果发展的主因。但在我看来,这是对儒家思想传统过分简化的认识。皇权的吓阻作用只是一个因素。除此之外,宋明道学的内在限制对于政教二元观念的式微也是一个重要原因。这内在限制何所指?为了探讨这内在因素,我要回到朱熹的政教思想作进一步的分析,因为他这方面的思想发展很重要,不但可以使我们看到限制政教二元(或二元权威)观念发展的道学内在因素,同时也可看到这些内在因素如何在朱熹思想中演化成为儒家倡政教合一的主流立场。

我在前面说明朱熹道统论的主旨时,曾指出道统论里面隐含一份强烈的政治批判意识。因为,他从传统天命论的道德逻辑出发,自然认为君王的政治合法性与正当性是以他的道德精神与修为作依据,君主的"王格"必须以他的"圣格"为依据。这也就是元儒杨维桢所谓的"道统,治统之所在也"的意义。而现在朱子要把历代君主排除在道统之外，试问历代君主的政治正当性以及整个君统的神圣性何在？整个治统没有道统的支撑，它在儒家的价值世界里有何意义与地位可言？值得在此进一步指出的是：道统论这里蕴涵的政治批判意识是朱子从人极意识出发所演绎出来的思想的重要一面，在朱子其他著作里尚有更明白露骨的表现，例如他在答陈同甫的信里，曾对秦汉之后的朝代君主，有这样严厉的谴责：

> 人只是这个人，道只是这个道，岂有三代汉唐之别？但以儒者之学不传，而尧舜禹汤文武以来转相授受之心不明于天下，故汉唐之君虽或不能无暗合之时，而其全体却只在利欲上。此其所以尧舜三代自尧舜三代，汉祖唐宗自汉祖唐宗，终不能合而为一也……若以其（汉唐）能建立国家，传世久远，便谓其得天理之正，此正是以成败论是非，但取其获禽之多，而不羞其诡遇之不出于正也。千五百年之间，正坐如此，所以只是架漏牵补，过了时日。其间虽或不无小康，而尧、舜、三王、周公、孔子所传之道，未尝一日得行于天地之间也。

朱子对历代君统这种鲜明的批判意识，照理说，很容易从中推绎出君师对立、二元权位的结论。但耐人寻味的是，他自己并没有这样做，这原因何在？要找答案，我认为必须面对他思想的复杂性。不错，如前所言，他有强烈的政治批判意识；但另一方面他的政治意识，又与传统君权的基本观念有着盘根错节的纠缠。换句话说，在朱子的政治意识里存在一个思想两歧性形成的困境。现在要看看他的思想与传统王制的纠结是什么？因而形成什么困境？以及他如何解脱这个困境？我认为要认识朱子与传统王制的思想纠结的关键，不必远追，只要回到他的道统论，稍做分疏，就可看到。这里我想做两点说明。

首先是道统论承袭了天命观的一个基本构想，认为天道曾经在历史的开端，凝聚为一种原始的典范——所谓的"尧舜三代"；这也就是道统论中所谓的"上古神圣，继天立极"的意思。这个历史原始典范的核心观念就是圣王必须结合为一，"圣"代表儒家德教的道德精神，王代表统治中心；政治必须承载、体现着道德精神，也即政治中心必须与教化中心紧密结合不能分开。这种以"道势合一"、"德位合一"以及"治学合一"为典范的观念从原始儒家开始就笼罩儒家传统，一直到朱熹的道统论，仍然奉为圭臬。必须注意的是，随着原始典范而来的是一种双层史观。如前所述，它在儒家传统中也很有影响；它把历史分为"三代"与"三代以下"两层；"三代"代表正常的理想实现，"三代以下"代表反常的堕落与黑暗。朱子承袭这种史观，显然认为后世君主远离道统，是不正常，应该回归三代原始典范的正常，而不能接受治与道分离的合理性与正当性。朱子这种原始典范与二层史观的观念，显然是"政教对等"与"二元权威"在儒家思想发展里发展的一个重要限制与障碍。

在原始典范的观念之外，道统论还隐含一个更重要的思想因素，可以解释朱熹与传统王制的政教合一观念的纠结，那就是我在前面屡次提到的超越实化的趋势。这趋势在原始儒家就已经萌现。在它的晚期阴阳五行的观念进入儒家思想，实化的趋势为之大增。在以董仲舒为代表的汉儒思想里，这趋势几乎已有笼罩性的影响。宋明儒学兴起以后，超越内化的观念受到重视，相信超越的天道直接贯注到人的内在心灵，按理应不受实化趋势干扰。表面上看来，似乎超越内化趋势，在宋明道学里有些压倒超越实化的趋势。但实际情形并非如此单纯，超越内化的趋势在某种程度上限制了实化的扩张，但在一些基本观念上仍然受到超越实化的渗透。

朱子思想就是一个很好的例证。一方面他在诠释儒家典籍时，特别是在他的《四书集注》里，强调思孟学派的中心观念：每一个人都有直通天道的内在心灵。同时他在说明天道的超越性时，受了佛道的影响，有时避开传统的阴阳五行宇宙论式的语言，而借重一些精神本体论式的语言，如心、性、理、天理、道与太极等观念去彰显天道的超越性，强调天道是"无形体、无方所、无造作"。谈到天理时，他有时也特别强调理世界为一"无形体无方所"之"净洁空阔"的世界。理在其中"无情意、无计度、无造作"。

但重要的是，在强调超越内化的超越性的同时，他的著作中又出现清楚的迹象，显示超越实化的趋势仍然潜入他的思想中一些基本观念。例如，他在著作中曾经这样形容天理："宇宙之间，一理而已，天得之而为天，地得之而为地，而凡生于天地之间者，又各得之以为性，其张之为三纲，其纪之为五常，盖皆此理之流行，无所适而不在。"他又曾说"礼即理也"，并作这样的解释："礼"谓之"天理之节文者，盖天下皆有当然之理。但此理无形无影，故作此礼文，画出一个天理与人看，教有规矩可以凭据，故谓之天理之节文"。很显然，朱子把儒家的三纲观念视为天理的一部分，又把天理与代表儒家伦常次序的礼等同起来。一旦儒家这些维护现实政治社会秩序的基本价值渗透入天理或天道的观念，天理或天道的超越性自然被压缩或架空。如此一来，试问道统如何能在以君权为核心的治统之外成为一个独立对等的心灵秩序？这种超越实化的趋势加上方才我提到的"三代"圣王所代表的政教合一的历史原始典范观念，使得道统论中呼之欲出的政教二元潜势最后不能破堤而出，也难怪朱子晚年提出道统论后，思想不往二元权威方向发展，而往代表一元权威的皇极意识发展。

前面我曾提到，朱子的道统说是在他的《中庸章句序》里提出的。这篇文章写于宋孝宗淳熙十六年（1189）。三年之后淳熙十九年（1192）他作《皇极辨》。这是他自己极为重视的文章，自称是"破千古之惑"。必须指出的是，皇极是书经《洪范篇》的一个中心观念，历来学者对这名词有不同的解释，例如孔颖达训皇极为"大中"。朱子写《皇极辨》一个主要目的就是要驳斥孔颖达的解释。他认为"盖皇者，君之称也；极者，至极之义，标准之名，常在物之中央，而四外望之，以取正焉者也"，因此，他强调：

> 今以余说推之，则人君以渺然之身，履至尊之位，四方辐辏面内而环观之；自东而望者，不过此而西也；自南而望者，不过此而北也。此天下之至中也。既居天下之至中，则必有天下之纯德，而后可以立至极之标准。故必顺五行、敬五事以修其身；厚八政、协五纪以齐其政，然后至极之标准卓然有以立乎天下之至中，使夫面内而环观者，莫不于是而取则焉。语其仁，则极天下之仁，而天下之为仁者莫能加也；语其孝，则极天下之孝，而天下之为孝者莫能尚也，是则所谓皇极者也。

整个《皇极辨》就是发挥这段话的两个重点：第一，君主或天子是占据宇宙秩序中央的一块"神圣空间"，为四方可仰望；第二，君主也代表最高最纯的道统标准，为世界树立一个精神楷模。这基本是回到天命说里"三代圣王政教合一"的理念。这是朱子思想与整个道学的一个关键性发展。因为如前所说，在《皇极辨》发表的前三年，他提出道统论，把三代以下的君主传统从道统中分出来，似乎有政教二元君师对等的趋向。但《皇极辨》的发表证明那不是他的思想趋向，显然他仍然在儒家人极意识的生命发展三部曲的影响之下认为，君师二元政教分离是三代以下的堕落与反常。他的最后立场仍然是要由三代以下的反常回到三代的正常，恢复三代所树立的历史原始典范：圣王之治与政教合一。

这里必须注意的是，朱子从道统论到《皇极辨》的思想发展隐藏一个思想困境：一方面他在道统论里把君统从道统分出来，显然蕴涵他对历代君统政治很不满，很悲观；但另一方面，如我方才指出，他的思想有内在的限制，使他不能作君师分立、二元权威的构想去寻求解决之道。因此他在《皇极辨》里又回到天命说里的三代圣王政教合一的理念。但这个理念与期望又与他对君统的现实悲观的估价之间有很大的落差。试问在思想上他如何弥合这落差？要回答这个问题，必须要对朱子的皇极思想背景作一些进一步的探究。大约说来，他一生政治意识有两方面：一方面是他受道学的影响，以人极意识为出发点，而归结于他的道统说；同时他又受到北宋以来以皇极意识为取向的思想影响。后者的出现与晚唐北宋以来历史大环境的变化很有关系。

北宋建国以后，鉴于晚唐到五代，国家陷入长期分裂与纷扰的危机，一般士大夫深感国家亟需重建中央权威，恢复统一。因此尊王与皇权意识变成北宋思想的一个重点。例如当时思想界的领袖胡瑗就强调儒家的道必须要"归于皇极，以求其用"。这个皇极意识反映在宋朝思想界的两个趋势：其中之一是史学的趋势。这趋势是由胡瑗与他的同道孙复与石介开始。他们在儒家经典中都特别重视《春秋》，认为这是恢复皇极思想的重要工具，例如孙复作《春秋尊王发微》，去彰显他所谓的"天地君之治"。这个趋向后来为欧阳修与司马光继承，前者的《新五代史》，后者的《资治通鉴》都是用《春秋》的"正统"、"书法"与"纪年"这些观念去阐扬尊王与皇极意识。朱子在南宋承袭这个趋势，主编《资治通鉴纲目》。此书虽然不完全是他编定的，最后也不是完成于他之手。但他是发凡起例之人，也就是说在基本构想上，《纲目》是他的思想产儿；朱子在这部书里，也是以《春秋》为典范，用春秋的"书法"与"纪年"，特别是"正统"的观念，以扶持尊崇三代以后历代君主的皇权。用朱子自己的话说："岁周于上而天道明矣，统正于下而人道定矣"。他这里所谓的统，不是指道统，而是指代表历代帝王的"治统"或"君统"，也就是说，在朱子道统中被排除在道统以外的历代君主，在"正统"观念掩护之下，又恢复了政治的正当性。

在北宋的史学与春秋学之外，朱子的皇极意识的发展也受到当时所谓的"帝王之学"或"帝学"的影响。这个影响主要是来自"帝学"的一个重要趋势，那就是视四书，特别是《大学》为"帝王之学问"与"人主之心法"；在"帝学"的提倡之下，《大学》变成皇帝与太子的经筵教科书。北宋的范祖禹、范纯仁与陈长方都是帝学这方面发展的先驱。从二程开始这个趋势进入北宋的道学，朱子受他们的影响，推波助澜，屡次上奏强调大学之道是人主治国之要津。他又编过一部《经筵讲义》，把自己作的大学注——《大学章句》原封不动地编入讲义中，变成他的帝王之学教本；而他的中心观念就是他所强调的"天下之本在君，君之道在心，心之术在仁义"，也就是把儒家治平的理想的本源归之于人君的道德转化。总之，朱子继承了北宋以来环绕皇极意识发展的两个学术趋势：以《大学》为主轴的帝王之学与以《春秋》为典范的史学。因为他们影响，他强调帝王的宫廷教育的重要性，特别是所谓"经筵"制度，相信循此途径，能够转化与改造君主的思想人格。这样他可以在现存的君统与王制的框架之内，仍然维持圣王的理想与希望，从而走出他在道统论与《皇极辨》中所面临的思想困境。

值得注意的是，朱子这条走出困境的道路，代表他在追求人极意识的过程中，又把皇极意识吸收进来，回到传统天命说所开启的"作之君，作之师"政教一元的理念。在这个基础上，他奠定了宋明儒学主流对政教关系的立场。对此，我想以两个历史例证来说明一下朱子以后儒家思想在这方面的发展。第一个例子是在朱子思想的直接影响之下，由南宋到明初出现两部影响极大的书：真德秀的《大学衍义》与邱濬的《大学衍义补》。这两部书在两方面是以朱子思想为出发点。首先是他采纳了朱子与程颐的观念，认为经世治国，应分为两端：一端是"治道"或"治体"，说明经世治国的基本原则；另一端是"治法"，说明政府吏治的组织与运作。前者为主，后者为辅。《大学衍义》主要是讨论以大学为基础来说明儒家的治体或治道的观念；《大学衍义补》一方面是肯定《大学衍义》有关治道的基本观念，同时把此书未加讨论的治法部分补充进去。这两部书环绕"治道"与"治法"两个主要范畴而展开，后来变成儒家主流政治思想的基本范式。例如晚清的《皇朝经世文编》与张之洞《劝学篇》思考政治的基本模式，都可追溯到"治道"与"治法"这二元结构。

朱子的思想影响，不但是在结构方面，更重要的是在思想内容方面，《大学衍义》就是清楚的例证：这部书主要发挥的治道观就是建基于朱子的两项著作——《大学章句》与《皇极辨》，认为建立人间秩序就是由君主，透过自身的心灵与人格的道德转化，树立一个最高的精神示范与准则。《大学》一书不但揭示这崇高的理念，而且也提供帝王个人修身成德的途径与方法。因此朱子称大学为"帝王之学问"，"人主之心法"。真德秀响应这种看法，强调"大学一书，君天下者之律令格式也"；邱濬在《大学衍义补》序里也随声应和，认为大学"盖六经之总要，万世之大典，二帝三王以来传心经世之遗法也"。

值得注意的是，这里帝王的道德精神权威不但被视为普世性的，而且也是宇宙性的，或者更确切地说，宗教性的。在朱子与真德秀看来，君主透过修身成德，变成一个德性中心，发挥一种精神的感应力，无远弗届，可以凝聚四方，整合寰宇。这种认识放在儒家天人合一的宇宙观中去看，使得人主的功能与威严几乎与天等同，从而无限神圣化，君主几乎变成一种通天教主。这种趋势，邱濬在他的《大学衍义补》与《世史正纲》里有清楚的说明：

> 上天下地而圣人居乎其中，日月之代明、四时之错行、鬼神之显微，圣人无一而不与之合焉。所谓合者，岂

区区然以效法比并之哉？盖圣人居天位，备天德，心与天通，道与天契，一念合天，何往不济；况地者天之对而日月为天地之精华，四时为天地之运动，鬼神又天地之功用者哉。其大者既合，则其他无不合矣。

难怪他作这样的结论："天不在天而在君矣"。这种对君主宗教性的道德期许可以使我们理解，何以真德秀与邱濬认为君主不仅是统治中心，也是教化中心；不仅是驾驭政府，统率万民的政治领袖，也是以德性通天的精神领袖。诚如邱濬在《世史正纲》里指出："天生人而于人之中，命一人以为君，以为人类主，阐教以立人极，修政以安人生。"在《大学衍义补》卷首论："治国平天下之要"，他又引元儒吴澂之语："生生不已者天地之大德，然天地生物、生人，又生与天地合德之圣人，命之居君师之位，为人物之主，而后能使天地之所生得以各遂其生也。"这里他特别以"君师"合称帝王，这是真德秀与邱濬在受朱熹的影响之下常用的名词，意谓儒家主流的立场是君与师不能分开，若君与师分开，君就不能称为君。

总之，朱子所开启的儒家政教关系的主流立场，在人极意识的引导之下，把皇极意识吸收进来。如前所述，这是皇极意识，结合了宇宙王制与天道观两个来源不同的观念；更具体地说，它是在宇宙王制的基本观念架构内，接受了天道的超越意识与道德意识。其结果是超越意识在实化过程中淡化，而道德意识也只能在以宇宙王制为前提的限制下，发挥政治批判作用。这种皇极意识，从汉儒以来变成儒家治道的核心，居"三纲"之首。此处需要进一步指出的是：三纲与它统摄的礼教次序在儒家传统里代表一种特别的宗教，泛称之为"纲常名教"，简称"名教"。自魏晋南北朝以来,"名教"逐渐渗透入佛道两家。经过唐宋的持续发展,已经盘据在佛道两家的政治社会意识。因此,两宋以来,纲常名教的思想,许多已经不限于儒家传统,而是普及于佛道。其影响甚至深入许多民间宗教。就此而言,它可以说是传统中国社会的公共信仰。从这个观点去看,皇极意识以及随之而来的政教合一观念,不但在以朱熹为代表的儒家正统思想,而且也在中国传统的公共信仰里有着根深蒂固的地位。

另一个可以说明朱子所开启的儒家政教思想的主流传统,是这个传统在清末行将崩溃之际出现的一本捍卫儒家名教的书:张之洞的《劝学篇》。这本书出现的背景是晚清发生的一个大思想论战。这场论战的启端是康有为在 1895 年以后所发动的政治与思想改革运动,特别是其中的新孔教观念。这观念有两点在当时特别激荡人心。第一,康有为明显要模仿西方基督教以耶稣为教主,以耶稣生年为纪元之始的政教二元的模式,提倡中国以孔子为教主,并以他的生年另立纪元,强调孔教在中国文化传统里的独立性与主导性;第二,康有为以儒家传统中的超越内化、仁与大同等观念,接受西方自由民主观念,取代君主专政的体制。这些观念不但在 1895 年以后经由新兴的报纸、学会与学校散布开来;而且透过他的弟子梁启超,以及一些同志友人在湖南的积极活动,已取得当地一部分官绅的支持,一个局部的政治改革运动,浸将爆发。当时地方主流官绅为之震动,立刻纷纷在文字上大力申讨反击。首先是两湖总督张之洞以《劝学篇》,继之以官绅的响应,收编为《翼教丛编》一书,这些文字内容虽然驳杂,但主要立场不外是重申儒家思想本质上是以三纲五常为主轴,因此迥异于康有为新孔教中排除纲常名教的主张，而是如张之洞在《劝学篇》里所强调"以君兼师"，"政教相维"为"三纲"之核心观念。这种"纲常名教"，也正是他所谓的"孔子所以为孔子，中国所以为中国"。

五、总结

方才我花了大约一小时的时间，对儒家的政教关系的思想发展作了一个重点的综述。现在我可以以此为根据，回来对我在开讲时指出当今学界对这个课题的两个针锋相对的观点，说说我的综合看法与评断。首先，就"政教二元"或"政教对等"的观点而言，我的立场是否定的，主要因为这种观点犯了一种形式主义的毛病，也就是说，这种观点是以历史的表象为着眼点。认为儒家思想的创教人是孔子，孔子是一个没有政治权威，但在思想上"见道"的圣哲，而他所见的道是一个凌驾于现实政治权威之上的神圣超越：天道。因此，孔子所开创的精神传统超然独立于现实政治权威之外而与后者有对等的地位。从表面上看来，这个立场似乎不无道理，因为先秦儒家的原典，是有些这方面的趋势，特别是来自思孟学派的一些观念。但问题是：如我在前面指出，儒家的核心观念——天道，不是一成不变的，而是随着时间的迁移与历史的发展，有着重要的变化，使得儒家的核心思想失去了它的超越性，以及它对现实政治社会秩序基础的超然独立的批判立场。我所谓的"形式主义"，就是指忽略儒家思想的发展性与变动性，而对之只作笼统表面静态的观察。因此作为一个纵览儒家传统主流思想的概括，我是比较认可张之洞所谓"政教相维"或"政教合一"的观点。但我的认可也带有一些保留，因为这个观点，对于儒家政教关系思想主流的发展性以及随之而来的复杂性与特殊性，仍有其不足之处。是故我在这篇演讲里，特别强调平面静态的观察必须辅以动态纵深的透视。希望从这个进途把政教合一与政教对等两种认识，放在历史发展的脉络里合而观之，以求窥儒家政教关系思想发展的全貌。

在这篇演讲里，我认为儒家政教关系思想发展的起始，是以殷商的宇宙王制观与周初的天道观为背景而结穴于天命说。从此出发，在儒家思想传统里逐渐形成两个思想趋势：政教一元与政教二元或政教对等。前者后来演变成儒家政教关系思想发展的主趋。后者在先秦儒家思想萌芽后，发展未能畅顺。在汉儒的思想里可以说是胎死腹中。而在宋明儒学里，虽有断续的发展却未能开花结果，最后在十七世纪里归于沉寂。儒家思想这双重趋势有着不同的发展与结局，反映儒家政教关系思想的演变在观念层次上主要是取决于两个因素。其一是原始典范的观念，它相信历史的开端有一个政教合一的原始典范，体现于尧舜三代的圣王政治；其二是天道观念的实化，使得天道吸纳了现实政治秩序的基本皇权体制，从而将之神圣化，绝对化。是这两个思想因素维持了儒家思想中"政教一元"观念的主流优势。也是这两个因素，使得政教二元观念退居次位，而终于流产。

这种以天命说为基点而进行的综合性、发展性的认识，不但可以使我们看到决定政教合一与政教二元竞争胜负的背后的思想因素，同时也可以使我们认识儒家主流政教合一观念的复杂性与特殊性。首先，这个主流观念是结合宇宙王制观与天道观的影响。因为前者，政教合一的观念在儒家主流思想里有着根深蒂固的背景；因为后者，儒家天命说中的超越意识与道德意识，时而在主流政教合一的观念里引发内在的张力，产生这观念的一个重要特征："不稳定的均衡"。也就是说，在儒家传统里，政教合一的主流思想，不是铁板一块，在思想内容上有着同质一致性；而是一种异质组合，它的内部有着不可忽视的矛盾与张力，形成我方才提到的"不稳定均衡"。我现在想从两个不同的角度对此作一些大约的说明。首先，儒家传统中的政教二元的趋势，虽然最后流产，但它的一些思想重要成分，特别是超越内化的观念，透过天命说的发展仍然有它发酵的潜力。因此这些思想成分，在政教一元观念的笼罩之下并未消失，只是由文化显性因子变成隐性因子，仍然在儒家思想里产生不同程度的内在紧张性与张力。

此处朱子思想中政教一元的立场的形成过程可为例证。我在前面指出朱子有关政教合一的主流观点是他于《皇极辨》提出的，而后者的写成是晚于他的道统论。在道统论里他把三代以后的历代君主都排除于道统以外，不啻否定了历代君主的道德正当性。因此它含有很强的政治批判性，隐然预示着日后道统与治统的争论与政教二元趋势在宋明儒学里出现。可见以《皇极辨》为核心形成的儒家主流政教合一立场的思想内部，有着高度的张力与紧张性。此外，康有为在晚清展开的孔教运动也是一个佐证。它是以宋明道学中的超越内化观念为主要阶梯，去接受西方基督教的政教二元观念，以及一些反权威主义的自由民主观念。这些发展的例证都反映不稳定均衡是儒家政教合一的主流立场的一个主要特征。

这种"不稳定的均衡"，还可以从另外一个角度看到。我在前面曾指出，君主的经筵教育是儒家正统的政教合一观念的重要一环。它是用来解决宋明道学中政教合一与政教二元两个趋势并存所形成的一个困境。不可忽略的是：对经筵教育的重视一旦与政教合一的观念紧密结合，还隐含另一种困境，那就是"圣王"观念无形中被"王圣"所取代。我们知道"三代圣王"按照儒家原来的理想是先有圣人的德性，然后才能被上天选拔为王，是由圣而王。可是朱子在《皇极辨》里所采取的以及后世在《大学衍义》与《大学衍义补》以及《皇极经世文编》，乃至张之洞在《劝学篇》里所沿袭的，都是"王圣"的观念。这观念是建筑在一种一厢情愿的希望上。那就是，现任君王经过道德教育的转化变成圣王，是由王而圣。一部中国历史证明这王圣的理想只是一个渺茫难行的希望。实际上朱子的道统论，已经蕴含了这个认识。这其间的变化，不可避免地带来一些困境感，以及由之而产生的异化感。

最能表现这异化感，是清朝一位儒生曾静说过的一段话。曾是清初大儒吕留良的私淑弟子，当吕留良陷入雍正朝的文字狱，曾静因牵连被捕，由雍正皇帝亲自审讯。在审讯的过程中，他曾大胆坦白地告诉雍正"皇帝合该是吾学中儒者做"，他又说若论正位，"春秋时皇帝，该孔子做；战国时皇帝，该孟子做；秦以后皇帝，该程子做；明季皇帝，该吕子做，今都被豪强所占据去了"，这里曾静显然是根据天命观的圣王道德逻辑而产生了异化感。这份异化感在中国历史上，也许很少有人敢像曾静这样明白率直地说出来。但这种感觉与意识在传统知识分子里，实际上是很普遍的，反映在宋明道学里很流行的天理史观。我在前面曾指出，它是一种双层史观；它把中国历史分为两层：三代与三代以下。三代是天理流行，三代以下是人欲横流；三代是光明净洁，三代以下是漆黑一片；三代是公，三代以下是私。总之，天道在历史的本源——尧舜三代时曾经实现过，后来在三代以后的历史过程中流失了，堕落了，异化了。这种异化感也是传统儒家政教关系思想中的一个伏流，一个潜势，后来对近现代中国思想发展曾有不可忽略的影响，不能不注意。

总之要充分认识儒家传统主流的政教一元论，我们必须正视它思想内在不稳定均衡的特征，而这特征只有把它放在以天命说的基点的思想发展脉络里，与儒家政教思想的另一政教对等的趋势合而观之，才能深入掌握其意义，并进而对儒家政教关系的复杂性与特殊性，有一全面深入的透视。

世界人文传统中的轴心时代

如所周知，"轴心时代"（Axial Age，800 – 200 B. C.）是德国思想家雅斯培（Karl Jaspers）在 1940 年代末期提出的观念。他指出在那个时代，古代旧大陆的几个主要文明地区，西从东地中海，东至中国的华北，南至印度的恒河流域，都曾同时产生了思想与文化的突破。在他原来的构想中，中亚古波斯祆教（Zoroastrianism）的出现也是包括在"轴心时代"的文化突破里，不过近年来学界对祆教是否开始于那个时代，已有怀疑与争议。但是即使把古波斯文明除外，我们仍然可以说，世界三个主要文明，西方、中国与印度，在它们早期发展的过程中，都曾经历过"轴心时代"的文化跃进。

这篇文章有两个目的，首先是对历来有关"轴心时代"的认识与研究，作一些大略的检讨，更重要的是：从世界文化史的角度对这时代的历史意义提出一些个人初步的看法。

一、西方学界对"轴心时代"的看法

西方学界第一次注意到"轴心时代"这个历史现象是十九世纪初叶。当时，法国的东方学家亚贝尔·雷慕沙（J. P. Abel-Remusar）已注意到公元前 1000 年间，在古代东西几个主要文明的区域里，大约同时发生空前的思想跃进①。十九世纪中叶，德国学者拉苏斯（Lasaulx）在他的论著里已经把这个现象提升到历史哲学的层次去反思②。

但是一个半世纪以来，西方学者对这个文化历史现象虽迭有讨论，到今天，西方学术界的主流仍未给予这现象应有的重视，推究起来，大约有两个原因。

一个原因是西方史学与社会科学界的主流，承袭了理性主义的传统，一向是从西方中心的思想架构去看世界历史的发展，自然很难看到非西方地区（如中国与印度）的文化思想跃进有何举足轻重的世界性影响，韦伯（Max Weber）所代表的学术传承就是一个显著例子。如所周知，韦伯对非西方世界几个主要地区的文化发展，曾著有一系列比较文化研究，但是因为他的思想架构是建筑在西方文明特殊发展出来的理性观念上，他虽然对中国与印度传统文化都有专著，却并未重视这些文化在"轴心时代"所产生之思想突破的影响。

韦伯学派在美国的主要传人，社会学家帕森斯（Talcott Parsons），在 1950 与 1960 年代，也是以西方特有的理性化观念为出发点，把世界各种文化放在一个统一的演化架构内作比较研究。不错，他也曾提到公元前六世纪以后，世界几个主要文明圈内所发生的"哲学突破"（philosophical breakthrough），

---

① J. P. Abel-Remusar， "Memoire sur la vie Les opinions de Lao-Tseu"，*Academie des Inscriptions et Belles-Lettres*，VII（Paris，1824），pp. 1—54.

② Karl Jaspers，*Vom Ursprung und Ziel der Geschichte*（Zürich：Artemis Verlag，1949），p. 28.

但谈到古代文化发展的创新，他只认为古代西方的希腊与以色列是他所谓世界文明演化的"苗床社会"（seedbed societies），而中国与印度的古文明完全不在其列①。韦伯与帕森斯的社会学理论是二次大战后在西方盛行的现代化观念的思想根源，可以说是现代西方学界的一条主流思想。这条主流思想在近年来，透过贝拉（Robert N. Bellah）对宗教演化（religious evolution）的论著，特别是艾森斯塔特（Shmuel N. Eisenstadt）的比较文化研究，开始正视"轴心时代"在人类文化史上的重大意义，但他们对"轴心时代"的认识是否对西方学术主流产生影响，尚在未定之天②。

这里值得顺便一提的是，在西方学术主流之外，对"轴心时代"这观念也有一些反响，其中最重要的当数西方现代思想家佛吉灵（Eric Voegelin）巨著：《秩序与历史》（*Order and History*）③。佛氏完全不同意黑格尔—韦伯这一思想传承对"理性"这观念所作的狭隘理解，因此他在评价世界文化的发

---

① Talcott Parsons, *Societies*：*Evolutionary and Comparative Perspectives*（Englewood Cliffs, N. J.：Prentice Hall, 1966）, pp. 95—108. "哲学的突破"这观念见 Talcott Parsons, *introduction to The Sociology of Religion*, by Max Weber（Boston：Beacon Press, 1963）.

② Robert N. Bellah, "Religions Evolution", in *Beyond Belief, Essays on Religion in a Post-traditional World*（New York：Harper & Row, 1970）, pp. 32—33；Samuel N. Eisenstadt, *The Origins and Diversity of Axial Age Civilizations*（Albany, N. Y.：SUNY Press, 1986）.

③ Eric Voegelin, *The New Science of Politics*（Chicago：University of Chicago Press, 1952）, p. 60；*The Ecumenic Age*, vol. 4 of *Order and History*（Baton Rouge：Louisiana University Press, 1974）, pp. 2—4.

展时，可以对"轴心时代"作相当同情的了解，但问题是他跳出了黑格尔—韦伯这一思想传承的小框子，却跳不出西方文化的大框子。他的基本思想毕竟还是以古希腊与希伯来的精神思想为本源，从这本源深处他吸收了一些对宇宙与生命的感受以及对人类历史发展的认识。以此为根据，他纵览世界文化的各主要发展，给予古印度与中国文化在"轴心时代"所出现的思想跃进很高的评价，但最后就生命与历史的领悟深度而言，他仍不认为后者可以与古希腊与希伯来文化在同时所产生的思想突破相提并论。

上面说到在西方学界主流内外对"轴心时代"这一论旨所产生的一些反响，但这些反响却经不起西方学界在近30年所涌现的一股强大思潮的冲击，这股思潮就是一般所泛称的后现代主义。这股思潮在两方面对"轴心时代"的讨论间接地产生负面影响。首先，后现代的一个基本观念是否认主体意识对了解文化现象的重要性。而主体性的重要性正是"轴心时代"论旨的一个前提：这个时代的出现正由于当时的一些思想人物的主体意识产生了突破性变化，否认了这个前提自然使人无法看到"轴心时代"的历史意义。其次，后现代思潮与"轴心时代"论旨都重视人类文化的多元性，但后者认为不同文化之间有高低发展之异，而前者则因为有文化相对主义的倾向而否认不同文化之间发展程度的高低差异性。二者在这方面观点的不同，自然使得"轴心时代"这观念在后现代的思想圈里没有引起兴趣。

上面的讨论不但使我们了解为何"轴心时代"的论旨迄今不能在西方学术界与知识界受到广泛重视，同时也可反衬今天重提这论旨的学术与文化意义。一方面它可帮助我们走出西方文化中心的思想框架去认识人类文化的发展，另一方面认识"轴心时代"这个文化现象，我们也可避免文化相对主义的陷阱，进而看到人类一些共有的经验在古代不同文化社区里形成内容迥异的思想跃进，而这些跃进为此后人类文明的发展提供了一些新的思想前提，也因此开启了一个新的纪元。

二、"轴心时代"的起因

探讨"轴心时代"这个历史文化现象，我们首先会问，为何这个现象发生在世界某些地区而不在其他地区出现？更重要的是：为何这个现象在古代几个主要文明地区同时出现？原因是什么？这发生缘起的探讨当然是重要而且饶富兴味的问题。西方学者从十九世纪初叶开始认识这现象时，就曾提出这个问题。当时有些学者曾以文化散播（cultural diffusion）的看法作为答案。也就是说，他们认为这个文化现象先在一个地区出现，然后散布到其他地区[1]。鉴于"轴心时代"的文化跃进，在不同的文明地区，以不同的文字形式与思想内容表现，这种文化散播的说法当然很难成立。

也有一些学者试图从各文明的历史环境变动所造成的刺激与回应去解释"轴心时代"思想突破的出现。例如德国学者亚佛得·韦伯（Alfred Weber）就曾指出公元前 2000—1000 年间，印欧游牧民族从今日俄国南部向外移动，四处迁徙，在公

---

[1]　Eric Voegelin, *The Ecumenic Age*, pp. 3—4。

元前 1000 年以后开始与当时几个主要文明地区接触而产生冲击。因此他认为这种人口大迁移所造成外在环境的刺激，足以解释为何印欧民族迁徙所至之处，当地人民受到震荡，对生命产生新问题与新思想，由此而有"轴心时代"的思想创新①。

此外，欧洲学者魏尔（Eric Weil）也曾经从环境论的观点提出类似的解释。他指出"轴心时代"的思想突破都是在文明发生崩解的过程中产生。这不是偶然，因为文明的崩解代表当时人对社会现状感到不满，而不满自然产生改变现状的希求，从而有突破的可能。因此他认为文明的崩解可以算作突破的一个必要条件②。

这种环境的解释，失之过简，不能看到问题的复杂性。就崩解导致突破这个解释而言，首先在事实层次上，就很有欠缺。不错，中国的轴心突破是出现于东周以封建宗法为基础的文明体系的崩溃过程中。就古印度的轴心突破而言，它是发生于公元前 800—500 年的年代。其时印度的社会经济结构是有些重要变化，但印度文明体系的整体并未进入分崩离析的状态。公元前 800—600 年发生于古以色列的轴心突破，以色列是当时西亚文明的边陲小国，随时都受着外来侵略的威胁，内部分为南北两个小王国，也不无政治的动荡，但大致而言，西亚文明体系的整体并未崩解。至于古希腊，至少到公元前 800

---

① Karl Jaspers, *The Origin and Goal of History* (New Haven: Yale University Press, 1953), p. 16; Alfred Weber, *Das Tragische und die Geschichte* (Hamburg: Goverts, 1943).

② Eric Weil, "What is a Breakthrough in History?", *Daedalus* 104, no. 2 (Spring 1975), pp. 21—36.

年就已明显变成城邦林立的文明，当轴心突破开始发生于公元前500年前后，希腊的文明体系并未处于分崩离析的过程中。因此，所谓崩解—突破之说，就事实而言，只是一些模糊影响之谈。同样重要的是：即使有文明崩解的事实，正如亚佛得·韦伯所指出的，古代人口大迁移以及随之而来的战争与破坏，这些都是历史上屡见不鲜的现象，但历史证明这些大规模的环境巨变在别的时候并不一定激发思想创新，例如公元四至五世纪，罗马帝国崩溃之时，蛮族入侵，欧洲陷于分裂，并无思想突破、文化创新伴之而来，何以独独在"轴心时代"有此结果？环境论对此没有回答。

持环境论的学者，有时针对"轴心时代"发生的社会经济变化立论，去解释当时的思想巨变。例如奢帕（Romila Thapar）在解释印度"轴心时代"佛教的兴起时，就曾特别强调公元前1000年印度恒河流域发生了古印度史上所谓的"第二次城市化"现象（second urbanization）。这现象带来了空前的经济变化，如铁的开始应用、马的饲养、犁耕农业的出现以及市场经济相应的发展，连带新政治与社会组织的演化，这些所形成的历史环境的剧变，自然给人以世事无常的感觉。这就是佛教的基本观念之所由起。因此，他认为就佛教的兴起而论，印度"轴心时代"的思想文化突破是可以从当时的社会经济变迁找到原因[1]。

这种环境的解释也失之于太简化，一个很明显的问题就

---

[1]　Romila Thapar, "Ethics, Religion, and Social Protest in the First Millennium, B. C. in Northern India", *Daedalus* 104, no. 2 (Spring 1975): pp. 119—130.

是，在印度的"轴心时代"，除了佛教的兴起，尚有古婆罗门教的《奥义书》（*Upanishads*）的出现，而后者的思想与前者有着相当不同，何以同样的社会经济环境可以出现不同的思想？再者，中国的"轴心时代"是晚周，如所周知，晚周也出现社会经济与政治制度的巨变，与印度"轴心时代"出现的"第二次城市"现象很类似，而晚周出现的思想变化与当时印度的思想变化内容迥异。二者在这方面的迥异，配上社会经济环境的相同发展，又将如何解释？对这些问题，环境论都难以作答。可见就"轴心时代"思想变化的成因而言，环境论的解释是有很大限制。

近年来德国学者罗兹（Heiner Roetz）研究儒家伦理与"轴心时代"的关系，应用西方心理学家科伯格（Lawrence Kohlberg）提出的个人认知发展模式去解释文化总体的发展，后者认为个人一生的认知发展大约经过三个阶段：第一个阶段是所谓的前习惯期（pre-conventional）：相当于人的童年期，对事物的反应完全以自我为中心，他的行为完全取决于这个行为是否会给他带来一时的满足与快感；第二阶段是习惯期（conventional）：是指一般人在青少年成长的时代，渐渐知道自己的行为必须符合外在社会的习俗规范，在日常活动上要使社会一般人"高兴"；第三阶段是所谓的后习惯期（post-conventional）：在这一阶段，人渐渐知道行为是可以自己自由决定，特别是开始知道个人行为应该取决于普遍抽象的道德理念，而这理念是基于个人内在自主的良知①。

罗兹的观点是：这种个人认知发展的模式也可以宏观地应用于解释文化总体的递嬗演变。就中国的文化发展而言，"轴心时代"是相应于个人认知发展的第三阶段，也就是后习惯期②。罗兹这种理论漏洞甚多，最明显的是把中国"轴心时代"的思想内容过于简化，才能勉强将之塞入所谓的后习惯期。此处更要紧的是：罗兹虽未明说，但他应用科伯格的理论去解释文化发展，似乎蕴涵一种文化演进论的看法，也就是说，人类文明有一个共同演化的趋势，当这演化进展到某种程度以后，"轴心时代"的出现是自然的结果。这种演化论，如果是指世界文化普遍的趋势，则其缺点是很显然的，因为"轴心时代"，不但在世界许多文化区域里没有出现，即使在一些主要的古文明地区，如埃及与西亚两河流域，也未见其踪影。如果此演化论是根据少数"轴心时代"曾经出现过的文化经验的归纳，视这些文化为三阶段演化的看法仍然很难成立，因为就我们对古代文明演进的认识，古希腊、以色列、印度与中国等地区在"轴心时代"出现以前，都是神灵信仰笼罩的时代，其文化发展的模式与科伯格所看到的个人认知在前习惯期与习惯期的发展模式相距甚远，不可轻易比拟。因此罗兹从文化演进论去解释"轴心时代"的出现也是很难成立的。

总之"轴心时代"这特殊的历史文化现象发生的缘起因

①　Heiner Roetz, *Confucian Ethics of the Axial Age* (Albany, N. Y. : SUNY Press, 1993), pp. 26—32.

②　Heiner Roetz, *Confucian Ethics of the Axial Age* (Albany, N. Y. : SUNY Press, 1993), pp. 26—32, 265—280.

果，迄今找不到满意的解释，仍是充满神秘的谜团，而且根据我们现在可能掌握的历史资料与诠释架构，至少在可及见的未来，这个"为什么？"的问题似乎还很难有完满的解答。

三、"轴心时代" 的思想特征

今天关于"轴心时代"的研究，根据现存的历史文献以及其他文化资料，比较可以作具体探讨的问题是："轴心时代"有哪些共同的思想特征？这些特征对后世人类文化的发展有何影响？关于前面这个问题，最令人注意的是西方两位学者，艾森斯塔特与史华慈（Benjamin I. Schwartz）提出的看法[1]。他们在探讨"轴心时代"的共同特征时，都强调超越意识出现的重要性。他们都重视超越意识在人的思想上所形成的理想与现实的差距与紧张性，以及由此产生的深度批判意识与反思性。但是我觉得这种看法太宽泛，仅仅强调超越意识的出现尚不足以真正彰显"轴心时代"的特征。因为超越意识的出现并不完全限于"轴心时代"，至少就中国古代而言，如果我们以"天"的信仰为超越意识的标志，则远在中国的"轴心时代"以前的殷周之际与西周初年就有超越意识出现。此外，古希伯来以耶和华一神信仰为代表的超越意识的首次出现，很可能要追溯到公元前 1200 年以前的摩西（Moses）先知时代，因此也远较"轴心时代"的上限——公元前 800 年为早。因此，我认为想要认

---

[1] Benjamin I. Schwartz, "The Age of Transcendence", *Daedalus* 104, no. 2 (Spring 1975): pp. 1—7; Samuel N. Eisenstadt, *The Origins and Diversity of Axial Age Civilizations*, pp. 1—4.

识"轴心时代"的思想特征，不能只限于超越意识，而需要进一步看到由超越意识衍生的原人意识，后者才是"轴心时代"真正的思想创新。

什么是"超越的原人意识"？所谓"超越"是指在现实世界之外有一个终极的真实，后者不一定意味否定现实世界的真实，但至少代表在价值上有一凌驾其上的领域。在"轴心时代"这超越意识有一内化于个人生命的趋势，以此内化为根据去认识与反思生命的意义，这就是我所谓的"超越的原人意识"。

诚然，对人的生命作反思，并不始于"轴心时代"，远在这时代以前的西亚两河流域的文化里就出现一些神话，特别是有名的鸠格迷西（Gilgamesh）诗篇与阿达帕（Adapa）故事，都反映对人的生命与死亡有所反思[①]。古埃及文明里面也有一些文献，如公元前 1500 年左右的《死亡书》 （*Book of the Dead*）以及更早的"金字塔文"（Pyramid Texts）与"棺材文"（Coffin Texts）也含有对生命的道德意识与死亡的意义探究[②]。古希腊在"轴心时代"以前产生的荷马史诗，也对人的性格与

---

① 关于阿达帕故事，见 Alexander Heidel，*The Babylonian Genesis*，2ed.（Chicago：University of Chicago Press，1951），pp. 147—153：关于鸠格迷西诗篇与 Enumaelish 神话，见同书：关于后者的分析，见 Henri. A. Frankfort et al.，*The Intellectual Adventure of Ancient Man*（Chicago：University of Chicago Press，1946），pp. 168—183.

② Eric Voegelin，"Egypt"，chap. 3 in *Israel and Revelation*，vol. 1 of *Order and History*（Baton Rouge：Louisiana State University Press，1956），pp. 52—110.

道德行为有些省思①。但这些反思以及随之而来的价值意识与批判意识都只是枝节的或灵光一现的，因此与"轴心时代"的"超越的原人意识"有着不同层次的悬隔。后者是透过超越的内化，发现生命有内在的精神本质，由此得以奠定人之所以为人的基本认同，并进而对生命的本质与本原作一根源式的体认，从此把人类文化提升到空前的高度，也开启了一个新的发展阶段。

这种"超越的原人意识"（以下简称原人意识）在各个古文明的"轴心时代"有着不同发展，也以不同形式出现。在古希腊，这出现的过程是逐步的演化。一方面从荷马史诗中所展现的人间性很强的神祇世界，经过苏格拉底以前哲学思想中超越意识的萌芽，终于在苏格拉底所开启的希腊古典哲学里，神的观念以超越的形式出现，同时由荷马史诗经过希腊悲剧思想与苏格拉底以前的哲学思想发展，以及神秘宗教如 Orphism 的影响，到古典哲学思想问世，个人内在的心灵与灵魂（psyche，nous）观念终于与超越意识结合而形成超越内化的思想趋向。在这思想趋向主导下，希腊古典哲学视生命为道德精神的提

---

① Bruno Snell， "Homeric View of Man"， in *The Discovery of the Mind*: *The Greek Origins of European Thought*， trans. T. G. Rosenmeyer（New York：Harper & Row，1960），pp. 1—22.

升、一条德性追求的历程①。

"轴心时代"的希伯来文化也有类似的发展，首先是由公元前十三世纪的摩西先知到公元前八至七世纪的先知运动（Prophetic Movement）。在这发展的过程中，犹太民族信仰的雅威（Yahweh），由宗族部落的神，演变为普世性的上帝信仰，形成强烈的超越意识，同时对雅威的礼拜也逐渐由外在的仪式，转移为由慈爱与公正所代表的内在德性的培养，特别是先知耶利米（Jeremiah）所提出的观念：上帝的道德旨意嵌印在

---

① 古希腊文化与思想的研究，长期以来在观念上常常受到一种限制，那就是认为古希腊文化是西方理性主义的源头，而所谓理性，在西方近代以科学为主导的文化影响之下，主要是指科学与世俗理性。因此，古希腊文化的理性主义也常常顺着现代科学理性的思路被解读，而受到过于简化的曲解。不错，古希腊文化里面是有科学理性的源头，但它的理性观念很复杂，并不限于此。自 1930 年代以来，现代西方学界出现了一系列的专著，特别是 Werner Jaeger 与 Bruno Snell 的巨著，已经对于过于"现代化"的古希腊研究作了重要的修正，把古希腊文化里面的所谓"非理性"的成分，特别是宗教与精神层面，作了重要的澄清和彰显，因此今天我们知道在古希腊的理性主义里面，超越意识有着关键性的地位。见 Werner Jaeger, *Paideia: The Ideals of Greek Culture*, 3 vols. (New York: Oxford University Press, 1939—1944), 与 *The Theology of the Early Greek Philosophers*, trans, Edward S. Robinso (Oxford: Clarendon Press, 1947) 与 Bruno Snell, *The Discovery of the Mind: The Greek Origins of European Thought*; Eric R. Dodds, *The Greeks and the Irrational* (Berkely and Los Angeles: University of California Press, 1951); Eric Voegelin, *The World of the Polis*, vol. 2 of *Order and History*; *Plato and Aristotle*, vol. 3 of *Order and History* (Baton Rouge: Louisiana State University Press, 1957).

人的内心①，配上犹太教认为上帝以自己的形象塑造个人的观念，先知运动所产生的不只是犹太人自以上帝选民的身份去代表全体人类传达上帝的德旨的天责感，它也是日后基督教传统相信超越内化通向个人生命德化这一信仰的本源。天路历程因此也是生命的德性之旅②。

古印度文化的"轴心时代"的思想突破，是以婆罗门教的《奥义书》思想与佛教思想的出现为代表。先就《奥义书》的思想而言，一方面是超越意识的涌现，表现为大梵天（Brahman）的信仰。所谓大梵天是指印度教相信宇宙有一个终极真实，这终极真实虽然超越万有，凌驾神灵之上，却也潜藏在人心灵最深处（atman）而形成他的本质。因此，相对于外在的超越有一个内在的本质，而二者实为一体。由这超越的境界去看，人世与人生都是陷于生死轮回的幻境。根据这样一个架构，《奥义书》也认为生命是一条内在的精神提升的道路，把生命由轮回的幻境超拔出来，而获得解脱③。原始佛教对生命也有同样看法，视之为一条内在精神转化的途径，由生死轮回所构成的幻境通向超越的涅槃境界。不错，佛教对于《奥义书》的思想有一自觉的修正，那就是不承认内在超越有客观的

① Abraham J. Heschel, *The Prophets*: *An Introduction* (New York: Harper & Row, 1969)，特别是 chap. 6 "Jeremiah"。

② Eric Voegelin, *Israel and Revelation*, vol. 1 of *Order and History*, pp. 380—515.

③ Heinrich Zimmer, *Philosophies of India*, ed. Joseph Campbell (Princeton, N. J. : Princeton University Press, 1951), pp. 355—378; Troy Wilson Organ, *The Hindu Quest for the Perfection of Man* (Athens, Ohio: Ohio University, 1970), pp. 3—35, 59—88, 153—175, 205—247.

存在，也就是否认个人有任何内在的心灵实体，同时也对客观的外在超越是否存在避而不谈。但是我认为这只是因为原始佛教是扣紧个人主体对生命的感受与实践而立论，不愿落入把生命当作客观对象去讨论的玄谈。但若仔细考量原始佛教四圣谛与八正道所蕴涵的意义结构，它与《奥义书》的思想大同小异，仍然是以超越意识为前提，视生命为一条内在精神提升的道路[1]。而这也是日后大乘佛教所开辟的思想道路。

就中国的"轴心时代"而言，"超越的原人意识"主要出现于先秦儒家与道家思想。在《论语》所反映的孔子思想里面，天与天道所代表的超越意识已是很重要的发展，而同时《论语》的思想也很清楚地蕴涵人有内在精神的一面。在《论语》以后的儒家思想里，特别是在子思与孟子这一条思想传承里，天道与心性这两路的观念逐渐联系在一起[2]。也可以说，超越的天道已经内化于个人的内在心灵。相应于这个思想发展，儒家同时也把生命视为内在的精神攀升的道路。

道家思想也有同样的发展，由老子开其端，而在庄子思想里完成。一方面是超越的道，但老庄都认为道在人世已经受到隐蔽而淹没不彰，由此生命变得汨没而失去本源的宁静与和谐。另一方面是内在的心灵，道家这方面的思想至庄子始彰显

---

① Heinrich Zimmer, *Philosophies of India*, ed. Joseph Campbell (Princeton, N. J. : Princeton University Press, 1951), pp. 464—559.

② Hao Chang, "Some Reflections on the Problems of the Axial-Age Breakthrough in Relation to Classical Confucianism", in *Ideas Across Cultures, Essays on Chinese Thought in Honor of Benjamin I. Shwartz*, ed. Paul A. Cohen and Merle Goldman (Cambridge. Mass. : Harvard University Press, 1990), pp. 17—31.

出来。庄子认为心是生命的关键，当心被欲望缠绕与窒锢时，生命就变得汨没而迷失，但心可以是生命汨没之源，也可以是承受超越的道的内在机制，由心的转化，可以与道在精神上相契合，而使生命回归到本源的和谐与宁静。因此在庄子的思想中，生命也是一条内在精神超脱的道路①。

根据我上面对各"轴心时代"的思想突破的综述，"超越的原人意识"大约有下列共同特征：（一）原人意识对人的体认与反思，不是以某一属于特定阶层、特定种族、特定地方的人或有着特定信仰的人为对象，而是以人的生命本身或者人类的共相为对象。这是人类历史上普世意识（universalism）的萌芽。（二）相应于超越意识的体认，原人意识有一个内化的趋势，也就是说，视人的生命有内外两个层面——内在精神层面与外在躯体层面，内在的精神层面是超越意识进入个人生命的结果，它凝聚为生命的核心，是与超越衔接的枢纽。（三）受超越意识的启发，以内在精神枢纽为主导，生命变成一个有定向、有目标的道路——一个发展过程。（四）这一发展过程都隐然有一三段结构：一端是现实生命的缺憾；另一端是生命的理想与完成；连结于二者之间的是生命发展与转化的道路。（五）生命自我完成的目标，透过内在精神枢纽的媒介是植基于超越意识，因此在原人意识中，人的生命发展有其无限性、终极性与完美性。以上五点是环绕超越内化的观念而展开，可以说是由"超越的原人意识"产生的生命的原始理念模式，也可称之为超越的理性主义（transcendental rationalism），它不但

---

① 徐复观：《中国人性论史·先秦篇》，台中：东海大学，1963，第358—414页。

是各"轴心时代"思想创新所共有的一个特征，也是世界前现代（premodern）各个主要文明的一个思想泉源。

四、"轴心时代"的影响

一般学者在讨论"轴心时代"时，因为受韦伯的影响，很容易只注意这些不同文化的世界观取向，也就是说这取向是入世的或者出世的，而忽略了这世界观背后的原始理念的内涵结构。实际上后者的重要性绝不亚于前者，至少在两方面，它对后世文化的发展有极重要的影响：

（一）就道德文化而言，它开启了后世的"德性的精神伦理"。如上所示，生命的原始理念呈现一个有着三段结构的发展过程，这发展过程的一个重要面向当然是道德。不错，这道德面向在不同轴心文化的重要性有着程度的不同，例如这面向在印度文化传统里就不如在中国与西方那样突显，但谁也不能否认它是印度"轴心时代"所开启的生命道路（sādhanā）的理念中的基本一环①。因此在各文化中，这德性的精神伦理也有着三段结构，表现于下列的图式：现实生命所展现的自我→道德转化的途径→道德自我的实现与完成②。不用说，这三段模式在各文化里都有不同的道德内容，但如果我们抽离后者，

---

① Troy Wilson Organ, *The Hindu Quest for the Perfection of Man* (Athens, Ohio: Ohio University, 1970), pp. 220—221.

② 关于亚里士多德的精神伦理所展现的三段结构以及其在西方近代以前德性伦理的主导地位，见 Alasdair MacIntyre, *After Virtue* (Notre Dame, Ind.: Univeristy of Notre Dame Press, 1984), pp. 51—61, 131—180.

可以看到这种精神伦理的目标都是实现超越世俗的理想人格，也可说它代表一种以圣贤英雄为企向的精神伦理，这种伦理我们可称之为"超凡伦理"或者"非常伦理"，以别于在近现代世界日益普及的世俗伦理。后者也是韦伯与泰勒（Charles Taylor）所谓的"日常伦理"（ethics of ordinary life），它起源于基督教新教伦理所衍生的变种，主要指以家庭与工作为生活中心的行为规范①，这种规范在近现代世界发展的过程中逐渐失去德性伦理原有的内在深度性，也就是对内心精神转换的重视。而"非常伦理"正是要求超越家庭生活与职业工作的需要，在道德精神层面，对人格作一质的转换。不错，日常伦理在近现代世界的影响越来越大，但谁也不能否认：由"轴心时代"所开启的非常伦理，以不同的形式仍然在西方、中国、印度以及世界其他文化地区，一直维持一种行为典型的地位。

就西方而言，这种"非常伦理"在近现代以前的道德文化里所占有的重要地位是很显然的。西方近代以来，一方面因为超越意识在西方文化逐渐隐退，另一方面，由于德性伦理后面的精神信念与理性基础日趋动摇，德性伦理的影响自然在锐减中。就其作为社会一般的行为规范而言，它的分量当然不能与日常伦理相比。但就西方现代的伦理思潮而言，它仍不失其主要的地位②。

在印度文化传统里，自"轴心时代"以来，德性的精神伦理有着更持久的影响。《奥义书》所凝聚的原始理念与德性伦

---

① Charles Taylor, *Sources of the Self* (Cambridge, Mass. : Harvard University Press, 1989), pp. 211—302.

② *Ibid.*, pp. 111—304.

理，透过不同的管道，如史诗《神赞》（*Bhagavad Gita*），以及印度中世纪以来根据对《奥义书》不同的诠释所形成的各种宗教学派，在近代印度的文化领域里仍维持很深广的影响。最明显的例子就是甘地所代表的印度独立运动，充分反映发源于"轴心时代"的德性精神伦理在近代印度的道德文化里仍然是一股鲜活的力量①。

中国在"轴心时代"产生的德性伦理，特别是透过儒家思想的传承，对传统的道德文化所发生的深远影响，是尽人皆知的事实。即使在近现代，儒家道德体系受到极大的冲击，但受到震荡最深的是儒家以礼为代表的仪范伦理。而儒家的德性伦理，虽然就特定的圣贤君子的人格理想的实质而言，影响已减弱许多，但追求一个理想的人格与社会的精神动力似乎并未动摇。百年来，革命这条思想道路，所展现的志士精神与烈士精神以及乌托邦的理想，就含有不少德性伦理追求终极与完美的精神酵素。

总之，综观现代三个主要文明地区的道德文化，绝非是日常伦理全面垄断。"轴心时代"所引发的德性伦理与非常伦理仍然是人类道德文化的主要思想资源。同时在今天普世伦理的讨论中，它也势必成为一个重要的参考体系②。

（二）"轴心时代"的"超越原人意识"，不但对后世的道德文化，而且对后世的政治文化也有突破性的影响。要认识这影响，我们必须以古代世界文明的一个重要历史事实为出发

---

① Troy Wilson Organ, *The Hindu Quest for the Perfection of Man*
（Athens, Ohio：Ohio University, 1970）, pp. 153—175.

② 参见前引 A. MacIntyre. *After Virtue*。

点，那就是在古代世界文明的三大中心都存在一种特殊的王权制度，其最大的特色是它奠基于一个信仰：地上的王权是根植于神灵的世界，也就是说王制是人世与宇宙秩序衔结的枢纽。惟其如此，王制才有它的第二个特征：政教合一。在这种体制之下，国王是政治领袖，也是宗教领袖，是人王也是法王。这种体制可称之为"宇宙王制"（cosmological kingship）[1]。

古代雄峙西亚与东地中海地区的两大政治圈——古埃及以及近东两河流域前后崛起的大帝国，都是以宇宙王制为其政治制度的核心[2]。在古印度文明里，政治领域的重要性次于宗教的领域，王权的发达远不如近东的大帝国。但是宇宙王制也是古印度政治领域里的一环，例如在"轴心时代"来临以前，笼罩古印度的吠陀（Vedas）思想的一个重要成分——国王加冕仪礼（Rajasuya），就反映宇宙王制的存在。因为其繁复的仪式的主旨，是透过国王的加冕仪式使宇宙秩序定期复苏重振，这主旨很清楚是以宇宙王制的基本观念为前提：王制是衔接人世与宇宙秩序的枢纽[3]。

宇宙王制在古代中国的重要性是显而易见的。甲骨文所见的殷王祭祀，殷王不单是上通神灵世界的管道，也是合政教于一身的君王。西周以降，以天子为称号的普世王权更清楚地反

---

① Eric Voegelin, *Israel and Revelation*, vol. 1 of *Order and History*, pp. 16—110.

② *Ibid.*, pp. 13—45, 52—110.

③ David R. Kinsley, *Hinduism* (Englewood Cliffs, N. J.: Prentice Hall, 1982), pp. 111—116.

映宇宙王制在中国文化里的核心地位①。

以宇宙王制为古代文明的制度背景去看，"轴心时代"的一个重大意义在于制度突破的契机出现。而这突破的关键就在于原人意识中的超越观念，以不同形式内化，形成人的生命有一个内在核心的理念，使得一种重要的政治意识在那个时代破天荒地出现：人的生命在宇宙王制之外，与超越有独立而直接的关联。如果宇宙王制在人世的权威主要系于它是通向神灵世界的管道，则人的内在心灵也可因为直接通联超越而形成一个独立的意义与权威的中心。这就是佛吉灵所谓的"心灵秩序"（order of soul）②。当然心灵秩序是否真能在人世发展为一个独立的意义与权威中心，形成二元权威，还要看别的文化条件是否存在，例如超越意识在形成的过程中是否有观念上的夹缠与架空，以及超越意识内化以后的取向（例如入世还是出世），等等，但至少"轴心时代"出现的超越内化的思想在政治文化中造成了二元权威中心的一个契机。

这个政治文化的契机在西方文明后来的历史演变中是逐渐实现了。主要因为在"轴心时代"，古犹太教内出现了先知运动，配上古希腊思想里出现的超越内化的观念，不但在古代近东的宇宙王制之外产生了高度的心灵秩序意识，而且把这意识

---

① Hao Chang, "Some Reflections on the Problems of the Axial-Age Breakthrough in Relation to Classical Confucianism", in *Ideas Across Cultures*, *Essays on Chinese Thought in Honor of Benjamin l. Shwartz*, ed. Paul A. Cohen and Merle Goldman (Cambridge. Mass.：Harvard University Press, 1990), pp. 17—31.

② Eric Voegelin, *Plato and Aristotle*, vol. 2 of *Order and History*, p. 82, 85, 88.

化为一个独立的政治社会权威中心思想的起点①。这起点经过日后西方文明的繁复发展，特别是中世纪时基督教会的演变，终于制度化为西方的政教分离与二元结构的历史趋势，也因此造成西方近代以来发展民主与多元社会的一个重要因素②。

印度在"轴心时代"以后的历史发展虽与西方很有不同，但也有其独特的二元权威出现。首先，在"轴心时代"以前，印度已有僧侣居四大阶级之冠的社会。古婆罗门教的《奥义书》与佛教思想出现以后，心灵发展的重要性自然在文化上特别受到强调，诚然由此而产生的心灵秩序，因为《奥义书》与佛教思想的基本出世取向，并未与政治秩序形成尖锐的二元对立的紧张性，但僧侣的崇高地位毫无疑问更形巩固。因此，宇宙王制虽然存在于古印度文明，它始终未能发展成为强大的政治权威体制。总之，"轴心时代"出现的心灵秩序可以帮助我们了解，印度传统的政治秩序一直被一个宗教传统所凌驾，而处于较弱的地位。

在中国晚周的"轴心时代"，儒家与道家思想里都曾出现一些心灵秩序的意识，在思想上突破了宇宙王制的牢笼。道家这种意识集中在《庄子》的"心"的观念，于魏晋时代曾经产生与政治社会权威在思想上的紧张性，反映于当时的自然与名教之争。就历史的重要性而言，道家思想在这方面的发展不能与儒家思想相提并论。原始儒家，从《论语》到《孟子》

---

① Eric Voegelin, *Israel and Revelation*, vol. 1 of Order and History, pp. 428—515.

② Frederick M. Watkins, *The Political Tradition of the West* (Cambridge, Mass.: Harvard University Press, 1962), pp. 31—177.

以及《礼记》中的《大学》、《中庸》，都清楚地显示：天命与心灵这两个观念在逐渐地结合，形成一个在天子的政治权威之外的独立的心灵秩序，由之而产生二元权威的思想契机。这契机在以后的儒家思想传统里的发展很不稳定，时隐时现，若断若续，以致二元权威的思想一直未能在儒家传统里畅发与确立①。但契机始终潜存，因此近现代以后，在西方的自由民主思想催化之下，二元权威观念的发展终于有了一些突破，在中国近代知识分子的政治意识里发生了重要的影响，也反映了"轴心时代"对中国政治文化长程发展的历史意义。

此外，在这里应该特别指出的是：相应于"心灵秩序"与二元权威之契机的挚生，"轴心时代"也出现了不但就政治文化，而且就道德和知识文化而言影响人类历史发展的一个非常重要的社会现象，那就是作为独立社群的知识分子在人类历史上第一次出场。上文提到，在"轴心时代"以前，旧大陆的几个主要文明泰半是被"宇宙王制"的政教合一体制所笼罩，因此上层阶级中的知识精英，没有文化条件与思想资源可以使他们从政治领导阶层分化出来。即使在古埃及，上层统治阶级含有强大的僧侣教士集团，但因为古埃及的法老（Pharaoh）体制是典型的宇宙王制，僧侣集团虽属宗教领袖，仍是为埃及王服务，受其节制②。故大致而言，知识精英作为独立的社群是在"轴心时代"首次出现，以超越的代言人的地位而与政治领

---

① 张灏：《超越意识与幽暗意识——儒家内圣外王思想之再认与反省》，载《幽暗意识与民主传统》，台北：联经出版事业公司，1989，第36—56页。

② Eric Voegelin, *Israel and Revelation*, vol. 1 of *Order and History*, pp. 52—110.

袖有分庭抗礼之趋势。从此这种传统型的知识分子登上历史舞台，在政治权威之外，有举足轻重的地位。这是几个主要传统文明发展的一大特色。

大致而言，"轴心时代"以后，在各个主要文明传统里，传统型的知识分子，在知识化（intellectualization）与例行化（routinization）的影响之下，分化为"先知"与"师儒"两个类型，前者追踵"轴心时代"的知识分子的典型，继续本着以超越意识为基础的理念对政治社会的权威发挥不同形式与程度的批判意识，后者却变成各文明传统的经典学术的研究者与传授者，往往不具政治与社会的批判意识。

降及近代，"先知型"的知识分子仍然很活跃，他们承袭来自传统的天责感与使命感，认同现代文明的一些基本理念，特别是来自欧洲启蒙运动的理念，继续在历史舞台上扮演着重要角色。在世界许多地区，近现代所带来的政治社会大变动，特别是法国、俄国、中国的三大革命，都与这传统"先知型"的知识分子有密切关系。二十世纪中叶以来，随着现代化加速展开，这种传统"先知型"的知识分子的社会文化角色，颇有日趋隐晦之势，代之而起的是人数日增的专业技术型的知识人，后者常常以他们的专业技术性的知识为社会各行业服务，但缺少文化的通识与理念去省察与批判现存社会结构的各种安排与措施，因此可以说他们往往无法与现存政治社会结构维持批判的距离，因而完全为之吸收。也许在此我可以借用近代马克思学派的思想家葛兰西（Antonio Gramsci）所谓的"有权型知识分子"，但反其意而用，去称谓这类型的现代知识分子①。

在当代社会，这一类型的知识分子不但人数众多，散布于社会各层面，而且有领导社会、主持政府的趋势，这种情形与现代社会失去大方向而有畸形发展很有关系。因此近年来西方有识之士呼吁现代社会需要"公共知识分子"（public intellectual），强调知识分子对社会要有关怀，同时又能超越专业知识的局限，以人文通识与文化理念来认识社会的需要，对政治社会作省察与批判②。今天要产生这类型知识分子的文化条件当然与传统型的很不同，但无可否认，"公共知识分子"在精神与理念上是很接近传统"先知型"的知识分子，可以说是后者在现代世界的翻版，可见"轴心时代"所形成的人格典型与社会类型，在今天仍有重大的时代意义。

就政治文化而言，"轴心时代"出现的超越内化观念还间接产生另外一种思想发展，对于近现代世界的意义尤其重大。因为这个观念使得超越意识所涵有的终极意识与无限精神，变成人的内在本质的一部分，从而产生一个理念：人的生命可以有着彻底的自我转化能力，如果配上入世取向，这种自我转化的观念很容易进而形成另一种观念——由群体的自我转化可以通向人世的改造与完美的理想社会的出现。这就是现代社会大

---

① Antonio Gramsci, *The Prison Notebooks*: *Selections.* trans. Quintin Hoare and Geoffrey Nowell-Smith（New York: International Publishers, 1971）, p. 4.

② "公共知识分子"（public intellectual）这一名称是美国学者 Russell Jacoby 于 1980 年代末期所创。见 Russell Jacoby, *The Last Intellectuals*: *American Culture in the Age of Academe*（New York: Basic Books, 1987）.

革命的一个间接的重要思想根源。在印度文化里，这种群体自我转化与入世取向，由于它强烈的出世精神而未能彰显。但二者在西方与中国文化里透过不同的发展，有着不同程度的彰显。因此，近现代的三次社会大革命是在这两个文化领域里发生，绝非偶然。

总之，今天从人类文化长程的发展去看"轴心时代"，首先就其特征而言，我们必须不以一些概括性的认识，如超越性、批判性、反思性等观念自限，而能进一步看到"超越的原人意识"是那时代几个主要文明的思想突破的共同特征；同时，只有透过原人意识，我们才能真正具体地看到"轴心时代"对后世的影响与其历史地位。就历史影响而言，我在上面已经约略地说明了原人意识对后世道德文化与政治文化的重大意义。同样重要的是，由原人意识所产生对人的了解的一些基本观念与问题，在今天以及在未来仍具有活生生的意义，例如知识分子与政治社会权威的关系问题，德性伦理在人类未来的道德生活里的地位，以及人类道德价值的普世性，都可以从"轴心时代"的原人意识的观点得到新的启发。因此，我认为"超越的原人意识"是今后进一步研讨"轴心时代"在人类文化史上的重要地位与意义的一个起步点。

中国近代思想史的转型时代

所谓转型时代，是指 1895—1925 年初前后大约 30 年的时间，这是中国思想文化由传统过渡到现代、承先启后的关键时代。在这个时代，无论是思想知识的传播媒介或者是思想的内容，均有突破性的巨变。就前者而言，主要变化有二：一为报刊杂志、新式学校及学会等制度性传播媒介的大量涌现；一为新的社群媒体——知识阶层（intelligentsia）的出现。至于思想内容的变化，也有两面：文化取向危机与新的思想论域（intellectual discourse）。

新的传播媒介

（一）制度性传播媒介的出现与成长

1. 报刊杂志

1895 年以前，中国已有近代报刊杂志的出现，但是数量极少，而且多半是传教士或者商人办的。前者主要是有关教会活动的消息，后者主要是有关商业市场的消息。少数几家综合性的报纸，如《申报》、《新闻报》、《循环日报》，又都是一些当时社会的"边缘人士"，如外国人或者出身买办阶级的人办的，属于边缘性报刊（marginal press），影响有限。

1895 年以后，最初由于政治改革运动的带动，报刊杂志数量激增。根据布里滕（Roswell S. Britton）的统计，1895 年中国报刊共有 15 家。1895—1898 年间，数目增加到 60 家（我个人的统计是 64 家），1913 年是 487 家，五四时代数量更为激增。根据当时《中国年鉴》（*China Year Book*）的估计是 840 家，《申报》认为有 1134 家，而 1917 年美国人伍德布里奇（Samuel I. Woodbridge）在《中国百科全书》（*Encyclopedia Sinica*）给的数字是 2000 家[①]。据胡适的估计，仅是 1919 年，全国新创办的报刊大约就有 400 种[②]。由此可见转型时期报刊杂志增长速度的惊人。

同时，新型报刊杂志的主持人多出身士绅阶层，言论受到社会的尊重，影响容易扩散。因此，这种新型报刊可称之为精英报刊（elite press）。此外，这些新型报刊的性质与功能也与此前的"边缘性报刊"有很大的不同：它们不但报道国内外的新闻，并具介绍新思想及刺激政治社会意识的作用。

转型时代的传播媒体，除了报刊杂志之外，还有现代出版事业的出现。它们利用现代的印刷技术与企业组织大量出版与行销书籍，对于当时思想与知识的散布以及文化的变迁也是一大动力。例如中国在二十世纪的前半期，有三大书局之称的商务印书馆、中华书局与世界书局都是在转型时代成立。当时它

---

① 汤志钧：《戊戌变法史论丛》，武汉：湖北人民出版社，1957，第 227—270 页；Roswell S. Britton，*The Chinese Periodical Press*，1800—1912（Taipei：Ch'eng-wen Publishing Company，1976），pp. 127—128.

② 胡适：《五十年来中国之文学》，收在《胡适文存》，台北：远东图书公司，1953，第二集，卷一，总第 255 页。

们广泛散布新知识、新思想的一个重要管道，就是替新式学校印刷各种教科书[1]。

2. 新式学校

大致说来，清朝这一段时期，书院制度比起宋明时期大为衰落。十九世纪以后，特别是太平天国运动结束以后，书院制度才有复苏的趋势。但是教育制度大规模的改变，是1895年以后的事，首先是戊戌维新运动带来兴办书院与学堂的风气，设立新学科，介绍新思想。1900年以后，继之以教育制度的普遍改革，奠定了现代学校制度的基础[2]。一方面是1905年传统考试制度的废除，同时新式学堂的普遍建立，以建立新学制与吸收新知识为主要目的。当时大学的建立，在新式学制中的地位尤其重要。它们是新知识、新思想的温床与集散中心。因此，它们在转型时代的成长特别值得我们注意。

由1895年至1920年代，全国共设立87所大专院校。据估计，截至1949年为止，中国约有110所大专院校，因此可以说其中五分之四创立于转型时代。尤其值得一提的是，在这87所大专院校内，有21所公私立大学，几乎包括了所有二十世纪中国著名的大学及学术思想重镇，如北大、清华、燕京、东南诸大学。可见转型时代是现代教育制度兴起的关键时期[3]。

---

[1] 如庄俞：《谈谈我馆编辑教科书的变迁》，《商务印书馆九十年》，北京：商务印书馆，1987，第62—72页。

[2] 晚清这一变化可参考朱有瓛主编：《中国近代学制史料》，上海：华东师范大学出版社，1986，第一辑下册。

[3] Sun E-tu Zen, "The Growth of the Academic Community, 1912—1949," in John K. Fairbank ed., *The Cambridge History of China* (Cambridge: Cambridge University Press, 1986), 13.2: pp. 361—421.

3. 自由结社——学会

所谓学会，是指转型时代的知识分子为了探讨新思想、散播新知识并评论时政的自由结社。中国传统不是没有这种学术性与政治性的自由结社，晚明东林复社、几社就是显例。但是清朝建立以后，讲学论政的结社为政府所禁止，虽然士大夫之间仍然时有"诗社"这一类文学性的结社，但政治性的结社则几乎绝迹。1895 年以后，随着政治改革的开展，学会大兴。从1895—1898 年，据初步统计，约有 76 个学会组织①。以后就整个转型时代而言，虽因资料缺乏，难以确计，但从许多零碎的报道可以推想这种结社一定相当普遍。因为一般而言，学会这种组织并不需要相当的人力与物力才能实现，它只要一群知识分子有此意愿就可以成立，而我们确知当时知识分子集会讲学论政的意愿是很普遍的。因此，就传播新思想、新知识而言，学会在当时的重要性不下于报刊杂志与新式学校。

在转型时代，报章杂志、学校与自由结社三者同时出现，互相影响，彼此作用，使得新思想的传播达到空前未有的高峰。

长远看来，这三种制度媒介造成了两个特别值得一提的影响：一个是它们的出现是二十世纪文化发展的基础建构（cultural infrastructure）的启端，另一个就是公共舆论（public opinion）的展开。

---

① 这些统计我是根据以下所列书目而得：张玉法：《清季的立宪团体》，台北：中央研究院近代史研究所，1971，第 199—206 页；王尔敏：《晚清政治思想史论》，台北：华世出版社，1969，第 134—165 页；汤志钧：《戊戌变法史论丛》，第 220—270 页。

近年来，中外学者常常讨论所谓公共领域（public sphere）在中国近现代出现的问题。因为十九世纪中叶以来，中央政府权力的萎缩，地方绅权的扩张，接管许多地方公益事业，同时外国租界在许多城市出现，形成一些"国家机关"以外的公共领域。但我认为这些发展都只是导致公共领域的间接因素，而上述三种制度性的传播媒介的出现才是直接因素。根据哈贝马斯（Jürgen Habermas）对欧洲近代早期公共领域形成的典范研究，公共领域之出现直接反映了两种现象：政治参与和理性批判（rational-critical）意识①。转型时代舆论之形成，也正好反映了这两种现象。那时，在一个没有正式民主制度的社会里，报刊杂志、学校与学会都是政治参与的重要管道。同时，这些制度媒介，不论是透过传统儒家"公"的观念或是新的民族主义与民主自由观念，都是以理性的讨论来表达批判意识。就此而言，我们可以说，三种制度媒介所造成的舆论，代表公共领域至少在转型时代有相当程度的出现。

（二）新的社群媒体——现代知识阶层的形成

现代知识分子是什么样的人？这是一个很有争议性的问题。我个人认为，大约而言，知识分子是一群有如下特征的人：（1）受过相当教育、有一定知识水准的人（此处所谓教育不一定是指正式教育，也可以指非正式教育，例如自修求学的钱穆、董作宾等人），因此他们的思想取向比一般人高。（2）他们的思想取向常常使他们与现实政治、社会有相当程度的紧

① Jürgen Habermas, *The Structural Transformation of the Public Sphere* (Cambridge：Polity Press，1989).

张关系。（3）他们的思想取向有求变的趋势。

若与传统士绅阶层相比较，更可衬托出现代中国知识分子的特殊性。就其与现存的社会结构而言，传统士绅是与他们来自的乡土社会有着密切的有机关系。他们是当地社会的精英，不但在地方上具有各种影响力，而且参与地方政府，发挥许多不可少的行政与领导功能。而现代知识分子多半脱离了他们本乡的乡土社会，寄居于沿江沿海的几个大都市，变成社会上脱了根的游离分子。他们所赖以活动或生活的组织，常常就是我前面所谓的三种制度媒介。

就其与当时政治权力结构的关系而言，传统士绅阶层透过考试制度一方面可以晋身国家官僚，另一方面也可留在乡土，担任地方领导精英，参与地方行政。因此，其与现存权力结构的互相依存关系大于相互抵触的关系。反之，新式知识分子既因科举制度在转型时代初期罢废，仕进阶梯中断，复又脱离乡土，流寓异地，不再参与地方事务，他们既然与中央政府与地方政府都缺少有机关系，因此与当时政治权力中心相抵触的可能性要大于相互依存的关系。

就他们与传统文化的关系而言，士绅阶层的文化认同较高。他们自认把文化传统维持与继续下去是他们的天责，因此他们大致而言是"卫道"与"传道"之士。而现代知识分子的文化认同就薄弱得多，主要因为西方文化进入中国，使得他们常常挣扎、徘徊于两种文化之间。他们的文化认同感也就难免带有强烈的游移性、暧昧性与矛盾性。

就现代知识分子与文化的关系而言，还有一层值得我们特别注意：那就是他们在文化上巨大的影响力。现代知识分子就其人数而论，当然不能与传统士绅阶层相比，但他们对文化思想的影响绝不下于士绅阶层。这主要是基于知识分子与传播媒介的密切关系。他们的社会活动往往是办报章杂志，在学校教书或求学，以及从事自由结社，如学会或其他知识性、政治性的组织。透过这些传播媒介，他们能发挥极大的影响力。其影响之大与他们极少的人数很不成比例。因此转型时代的知识分子，在社会上他们是游离无根，在政治上，他们是边缘人物（余英时的话）①，在文化上，他们却是影响极大的精英阶层。所以要了解现代知识分子，一方面我们必须注意他们的政治边缘性和社会游离性，另一方面也要注意他们的文化核心地位。这二者之间的差距可以帮助我们了解这些人的思想为何常常会有强烈的疏离感与激化的倾向，而与传统士绅阶层的文化保守性适成对比。

根据上面的分析，不论是从政治、社会或文化的角度看，现代知识阶层都与传统士绅阶级有着重要的不同。大体而言，这一阶层主要是在转型时代从士绅阶级分化出来，在二十世纪的政治、社会与文化各方面都扮演重要的角色。特别是在散布新思想方面，他们是主要的社群媒体。

思想内容的变化

大致说来，转型时代中国知识分子的思想内涵也产生了巨大的变化。一方面，中国文化出现了空前的取向危机；另一方面，一个新的思想论域（intellectual discourse）也在此时期内

---

① 余英时：《中国知识分子的边缘化》，收在氏著，《中国文化与现代变迁》，台北：三民书局，1992，特别是第39—45页。

浮现。

（一）文化取向危机的出现

转型时代是一个危机的时代。1895年以后，不仅外患内乱均有显著的升高，威胁着国家的存亡，同时，中国传统的基本政治社会结构也开始解体。这方面最显著的危机当然是传统政治秩序在转型时代由动摇而崩溃，这个在中国维持数千年的政治秩序一旦瓦解，使得中国人在政治社会上失去重心和方向，自然产生思想上极大的混乱与虚脱。这里必须指出的是：我们不能孤立地去看这政治秩序的崩溃，政治层面的危机同时也牵连到更深一层的文化危机。因为传统中国的政治秩序是建立在一种特殊的政治制度上，这就是所谓的普世王权（universal kingship）。这种政治制度不仅代表一种政治秩序，也代表一种宇宙秩序。易言之，它是植基于中国人根深柢固的基本宇宙观。因此，普世王权的崩溃不仅代表政治秩序的崩溃，也象征基本宇宙观受到震撼而动摇。重要的是，在转型时代，与这基本的宇宙观一向绾合在一起的一些儒家基本价值也在受到侵蚀而逐渐解体。也就是说，当时政治秩序的危机正好像是冰山一角，潜在水面下尚有更深更广泛的文化思想危机。这危机就是我所谓的取向危机。

所谓取向危机是指文化思想危机深化到某一程度以后，构成文化思想核心的基本宇宙观与价值观随着动摇，造成人的基本文化取向的失落与迷乱。1895年左右，四川一位知识分子宋育仁，面对当时的文化危机曾说过下面一段话，很能道出我所谓取向危机的端倪：

其（指西学）用心尤在破中国祖先之言，为以彼教易名教之助，天为无物，地与五星同为地球，俱由吸力相引，则天尊地卑之说为诬，肇造天地之主可信，乾坤不成，两大阴阳，无分贵贱，日月星不为三光，五星不配五行，七曜拟于不伦，上祀诬而无理，六经皆虚言，圣人为妄作。据此为本，则人身无上下，推之则家无上下，国无上下，从发源处决去天尊地卑，则一切平等，男女均有自由主权，妇不统于夫，子不制于父，族性无别，人伦无处立根，举宪天法地，顺阴阳，陈五行诸大义，一扫而空……夫人受中天地，秉秀五行，其降曰命，人与天息息相通。天垂象见，吉凶徵人，改过迁善，故谈天之学以推天象，知人事为考验，以畏天命，修人事为根本，以阴阳消长，五行生胜建皇极，敬五事为作用，如彼学所云，则一部周易全无是处，洪范五行，春秋灾异，皆成瞽说，中国所谓圣人者，亦无知妄人耳，学术日微，为异域所劫，学者以耳为心，视为无关要义，从而雷同附和，人欲塞其源，而我为操畚，可不重思之乎？①

这段话隐约地透露当时人的思想有三方面受到了震撼。首先，西方人的平等自由观念，使得中国传统"人伦无处立根"，也就是说，传统的基本社会价值取向的失落；再者，中国传统中根据"天地"、"阴阳"、"五行"这些建构范畴（constitutive symbolism）所形成的天人合一宇宙观也被西学"一扫而空"，

---

① 宋育仁编：《采风记》（清光绪刊本），卷三，《礼俗》，第9—10页。

使他对生命与宇宙感到迷茫，反映出精神取向的失落。最后全篇不只是对西学在思想上表示批判，而且充满了愤激与忧惶的情绪，隐约地流露了文化认同感与自尊感受到损伤。底下就这三方面对转型时代出现的取向危机作进一步的分析。

1．价值取向危机

所谓文化取向危机，首先是指基本的道德与社会价值取向的动摇。大约而言，传统文化的主流——儒家的基本道德价值可分两面：以礼为基础的规范伦理与以仁为基础的德性伦理。这两面在 1895 年以后都受到极大的冲击，造成两者核心的动摇，甚至解体。让我大致说明一下两者动摇与解体的情形。

规范伦理的核心是儒家的三纲之说，它在转型时代受到"西潮"的冲击尤为深巨。这冲击在 1896—1898 年的湖南改革运动时就已开始。当时，梁启超、谭嗣同等以长沙的时务学堂为据点，公开攻击中国的君统，立刻引起当时湖广总督张之洞及一批湖南官绅的反击与围剿。他们认为，康梁改革运动对君统的攻击就是间接对三纲的挑战①。从湖南改革这场大辩论开始，一直到五四运动的激进反传统主义，三纲以及它所代表的规范伦理一直是转型时代对传统价值批判的主要箭垛。儒家道德价值的这一面，可以说是彻底地动摇而逐渐解体。

同时，儒家德性伦理的核心也受到由西学所引起的震荡而解纽，但解纽不是解体，这是一个重要的区别，需要进一步的分疏。

---

① 《湖南近百年大事记述》，长沙：湖南人民出版社，1959，第142—145 页；这些辩论文章都编在苏舆编：《翼教丛编》，上海：上海书店，2002。

儒家德性伦理的核心是四书中《大学》所强调的三纲领、八条目，也即我所谓的大学模式。这模式包括两组理想：（1）儒家的人格理想——圣贤君子；（2）儒家的社会理想——天下国家。所谓解纽，是指这两组理想的形式尚保存，但儒家对理想所作的实质定义已经动摇且失去吸引力。让我举几个例子来说明：

首先是梁启超在 1902—1903 写的传诵一时的《新民说》。梁在书中言明他是发挥大学新民的观念，认为现代国民正如传统社会的人一样，应该追求一个理想人格的实现。但是他对现代国民的理想人格所作的实质定义，已经不是儒家圣贤君子的观念所能限定，因为他的人格理想已经掺杂了一些西方的价值观念，如自由权利、冒险进取、尚武、生利分利等[①]。

《新民说》的中心思想如上所陈，主要是厘定现代国民的人格理想，但是它同时也间接隐寓一个群体或社会的理想。值得指出的是，在这一层上，他也不遵守儒家以"天下国家"为群体理想的实质定义，而完全接受西方传来的民族国家观念。

与梁同时而属于革命派的刘师培，他在 1905 年写的《伦理学教科书》也是一个很好的例子。在这本书里，他提出他对新时代所瞩望的人格理想与社会理想，这也就是他所谓的"完全的个人"与"完全的社会"。在刘的笔下，"完全的个人"这个观念受了很多传统儒家修身观念的影响。但这影响主要来自修身观念中锻炼性格，也即传统所谓的"工夫"一面，至于传统修身的目标——圣贤君子的人格理想，他在书中几乎没有

---

① 详见梁启超：《新民说》，收入《饮冰室专集》之四，台北：台湾中华书局，1978。

提及。因此，圣贤君子是否仍是他的人格理想很可怀疑。同样，他所谓"完全的社会"是否仍是传统儒家的社会理想也很可存疑。不错，他和梁启超不同，并未提倡民族国家的观念，而在他所谓的"社会伦理"中也列举一些儒家的道德观念如"仁爱"、"惠恕"、"正义"等。此外，他当时又醉心卢梭（Jean Jacques Rousseau）的《民约论》，深受后者的共和主义的影响。因此，他的社会理想虽仍模糊不清，未具定型，但是已脱离传统儒家"天下国家"这观念的樊篱，则可断言①。

五四时代，这种趋势更加明显，《新青年》最初三期连载高一涵写的《共和国家与青年的自觉》便是一个例子。他在这篇文章里所谓的自觉，指的是对国家社会与个人人格的道德自觉，而道德自觉的具体意思是指一个人应该抱持的理想。因此，这篇文章的主旨仍然隐含儒家对生命的强烈道德感，认为生命应以追求理想的社会与人格为依归。但是他对后者的实质定义则显然已超出儒家思想的范围。他对国家与社会的理想，虽然不无大同理想的痕迹，但主要来自西方近代的共和主义。而他的人格理想则依违于西方的个人主义（高称之为小己主义）与传统的大我主义之间，其内容已非儒家圣贤君子的人格理想所能涵盖②。

高一涵在这方面的观念可以说是五四时代思想的缩影。大多数五四知识分子是被一种道德理想主义所笼罩，追求慕想一

---

① 刘师培：《伦理学教科书》，《刘申叔先生遗书》，台北：大新书店，1965，总第 2299—2350 页。

② 高一涵：《共和国家与青年之自觉》，《新青年》，第 1 卷第 1 号（1915 年 9 月），第 1—8 页；第 1 卷第 2 号（1915 年 10 月），第 1—6 页；第 1 卷第 3 号（1915 年 11 月），第 1—8 页。

个理想的社会与人格，这是他们有意无意之间受儒家德性伦理影响的地方。但是，他们对社会理想与人格理想的具体了解则与传统的德性伦理的差距甚大。首先，当时人对形形色色的社会理想的热烈讨论与争辩，不但显示他们在理想社会的追求上已是徘徊歧途、失去方向，而且意谓儒家传统在这一层思想上已失去其约束力与吸引力。另一方面，就人格的理想而言，胡适所倡导易卜生式的个人主义与易白沙、高语罕等人所阐扬的大我主义也在相持不下，显示传统圣贤君子的人格理想对五四一代的影响力也日趋薄弱①。

因此，就整个转型时代而言，儒家德性伦理的核心思想的基本模式的影响尚在，但这模式的实质内容已经模糊而淡化。因为前者，这一时代的知识分子仍在追求一个完美的社会与人格；因为后者，他们的思想常呈现不同的色彩而缺乏定向。这就是我所谓儒家德性伦理解纽的意义。

总之，儒家规范伦理的核心与德性伦理的核心都在动摇中。虽然二者有程度的不同，但是二者同时动摇，代表着中国传统的价值中心已受到严重的侵蚀，以致中国知识分子已经失去社会发展与人格发展的罗盘针与方向感。这就是取向危机最基本的一面。

2. 精神取向危机

任何一个文化，中国文化也不例外，多是自成一个意义世界（universe of meaning）。这意义世界的核心是一些基本价值与宇宙观的组合。这组合对人生与人生的大环境——宇宙，都

---

① 胡适：《易卜生主义》，收在《胡适文存》，第一集，卷四，总第629—647页。

有一番构想与定义，诸如宇宙的来源与构造、生命的来源与构造，以及在这一环境中生命的基本取向与意义。这组合我们称之为意义架构。

前节指出，传统儒家的宇宙观与价值观在转型时代受到严重挑战，这代表传统意义架构的动摇，使中国人重新面临一些传统文化中已经有所安顿的生命和宇宙的基本意义问题。这些问题的出现和由之产生的普遍困惑与焦虑，就是我所谓的精神取向危机。

这一精神层面的危机，是转型时代思想演变中比较不为人注意的一面。但是当时许多重要的发展都有它的痕迹。转型时代初期，知识分子很盛行研究佛学就是一个很好的例证。这个发展我们不能完全从政治社会的角度去看，它不仅是对传统政治社会秩序瓦解的回应，它也是传统意义架构动摇以后，人们必需对生命重建意义架构所作的精神努力。康有为、梁启超、谭嗣同、章炳麟这些人之走向佛学，都与这种取向危机所产生的精神挣扎有关。五四时代人生问题引起激烈讨论，胡适提出"人化的宗教"[①]，周作人提出"新宗教"[②]，这些思想的发展也应从精神取向危机这个角度去看。

3．文化认同危机

中国人自从十九世纪初叶与西方接触以来，就发现置身于一个新的世界，一个与从前中国自认为是"天朝"的华夏中国

---

① 胡适：《不朽》，收在《胡适文存》，第一集，卷四，总第693—702页。

② 周作人：《新文学的要求》，收在氏著，《艺术与生活》，石家庄：河北教育出版社，2002，第23页。

的世界很不同的新天地。因此中国人在认知上很需要一个新的世界观——一种对这新世界的认知地图（cognitive map），借此可以帮助他们在这个新的世界里，相对于世界其他文化与国家作文化自我定位。因此中国人在这方面作的思想挣扎与摸索，一部分是发自于一种文化自我认知的需要。

更重要的是认同感里面强烈的情绪成分或心理深层需要。前面我指出转型时代中国传统思想的核心发生动摇，而就在同时，中国进入一个以新的西方霸权为主的国际社会。顿时由一个世界中心地位降为文化边缘与落后的国度，自然产生文化失重感，群体的自信与自尊难免大受伤害。

这里必须指出的是，西方的霸权不仅是政治、军事与经济的，同时也是文化思想的。就因为如此，这霸权不仅是外在的而且也已深入中国人的意识与心理深处，而内化为一种强烈的情意结。一方面他们憎恨西方的帝国主义，另一方面他们深知与帝国主义同源的西学也是生存在现代世界的需要，是"现代化"的要求，是一种现实理性的驱使。这自然造成中国人内心思想的困境与心理的扭曲，一种爱与恨、羡慕与愤怒交织的情意结。这也是美国学者列文森（Joseph R. Levenson）于1950年代提出的问题①。列文森也许夸大了这情意结在中国近代思想变迁中的重要性，但我们不能否认它是转型时代出现的认同危机的一个基本环节。

文化认同的需要在转型时代普遍的散布，不论是出自中国人情绪的扭曲或发自文化自我定位的认知需要，都是当时取向

---

① Joseph R. Levenson, *Confucian and Its Modern Fate* (Berkeley: University of California Press, 1965).

危机的重要一面，不容忽视。

但是在讨论文化认同取向时，我们不能孤立地去看这一问题，因为就转型时代的知识分子而言，他们在文化认同取向方面所作的挣扎，与他们在价值取向以及精神取向方面的困惑与焦虑，常常是混杂在一起的，只有把这三方面合而观之，加以分析，才能看到当时取向危机的全貌。

（二）新的思想论域

前文提及，转型时代制度性的传播媒介促成了公共舆论的产生，这种舆论内容极为驳杂，各种问题都在讨论之列。

但就在这纷繁驳杂的讨论里，逐渐浮现一个思想论域。称之为思想论域，是因为这些讨论有两个共同点：（1）使用新的语言；（2）讨论常常是环绕一些大家所关心的问题而展开。例如中西文化之间的关系，未来的国家与社会的形式，革命与改革的途径，新时代的人格典型等等，重要的是，这些问题的提出和随之而来的讨论，常常都是从一个共同的主体意识出发。

谈到转型时代报刊杂志所使用的新语言，首先值得注意的是新的词汇。这些词汇主要来自西学的输入。它们有的是由西文直接翻译过来，但很重要的部分是转借日文的翻译，因此日文在这方面的影响也不可忽略①。

但是新的语言不仅表现于新的词汇，也表现于新的文体，这方面的主要变化当然是由文言文转换为白话文。虽然这两种

---

① 实藤惠秀著，谭汝谦、林启彦译：《中国人留学日本史》，香港：香港中文大学出版社，1982，特别是该书中有一表，见第231—237页。

文体不无文法上的差异，但最重要的分别还是在整个文章结构和语句的形式。就文章整体结构而言，文言文受一些传统修辞上的限制，例如起承转合的规律以及所谓的抑扬顿挫法、波澜擒纵法、双关法、单提法，等等。至于个别的语言形式，首先我们必须认识，文言文是一种非常简化的语言，有时简化到像电报的语言，因此语意时常是很不清楚的。同时，文言文的语句结构又受到其他一些修辞上的限制，例如用典、语句的长短整齐必须合乎所谓典雅的形式，而白话文则不受这些文言文的形式与规律的束缚，因此能比较自由地表达个人的论理或抒情的需要。

不可忘记的是，在转型时代文言文转变为白话文是经过一段相当长的时间。虽然那时代的初期，中国知识分子梁启超、黄遵宪、刘师培等人已经尝试用白话文，白话文真正普及是1917年文学革命以后的事。在此以前，报刊杂志使用的仍然是文言文，但常常是一种新体文言文。这种文体可以梁启超在《新民丛报》发表的文章为代表，就是所谓的"新民体"。梁启超后来对他当时的文章有过这样的评述："启超夙不喜桐城派古文，幼年为文，学晚汉魏晋，颇尚矜练，至是自解放，务为平易畅达，时夹以俚语及外国语法，纵笔所至，不检束，学者竞效之，号新文体。"① 当时使用新文体的还有林纾，他翻译西方小说时所采用的文体，虽是文言文，但并不严格地沿用桐城派古文文体。钱钟书说："林纾译书所用文体是他心目中认为较通俗，较随便，富于弹性的文言。它虽保留若干'古文'

---

① 梁启超：《清代学术概论》，在《饮冰室专集》之三十四，第62页。

成分，但比‘古文’自由得多；在辞汇和句法上，规矩不严密，收容量很宽大。"① 所谓收容量很宽大，就辞汇而言，是指它采取不少白话与新名词，就语法而言，是指它带有了许多欧化成分。因此，所谓新文体是一种解放的文言文，也可说是一种比较接近白话文的文体。

总之，转型时代新思想的散播，是与新文体（不论是白话文或新体文言文）的出现分不开的，正如同中古时期佛教思想传入中国是无法与白话文翻译佛教经典分开的。也可以说，中国历史上两次受外来影响而形成的思想巨变都是以新语言为背景。

新语言的出现固然重要，但不能代表思想论域的全部。我不同意时下一些学者认为思想可以完全化约到语言层次。我认为，要了解一个思想论域，我们必须同时考虑使用新语言的人的主体意识，也就是说，转型时代知识分子的主体意识。

当时知识分子主体意识最重要的一面，当然是笼罩那个时代的危机意识。要认识这种危机意识，我们首先需要把它摆在它产生的环境脉络中去看。所谓环境脉络，不仅是指中国所面临的政治社会危机，也是指当时的思想环境。也就是说，我们同时需要把这危机意识放在传统思想与"西学"交互影响的脉络去看。只有把当时知识分子对这两种环境——政治社会环境与思想环境的回应合而观之，我们才能透视这危机意识的特征。

根据上面的观点，当时危机意识的最大特征，毫无疑问是

----

① 钱钟书：《林纾的翻译》，收在氏著，《七缀集》，北京：生活·读书·新知三联书店，2001，第109页。

它特殊的三段结构：（1）对现实日益沉重的沉沦感与疏离感；（2）强烈的前瞻意识，投射一个理想的未来；（3）关心从沉沦的现实通向理想的未来应采何种途径。现在就这三段结构作进一步的说明。

1. 对现实的沉沦感与疏离感

当时在转型时代散布的不只是对国家社会迫切的危亡感与沉沦感，而且是激进的文化自我批判意识与疏离感。在转型时代以前，激进的文化自我批判意识只有零星孤立的出现。那时的主流思想，仍然希望在传统的思想与制度的基本架构内，对西方文化作适度的调节，这就是当时盛行的"中体西用"的论点。1895 年以后，文化自我批判意识由"用"进入"体"的层次，由文化边缘深入核心，认为当前国家社会的危难反映了文化核心部分或整体的腐烂。这种激进的文化自我批判意识与疏离感，在转型时期日益深化与扩散，常常与政治的危亡感互为表里。

2. 对未来理想社会的展望

这是一种强烈的前瞻意识，视历史为一个向着光明的远景作直线的发展。五四时代知识分子称这种前瞻意识为"未来之梦"①，它首先含有强烈的民族主义，中国人生活在帝国主义压

① 这方面的史料很多，像顾颉刚曾说："辛亥革命后，意气更高张，以为天下无难事，最美善的境界，只要有人去提倡，就立刻会得实现。"（《古史辨自序》，《古史辨》，香港：太平书局，1962，第一册，第 17 页）；又如陈范予（1901—1941）这位"五四的产儿"也是其中的个案。详见：井洋史整理：《陈范予日记》，上海：学林出版社，1997，第 165 页。

迫的阴影下，自然热望变作一个独立富强的国家。这种民族主义透过新的传播媒介，在转型时代进行空前大规模的散布。因此，由甲午到五四，民族国家观念是对未来理想社会展望的一个核心成分，但它却不是唯一的成分。因为，除此之外尚有另一个重要成分，那就是以大同理想为代表的各种乌托邦主义。现代史家常常不正视这种思想，但是就中国知识分子的意识与心态而言，乌托邦主义却是一个不容忽视的层面，因为它曾出现在转型时代的每一个主要阶段或思潮里。就以转型时代初年的维新改革派而论，一方面有梁启超鼓吹民族主义的文字，另一方面也有康有为的《大同书》与谭嗣同的《仁学》散布乌托邦主义。就辛亥以前的革命派而言，一方面有邹容与陈天华的民族主义，另一方面大同理想不仅在孙中山的思想里已经浮现，它在革命派左翼的无政府主义思想里尤为突出，当时这一派报纸如《新世纪》、《天义报》与《衡报》都充满了乌托邦式的世界主义的思想①。

五四时代的思想亦复如此。谈到五四思想，现代史家多半强调五四时代的民族主义。其实，当时世界主义的盛行决不下于民族主义。文学家朱自清在五四运动发生的时候正是北大的学生，他后来回忆当时的思想气氛时，曾经提醒大家，五四运动的思想常常超过民族主义，而有浓厚的世界主义气氛②。这种气氛我们可以傅斯年在《新潮之回顾与前瞻》这篇文章中所

---

① 相关讨论详参 Hao Chang, *Chinese Intellectuals in Crisis : Search for Order and Meaning , 1890—1911* （Berkeley：University of California Press，1987）一书。

② 朱自清：《中国现代作家选集》，香港：三联书店，1983，第182页。

强调的一段话为代表："我只承认大的方面有人类，小的方面有'我'是真实的。'我'和人类中间的一切阶级，若家庭、地方、国家等等都是偶像。我们要为人类的缘故，培成一个'真我'。"① 五四时代形形色色的乌托邦思想就是从这种世界主义的信仰孳生出来。

因此，转型时代的前瞻意识，大致而言，是一双层建构。当时知识分子所瞩望的，常常不仅是一个独立富强的民族国家，同时也是一个乌托邦式的理想社会。

3. 由现实通向理想未来的途径

当时人对现状的失望与反感，以及对未来的热望，使他们非常关心如何由沉沦的现实通向理想的未来途径。转型时代持续不断对改革与革命的激烈辩论，最能反映这途径问题在当时思想界的重要性。当时其他一些被热烈讨论的课题，例如中西文化的关系、主义与问题的比重、民主与自由的意义，也都与这途径问题有相当密切的关系。途径问题可以说是危机意识的三段结构的凝聚点。

更进一步去分析，这三段结构反映出一个历史理想主义的心态。大约说来，这心态有下列的特征：（1）这理想主义心态是传统儒家道德理想主义与西方近代启蒙运动中的理想主义的合产物。它一方面认为理想与现实有极大的差距，另一方面也相信这差距可以克服，透过现实的转化，可以使现实与理想合而为一；（2）这个世界观我们称之为历史的理想主义，因为它是建筑在一个新的历史观上。这个新的历史观主要是由西学带

---

① 收在《傅斯年全集》，台北：联经出版事业公司，1980，总第1209页。

来的演进史观，把历史看做是朝着一个终极目的作直线的演进；（3）同时这理想主义含有一种高度的政治积极性，一种强烈的政治行动倾向。我们可称之为以政治为本位的淑世精神。这种精神主要来自传统儒家的经世思想，认为知识分子应该有一份顾炎武所谓的"救世"情怀，投身政治，以改造污浊沉沦的世界。这是一种充满政治积极性的使命感，表现于我们常常听见的一些话题，像"国家兴亡，匹夫有责"、"士大夫以天下为己任"，等等。重要的是，这种政治积极性与使命感，隐含了一个对人的主观意识与精神的信念，认为人的思想与意志是改造外在世界的动力。因此反映出一种高度的人本意识；（4）这种人本意识与方才提到的演进史观结合，使得演进史观在中国往往含有一种特殊的历史意识，与西方的历史演进观很不同，因为在西方这种历史观常常带来一种历史决定论的意识，相信历史发展的行程有其本身的动力，因此是独立于人的意志与行为而向前发展。这种史观对于人的自动自发的意志与意识是一种限制与压抑，甚至否定。但是转型时代知识分子对演化史观的了解却与西方很不同。一方面他们接受历史向前直线发展的观念，因而常常有很强烈的历史潮流感；另一方面他们并不认为这历史潮流会排斥人的自动自发的意识与意志。相反地，他们常常认为历史潮流只有透过由人的意识产生的精神动力才能向前推进，这或许是受传统天人合一宇宙观不自觉的影响。因为后者相信，天的意志只有透过人心才能显现。转型时代的知识分子以历史潮流代替天意，同时保留了传统对心的信念，其结果是一种近乎主观意识决定论的观念。我们可称之为意识本位的历史发展论；（5）理想主义的世界观与历史演进观结合，使人觉得这世界观所展现的价值与理想不只是人的主观意识的投射，而且是植基于宇宙的演化与历史潮流的推进。因此传统思想模式中的应然与实然的结合，宇宙观与价值观的统一得以在转型时代以一个新的形式延续。

上述五点，简略地说明了转型时代的危机意识所隐含的历史理想主义心态。这种心态加上前面提到的新语言，构成一个新的思想论域，在当时逐渐浮现。它对时代思想发展的重要性，不下于我在上节讨论的取向危机。

结　论

这篇文章大枝大叶地勾画了转型时代思想传播媒介与思想内容的几个重大变化。这些巨变至少是中国文化思想自中古佛教流入以来所未曾见的。同时它也为二十世纪的文化思想发展开了一个新的起端。这些巨变的出现就是转型时代之所以为转型时代的原因。

一个划时代的政治运动

——再认戊戌维新的历史意义

从宏观去看，中国历史自十世纪至二十世纪以前，一共只有过两次大规模的政治改革。第一次是北宋十一世纪的王安石变法，第二次就是十九世纪末的戊戌维新。这两次改革最后都失败了。王安石改革的失败反映中国传统政治体制缺乏自我转化的能力。戊戌维新失败，不但再度证明传统体制缺乏这种能力，而且也把中国带入一个空前的政治与文化危机。今次我们再认戊戌维新的历史意义，必须以这双重危机为视野去下手分析。

大约说来，戊戌维新有广狭二义。狭义是指 1898 年夏，晚清光绪皇帝以一连串的敕令推动大幅度的政治改革，这就是所谓的"百日维新"。广义是指 1895—1898 年间的改革运动，这个运动始于甲午战败之后康有为发动上书呼吁改革，而以戊戌百日维新后发生的宫廷政变结束。我在这篇文章里所讨论的是广义的戊戌维新。

这个广义的戊戌维新不是单纯的政治改革运动，因为康梁集团从开始就计划循两种途径进行改革运动。一方面是"由上而下"的途径，也就是说，希望透过向朝廷上书建言，改变清廷的政治立场与态度，然后以中央政府政令的推行来实行改革。另一方面是"由下而上"的途径，也就是说，企图针对社会精英分子——士绅阶层，从事游说鼓动来争取改革的支持①。由于这双管齐下，维新运动得以凝聚《马关条约》后中国朝野上下所感到的愤慨与求变心理，在政治上产生极大的波澜，在社会上激起广泛的反响。这些影响，可以从两方面去探讨其历史意义：一、从政治史去看，它代表中国传统政治秩序开始解体，从而引进了一个中国史上空前的政治危机；二，从思想文化史去看，它在甲午战争以后，开启了中国从传统过渡到现代的转型时期。

一、戊戌维新运动与中国政治秩序危机的序幕

在说明为何戊戌维新在中国现代政治演变中有这样的历史意义之前，必须先对传统政治秩序的定义稍作交代。这个政治秩序是在北宋开始出现而定型于明清两代，它的核心是由传统政治制度的两个结构所组成。一个是始于商周而定型于秦汉初期的"普世王权"（universal kingship），另一个是晚周战国以来逐渐形成的"官僚体制"。但是要认识传统政治秩序，我们不能只看政治制度，因为这政治制度是受着两种来自制度以外的力量支撑。一方面它受到传统社会结构的主干——士绅阶层的支撑，另一方面它也受到传统文化体系的核心——正统儒家思想的支撑。后者以纲常名教的观念为主轴，对现存的朝代政

① Hao Chang, "Intellectual Change and the Reform Movement, 1890—1898", in *The Cambridge History of China*, vol. 11, ed. John K. Fairbank and Kwang-Ching Liu (Cambridge：Cambridge University Press), pp. 291—93.

权不一定无条件地接受，但是对于政权后面的皇权制度则基本上是肯定的。再者，正统儒家的政治社会价值，自唐宋以来已经逐渐渗透入佛教与道教的主流思想，使得佛道二教在其政治社会价值上已经"儒家化"或者"正常化"（normalization）[1]。因此儒家的纲常名教观念，可以代表整个传统文化体系的正统价值。总而言之，在明清两代，传统政治秩序是皇权制度与传统社会结构的主干，以及传统文化体系核心思想的三元组合。

这三元组合的政治秩序在晚清受到前所未有的冲击。重要的是，大致说来，在1895年以前，这冲击并未撼动政治秩序三元组合结构，只是导致官僚体系溃堕。这一观念上的分别对我们了解近代政治变迁极为重要。首先，甲午以前，清廷因应付外强侵略与内部动乱而作的制度改变与调节仅限于行政管理与经济业务层面，并未触及基本政治体制。不错，太平天国运动失败后曾有督抚分权的现象出现，但所谓的督抚分权只是清廷为了应付内乱后的变局所采的权宜之举。在基本权力上，这些久任的督抚仍然受到很大的限制，并不能与清廷分庭抗礼。关于这一点，刘广京先生已有极肯要的说明[2]。此外，必须指

① Chü-fang Yü, *The Renewal of Buddhism in China. Chu-hung and the Late Ming Synthesis* (New York: Columbia University Press, 1981), pp. 101—137; Richard Shek, "Taoism and Orthodoxy: The Loyal and Filial Sect", chap. 4, in *Heterodoxies in Late Imperial China*, ed. Kwang-ching Liu (Berkeley: University of California Press, 1998).

② Kwang-ching Liu, "Nineteenth-Century China: the Disintergation of the Old Order and the Impact of the West". in *China in Crisis*, ed. Ping-ti Ho and Tang Tsou (Chicago: University of Chicago Press, 1968), pp. 109—112.

出的是，中央失控与地方分权的趋势不是晚清所特有，而是中国变成大一统帝国以后每一主要时期都曾出现过的现象。秦汉帝国晚期的州牧坐大与隋唐帝国晚期的藩镇跋扈，都是极明显的例子，而晚清这种趋势的严重性是远不能与前二者相比的。那时督抚分权只代表行政结构松弛，而前二者则已威胁到当时的中央皇权统治。

同时我们必须注意，清朝中央政府与士绅阶层之间的关系，在太平天国所开启的内部动乱时并未受到影响。最有力的证据是当农民运动在咸同年间威胁到清朝皇权统治的时候，当时的士绅阶层在地方上响应曾国藩保卫传统政治与文化秩序的号召，招募团练，支持清朝中央政府，而清政府最后之能扭转危局，镇压农民运动，士绅阶层的有力支持是一个决定因素。

再者，甲午以前，尽管西方文化进入中国已有半世纪以上，正统儒家思想仍然能够维持其在传统文化中的主导地位。当时所谓的"西学"的影响大致局限于沿海的几个大商埠，对于大多数的官吏士绅并无什么影响。1895 年以前，中国的重要书院几乎都没有西学的踪迹，可为明证①。同时，考试制度仍然维持它在中国社会与教育上的垄断地位，使得当时大多数的士绅精英依然生活在朱注四书的思想笼罩之下。

综合上面的分析，我们可以说，当时的皇权制度不但仍然与社会主干保持互相依存的关系，而且也依旧受到文化传统的主导思想的维护。也就是说，传统政治秩序的三元组合，在

---

① Barry C. Keenan, *Imperial China's Last Classical Academies*, *China Research Monograph* (Berkeley: Institute of East Asian Studies, University of California, 1994), pp. 3—4, 142.

1895 年以前并未有解纽现象。

这种情况在 1895 年以后有着显著的变化。首先，三元组合的传统秩序逐渐解纽，普世王权随之瓦解，接着新的共和政体频频流产，中国终于陷入彻底的政治解体（political disintegration）。这一绵延三十年的政治危机的起始点，就是甲午以后所发生的维新运动。

仅就 1898 年夏天的百日维新而论，它代表改革运动已进入清廷权力结构的核心。光绪皇帝在三个多月中所发动的大规模制度改革，是以康有为的《日本明治变政考》与《俄罗斯大彼得变政记》为蓝图，而以富强所代表的现代化为目标。表面上，这些改革仍然维持君主制度。但观乎康有为自 1895 年以来对光绪皇帝所作的一连串建言，颁布宪法，建立议会，实现当时所谓的君民共主的理想，也是在改革蓝图之中①。易言之，百日维新是隐然朝向君主立宪政体推动，而君主立宪所代表的君主制度之有异于传统的普世王权是很显然的。因此，百日维新虽然失败，但它显示传统的皇权体制已在清廷权力结构的核心上受到震撼。

戊戌时代，不但中央皇权受到改革运动的震撼，皇权体制的社会与文化支柱也因改革运动的影响而受到侵蚀。如所周知，晚清传统社会经济结构并未有基本的变化，士绅阶层在社会上的主干地位也并未动摇。发生变化的是士绅阶层与皇权体制之间的结合。上面指出，太平天国运动是因清政府与地方士绅的合作而遭到扑灭。此后，地方绅权曾有显著的扩张，地方

①　Hao Chang, "Intellectual Change and the Reform Movement, 1890—1898", pp. 323—327.

行政有好些方面如团练、教育、社会福利、公共工程，乃至少数新兴工商企业均由地方士绅接管，而同时他们与中央皇权大体上仍然维持协调和谐的关系①。但是 1895 年以后，这个协调和谐关系已逐渐不能维持。主要原因是士绅阶层，特别是上层士绅之间出现了分裂。在戊戌时代，一小部分士绅开始质疑皇权体制，并公开向其挑战，引起了士绅之间的思想对峙与政治斗争，也间接动摇了中央皇权在地方的社会基础。

这种情形，以戊戌时代的湖南最为表面化。湖南自 1890 年代初吴大澂任巡抚以来，即进行自强运动式的改革，1895 年陈宝箴接任巡抚，加快这种局部缓进式改革的步伐。但改革新政仍然是在地方官吏与士绅协调合作之下进行的②。1897 年康梁的改革思想运动进入湖南，梁启超携同一些康门弟子去长沙主持新成立的时务学堂，不但公开鼓吹西方的民权学说，而且时有排满的种族主义言论，对中国的君统以及清室的中央皇权作正面的攻击。他们甚至效法明治维新以前的藩镇倒幕运动，大胆主张湖南自立，摆脱清室中央的控制。从地方基层，彻底推行改革新政，以为未来改造中国的基石③。

同时梁又与湖南士绅谭嗣同、唐才常、皮鹿门等人创立南

---

① Phlilp A. Kuhn, *Rebellion and Its Enemies in Late Imperial China：Militarization and Social Structure*，1796—1864（Cambridge：Cambridge University Press，1980），pp. 181—225；Mary Backus Rankin, *Elite Activism and Political Transformation in China：Zhejiang Province*，1865—1911（Stanford：Stanford University Press，1986），pp. 1—201.

② Hao Chang，"Intellectual Change and the Reform Movement，1890—1898"，pp. 306—318.

③ Ibid.，pp. 303—309.

学会，从思想上进行动员士绅阶层，计划发展绅权以为兴民权的阶梯。他们动员地方士绅的努力很有成效。在短短一年多的时间里，在长沙以及一些其他的州县，前后成立的学会有13个之多。而南学会在鼎盛时期拥有超过1200名会员。因此，在1897与1898年之交，湖南的改革运动不但有激化的走向，而且在湖南士绅之间，也有扩散开展的趋势①。这是一个极值得注意的现象，因为湖南官绅在十九世纪几个重要的历史发展，都是以保守的立场扮演了重要的角色。太平天国运动时，湖南官绅以维护名教的立场率先组织起来，变成镇压这个运动的主力。其后在1860年以后的三十年间，他们也变成抵抗传教士深入内地散播基督教思想的中坚，如今在戊戌时代，激化的改革运动居然能在湖南士绅间引起相当的回响，可见当时思想变化之剧。但这回响也很快遭受到思想守旧与缓进的士绅的反击，形成空前的意识形态与政治斗争。这些反对改革激化的士绅，一如他们前此反对太平天国运动与基督教传教士，是站在捍卫传统政治社会秩序的立场，不但号召湖南绅民起来抗拒思想上的异端邪说，而且呼吁中央与地方政府予以镇压②。在他们强大的压力之下，改革运动很快地收场。

湖南改革运动的激化虽然为时很短，但其意义却极为重大。首先，它代表传统皇权体制的社会基础开始出现严重裂痕。这社会裂痕在戊戌时代虽然范围不广，但却是一个重要的

---

① Hao Chang，"Intellectual Change and the Reform Movement，1890—1898"，pp. 308—309.

② Ibid.，pp. 309—318. 湖南官绅攻击当时激进思想的文章收于苏舆编的《翼教丛编》，读者可参阅。

启端，在转型时代逐渐扩大，终于演成传统政治秩序在 1911 年以后全面解体的一个重要社会动因。

再者，湖南改革运动也代表一个全国性的思想对峙与政治斗争的开始。由于当时反对康梁思想的士绅不但在湖南，而且在北京以及其他地区，广泛地呼吁与游说官绅，引起朝野上下的注意。一时以张之洞为中心的一些官绅，在思想上组织起来，对康梁的改革运动进行思想围剿。1898 年春，张之洞发表著名的《劝学篇》，提出"中体西用"之说。表面上，他是为自强运动式的改革作一思想的总结与辩护，而实际上，他是认为传统政治秩序的义理基础，已因康梁的改革运动而受到威胁，他必须出来重新肯定这义理基础①。因此，张之洞在当时的立场与十九世纪中叶曾国藩的立场颇有相似之处。曾氏在太平天国运动威胁清廷存在之时，出面呼吁全国士绅为捍卫纲常名教而战。同样地，张之洞印行《劝学篇》也是为捍卫纲常名教而战。所不同的是，1895 年以后的思想与政治环境已非 40 年前曾国藩所面对的。曾当年所面对的士阶层的内部并未存有严重裂痕，因此士绅阶层可以很快地响应曾国藩的呼吁而与政府通力合作，镇压太平天国运动。而张所面临的则是一个已经开始分裂的官绅精英阶层。因此《劝学篇》出版以后，一方面固然受到许多官绅的支持，但另一方面也有同情康梁维新运动的人士出面反击，例如何启、胡礼垣就曾在香港著文驳斥张氏的《劝学篇》。可以说，一个环绕康梁的精英集团与张之洞为首的官绅集团，以湖南维新为导火线，形成一个全国性的思想

---

① 《翼教丛编》，第 312—314 页。《劝学篇》是于 1898 年春以分期连载的方式登载于《湘学报》。

对峙。这个对峙与 1895 年以前因自强运动而展开的思想论战不同，后者主要是清政府内部有关洋务政策的辩论，而前者则是攸关传统政治秩序的义理基础的论争，也是中国现代意识形态斗争的序幕。

戊戌时代，官绅统治阶层内部出现的意识形态之争，不仅导致传统皇权体制的社会基础动摇，而且反映它的文化基础也受到严重的侵蚀。一方面是西学在 1895 年以后大量的输入，加上晚清大乘佛学与"诸子学"的复苏；另一方面，儒家内部的学说之争，特别是康有为的今文学与古文学之争，已把儒家义理的基本性格与政治取向弄得暧昧不明、启人疑窦。儒家正统思想在内外双重的压力之下，已不能像 1895 年以前那样予皇权体制以有力的支持。这些发展我们不能孤立地去看，因为它们是甲午以后所发生的思想文化巨变的一部分。因此，在认识传统政治秩序解纽的同时，我们必须对甲午以后改革运动如何开启思想文化的新时代——转型时代作一简要的鸟瞰。

二、戊戌维新运动与思想转型时代的序幕

所谓转型的时代是指 1895 至 1920 年代初期，大约 30 年的时间。这是中国思想文化由传统过渡到现代、承先启后的关键时代。无论是思想知识的传播媒介或者是思想的内容，均有突破性的巨变。就这些思想巨变的各重要面向而言，戊戌维新运动都是转型时代的起始点。

首先就新的传播媒介而言，维新运动毫无疑问是一划时代的里程碑。在甲午年以前，中国已有近代报刊出现，但数量极少。据统计，1895 年以前全国报刊只有 15 家。而大多数都是

外籍传教士或商人买办的。但戊戌时代 3 年之间，据初步统计，数量跃至 64 家。同时，这些报刊的编者多半出身士绅背景，形成一种新的精英报刊，影响也较前激增①。

转型时代思想散播的另一重要制度媒介——新式学校的最初出现也是由于维新运动的刺激。在此以前，书院制度虽在晚清有复苏的趋势，但是学习课程仍以传统科目为主，西学几乎完全不见踪影②。维新运动期间，康梁不但在思想上鼓吹以"废科举，立学校"为纲领的教育改革，而且直接间接地推动新式学堂的建立，开 1900 年以后新式学校大规模设立的先河。

同时，对现代新思想传布极有贡献的学会，其出现也是以戊戌维新为分水岭。在此以前，这种知识性与政治性的自由结社至少在有清一代几乎是绝迹的，但维新运动期间，据粗略的统计，学会的出现就有 76 个之多，是为转型时代自由结社大量涌现的开端③。

转型时代的思想巨变，不仅有赖于报刊、学校、学会等制度性的传播媒介，同时也与新社群媒介——现代知识分子有很深的关系。中国现代知识分子大部分是从士绅阶级分化出来，而这分化乃始于维新时代。康梁以及他们的同路人，虽然大多数出身科举，但他们的社会角色与影响，已经不是依附科举制度与官僚体制，而是凭借上述的制度媒介。再者，他们多已离开自己的乡土社会，而流寓于沿江沿海的大都市。同时，他们

---

① Hao Chang, "Intellectual Change and the Reform Movement, 1890—1898", pp. 333—336.

② Ibid., pp. 330—331.

③ Ibid., pp. 331—332.

与现存政治秩序之间的关系是相互抵触大于相互依存。此外，他们在思想上与心理上，已因外来文化的渗透与压力，而开始徘徊挣扎于两种文化之间。因此，他们的文化认同感多少带有一些暧昧性、游移性与矛盾性。这些特征都是使他们不同于士绅阶层而接近现代知识分子的地方。

由于这些社群媒体与制度媒介的涌现，西方文化在转型时代有着空前的扩散，在其直接与间接影响之下，那时代的思想内容也有着深巨的变化。这变化大约有两方面：一方面，中国文化出现了自中古佛教传入以后所未有的取向危机；另一方面，一个新的思想论域（intellectual discourse）也在此时期内逐渐浮现。而这两方面的变化都是始于甲午以后所展开的维新运动。

（一）维新运动与文化取向危机的启端：西方文化自十九世纪中叶进入中国以来，就不断地给中国文化传统带来震荡与侵蚀。不过在 1895 年以前，这震荡与侵蚀大约限于传统文化的边缘，用晚清盛行的中体西用的说法，也就是限于"用"的层次。但是 1895 年以后，主要由于维新运动的催化，西方文化的震荡与侵蚀逐渐深入到体的层次，也即进入文化的核心，造成文化基本取向的危机。

这种取向危机首先是指道德价值取向的动摇。大约而言，传统儒家的道德价值可分两面：以礼为基础的规范伦理与以仁为基础的德性伦理。由甲午至戊戌，虽然德性伦理尚未受到直接的冲击，规范伦理则已遭受到正面的挑战。规范伦理是以三纲之说为核心。那个时代的思想领袖如康有为、梁启超、谭嗣同、严复等，都对这三纲说，特别是对其君统部分，作直接或间接批判。前面提到，这些批判以湖南改革运动的激化为导火线，演成中国现代基本意识形态论争的肇端。这场论争绵延到五四，爆发为激进的反传统主义，也就是传统儒家的规范伦理遭到全面性地思想破产。

戊戌时代，文化认同的问题也在中国教育阶层间变成一个普遍的困扰。在此以前，由于西方文化的冲击大体上限于传统文化的边缘，文化的核心思想并未受到严重的震撼，知识阶层也因之仍然可以有一个清晰的文化自我定位与认同。但1895年以后，如上所指，一些传统的基本价值规范已开始动摇，而就在同时，中国进入一个以西方政治与文化霸权为主的世界，中国人厕身其间，文化的自信与自尊难免大受损伤。中国人应该如何重新在文化上作自我定位，是一个认知与情绪双方面的需要，文化认同问题因此变得较前尖锐而敏感。当时康门弟子梁启超与徐勤以及谭嗣同，重估传统夷夏之辨的问题就是很好的例证①。一方面他们坦白承认：与西方文明相较，中国在当时是否能够在文化上免于夷狄的地位已很成问题。另一方面，面对西方文化霸权与侵略，他们也深感文化上有自我肯定的需要。因此，在保国与保种之外，他们也要强调保教的需要②。重估夷夏之辨与保教运动同时进行，充分显示那时代的知识分子在徘徊挣扎于两个文化之间所感到的困境。

转型时代，不但传统儒家的基本价值受到挑战，同时它的宇宙观也受到严重的侵蚀。这宇宙观的骨干——天人合一的观

---

① 梁启超：《春秋中国夷狄辨序》，《饮冰室文集》，第二册，台北：中华书局，1960，第48—50页。

② 梁启超：《南海康先生传》，《饮冰室文集》，第六册，第67—70页。

念是由一些基本"建构范畴"构成，如天地、阴阳、四时、五行以及理气太极等。转型时代，随着西方文化，特别是科学自然主义的流入与散布，这些范畴逐渐受到侵蚀而消解。1895 年四川官绅宋育仁已经看到这侵蚀所造成的文化危机。他在《采风录》中曾经指出西学与西教如何对于传统的建构范畴发生破坏作用，而这破坏也势必动摇儒家的基本宇宙观与价值观[①]。宋氏所指出的这种影响一旦发生，形成儒家思想核心的精神意义架构也势必随之动摇，因为这架构是由传统的宇宙观与价值观绾合而成。随着这一发展，中国人开始面临一些此前很难产生的生命与宇宙的基本意义问题。由之而形成的困惑与焦虑，就是我所谓的精神取向危机。

因此，精神取向危机也是戊戌时代开始的。当时知识分子很盛行研究大乘佛学便是一个很好例证。这一发展反映儒家思想在当时已经不能完全满足一些知识分子安身立命的需要。康有为、谭嗣同、梁启超等人的诗文，都透露他们在追求佛学时所作的精神挣扎。

就戊戌时代或者整个转型时代的知识分子而言，他们在精神取向方面所作的挣扎，与他们在价值取向以及文化认同取向方面所展现的焦虑与困惑，常常是混而不分的。只有把这三方作综合的分析，才能看到当时文化取向危机的全貌。

（二）戊戌维新与新的思想论域：根据上面的分析，转型时代，中国进入空前的政治秩序危机与文化取向危机。面对这双重危机，当时知识阶层的思想回应自然是极为纷繁。在这些

[①]　宋育仁：《采风录》（质学丛书初集，武昌，1897），《记三》，第 819 页；《记四》，第 34—35 页。

纷繁的思想演变中，逐渐浮现一个共同的论域（discourse），它的一些基本特征在戊戌时代已经隐约可见。

首先是一种受传统与西学两方面影响的世界观。就传统的影响而言，它主要是来自儒家的经世思想，不但展现高度的积极入世精神，而且有一强烈的政治倾向[1]。就西方思想的影响而言，它主要来自西方近代文化自十七世纪以来所含有的极端的人本意识（radical anthropocentrism）[2]与历史演进观念。这中西两种影响化合为一种世界观，我们称之为历史的理想主义。这份世界观在当时常常凝聚为一个有着三段结构的时代感：一方面是对现状有着强烈不满的疏离感，另一方面是对未来有着非常乐观的前瞻意识，而连接二者的，则是对由现状通向未来的途径的强烈关怀。这种时代感在维新运动的中坚人物的思想里与几份主要报刊里已清晰地展露。

随着这份历史理想主义的世界观而来的几个观念，对转型时代也有重要的影响。其中最显著的是群体意识。它的核心思想就是康有为在戊戌时代提出的一个观念："治天下以群为体，以变为用[3]。"从那个时代开始，相对于不同的人或不同的时间，这个观念的内容可以有所不同。"群"可以指国家，或民族，或种族，或阶级，或理想的大同社会；"变"可以指历史

① Chang Hao, "The Intellectual Heritage of the Confucian Ideal of Ching-shih", in *Confucian Traditions in East Asian Modernity*, ed. Tu Wei-ming（Cambridge, Mass.：Harvard University Press, 1996）, pp. 72—91.

② Charles Taylor, "Socialism And Weltanshauung", in *The Socialist Idea：a Reappraisal*, ed. Leszek Kolakowski and Stuart Hampshire（London：Weidenfeld and Nicolson, 1974）, pp. 49—50.

③ 梁启超：《说群序》，《饮冰室文集》，第二册，第 317 页。

演进观，也可以代表传统儒家视宇宙为一生生不已的过程。但这整个观念所表现的一种思想模式与关怀，则是贯串整个转型时代乃至整个现代思想的一个基本线索。

其次是新的个人自觉观念，后者是从传统儒家思想承袭了人为万物之灵的"人极意识"，而抛弃了传统人极意识后面的超越的天道观念，同时它也吸收了西方近代文明中的"浮普精神"（Faustian-Prometheanism）。所谓"浮普精神"是特指西方近代文明所展现的戡世精神，认为人已取代神为宇宙万物之主，因此相信人性无限，人力无边，人定胜天，人应该宰制万物、征服宇宙①。总之，这种"浮普精神"很容易与中国传统的人本主义凑泊，化为现代思想中的人极意识。而它的最初出现就是在戊戌时代。当时谭嗣同与梁启超思想中所透露的志士精神与戡世精神，就是以不同的形式反映这份现代的人极意识，而形成个人自觉的核心思想②。

除了群体意识与个人自觉意识之外，尚有一个也是随着历史的理想主义世界观而出现的思想趋势，它是植基于上文提到的时代感。后者一方面投射强烈的前瞻意识，另一方面反映对现实的疏离与不满，使得这份时代感很自然地集中在如何由现实走向未来这个途径的问题上。转型时代发生的改革与革命论

①　Benjamin Schwartz, *In Search of Wealth and Power*, *Yen Fu and the West* (Cambridge, Mass.: Harvard University Press, 1964), pp. 238—239.

②　张灏：《烈士精神与批判意识——谭嗣同思想的分析》，台北：联经出版社事业公司，1988，第 112—114 页；Hao Chang, *Liang Chichao and Intellectual Transition in China*, *1890—1907* (Cambridge, Mass.: Harvard University Press, 1971), pp. 88—90, 168—189.

争，就是以这途径问题为出发点。随着革命的声浪日高与革命的观念逐渐深化与扩大，一种激化的现象于焉出现。

这激化的趋势也可以溯源于戊戌时代。上文曾论及湖南改革运动中出现的激化现象，根据当时康梁派的同路人狄楚青的报道，梁启超与其他康门子弟如叶觉迈、欧榘甲、韩文举等，在赴湖南参加新政改革前，曾协议准备走激进路线，甚至考虑采取革命立场[①]。同时值得注意的是，谭嗣同在回湖南投身改革运动以前所写成的《仁学》，不但有排满反清的主张，而且是以冲决网罗这个观念为基调。这基调极富感性涵意，而此涵意与日后激化趋势中的革命观念极为合拍。因此我们可以说，谭的思想中有强烈的革命倾向也不为过。无怪乎，转型时代革命派的一些激进分子如邹容、陈天华、吴樾，乃至五四时代的李大钊，都奉谭嗣同为人格典型。这些都显示，戊戌时代的改革运动已隐含一些激化的趋势。

上面我大约地说明了戊戌时代开始出现的历史理想主义以及随之而来的群体意识、个人自觉与激化趋势。以这些观念与思想趋势为基础，在当时展开了一个新的思想论域。这当然不是那时代唯一的思想论域，但却是当时影响日增，而且对后来二十世纪思潮的发展有决定性影响的论域。

总之，不论就这新的思想论域，或者文化取向危机，或者思想的制度媒介与社群媒介而言，戊戌维新运动都是中国近现代思想文化史上的一个划时代的开端。同时如第一节所分析，它也是近现代政治史上划时代的里程碑。尤其值得我们反思的

---

① 丁文江：《梁任公先生年谱长编初稿》，卷一，台北：世界书局，1959，第44页。

是，它所开启的政治秩序危机与文化取向危机，仍是当前中国面临的双重危机。从这个角度去看，百年前维新运动距离我们似乎很遥远，但却又不是那样遥远。就现代中国的政治与文化困境而言，中国仍未完全脱离戊戌维新所引进的危机时代。

重访五四：论五四思想的两歧性

从 1980 年代以来，随着海峡两岸政治形势的丕变与"文化反思"的展开，"五四"又变成众所瞩目、议论纷纭的中心课题。可喜的是，这番讨论已经逐渐走出一些如"反封建"、"反帝"等政治套语的牢笼。可惜这些讨论仍然时常陷入时下几个熟悉观念的窠臼——如民主、科学、民族主义与反传统主义等。在大家的心目中，这几个观念似乎代表"五四"的核心思想。因此，它们构成了五四的基本形象。但是这形象是否可以全面涵盖五四思想？形象是否就是实质？不错，五四思想在某一层次上，是环绕这几个观念而展开的。问题是，这几个观念都是意义相当抽象而浮泛的。究竟"五四"时代的知识分子如何了解它们？更重要的是，"五四"是由几个思想内容不尽相同的运动所组成：1915 年由陈独秀创办的《新青年》（原名《青年》，1916 年改称《新青年》）所发起的思想文化改造运动、1917 年由胡适与陈独秀所倡导的新文学运动，以及 1919 年 5 月 4 日由学生示威游行所引发的民族主义运动。就此而论，"五四"毫无疑问是一个多层多面的运动，有其复杂性。因此，今天要再认识五四，我们不能停滞在代表五四形象的几个观念。我们必须正视其复杂性，透过多种层面去探讨其实质。

我认为要认识五四思想实质的复杂性，至少应从两方面开始：第一是五四思想中的两歧性；第二是五四和传统思想的错综关系。关于后者，近年来学者已迭有论述，本文则主要针对五四思想的两歧性略作分析。

　　什么是五四思想的两歧性？几年前我在一篇讨论五四新文化运动的文章里曾有这样一段话："就思想而言，五四实在是一个矛盾的时代。表面上它是一个强调科学、推崇理性的时代，而实际上它却是一个热血沸腾、情绪激荡的时代；表面上五四是以西方启蒙运动理性主义为楷模，而骨子里它却带有强烈的浪漫主义色彩。一方面，五四知识分子诅咒宗教，反对偶像；另一方面，他们却极需偶像和信念来满足他们内心的饥渴。一方面他们主张面对现实，'研究问题'；同时他们又急于找到一种主义，可以给他们一个简单而'一网打尽'的答案，以逃避时代问题的复杂性。"

　　这段话指出五四思想中一些对立发展的趋势，就是我所谓的两歧性。

一、理性主义与浪漫主义

　　"五四"受了西方近代启蒙运动极大的影响，因此，它的思想中一个很重要成分，就是以启蒙运动为源头的理性主义。但不可忽略的是，五四思想也含有很强烈的浪漫主义。理性主义是强调理性的重要，浪漫主义却是讴歌情感的激越。五四思想的一大特征就在于这两种趋向相反的思想，同时并存而互相纠缠、互相激荡，造成当时思想风云中最诡谲歧异的一面。

　　五四的理性主义是最显而易见的。因为五四自始至终强调发扬科学是新文化运动的一个基本目的，而科学方法就是表现人类理性的唯一方式。胡适阐扬杜威的实用主义哲学与赫胥黎（Thomas Huxley）的进化论思想；陈独秀所推崇的欧洲十九世纪的实证论及功利主义，以及《新潮杂志》上所介绍的新实证论，都反映了这理性主义的趋向。

五四所谓的科学方法当然主要是指自然科学的一套方法。在欧洲启蒙运动的影响之下，五四认为这套方法不但可以用来了解社会人文现象，而且可用以建立一个理性的人生与社会。但比较起来，五四对科学理性的信心犹超过启蒙运动，因为西方启蒙运动思想里面尚有对科学理性主义一些批判性的认识。康德（Immanuel Kant）和休谟（David Hume）所代表的理性主义，都承认科学理性无从替人类的价值建立一个理性的标准。借用韦伯（Max Weber）的名词，欧洲启蒙运动多多少少认识科学只能建立功效理性，而非价值理性，但五四则缺少这份批判的认识，相信科学既可建立功效理性，又可建立价值理性。它既是人类客观知识的保证，又是价值观和人生观的绝对标准。

不但如此，五四的理性主义承袭着启蒙运动以来的趋势，对于人类的前途，抱持高度的乐观，认为随着理性的进展，人类可以建立一个完美的社会。但值得注意的是，五四的这种乌托邦精神，并不完全来自它的理性主义，其另一个重要的来源是它的浪漫主义。

在五四的思想里，浪漫主义的比重不下于理性主义。五四的知识分子，面对着时代的动乱、民族的危亡和传统的失落，很容易变得情感激越、心潮汹涌，造成浪漫主义孳生的温床。五四新文学运动在当时应运而生，自然挟有强烈的浪漫精神。

现代学者从周作人、梁实秋，到李欧梵，对五四思想的这一面都曾有所剖析。

就思想的渊源而论，五四的浪漫主义主要是受欧洲十九世纪文学的冲击，徐志摩对欧洲文学的浪漫主义曾如此刻画：

> "自我解放"与"自我意识"实现它们正式的诞生，从《忏悔录》到法国革命，从法国革命到浪漫运动，从浪漫运动到尼采（与陀斯妥也夫斯基），从尼采到哈代——在一百七十年间，我们看到人类冲动性的情感，脱离了理性的挟制，火焰地迸窜着，在这火焰里激射出种种的运动和主义。

根据李欧梵和梁实秋的解释，欧洲近代的这份浪漫主义精神，可以希腊神话中两个神幻为代表：戴阿尼斯（Dionysus）和普罗米修斯（Prometheus）。前者是指人的狂热的肉体或精神爱，它象征着浪漫主义所强调的激情和热爱。就中国近代思想的发展而言，浪漫主义的情怀，并不始自五四时代，而是始自近代转型时代（1895—1925）的初期。那时的知识分子领袖如谭嗣同和梁启超，他们的文字思想都常常闪烁着炽热之情感。尤其谭嗣同所代表的烈士精神就是这炽热之爱的体现。五四沿袭这份浪漫情怀而加以光大，造成一个情感奔放、热血沸腾的狂飙时代。陈独秀拒斥基督教的神学和制度，而礼赞耶稣基督的十字架精神，李大钊歌颂青春、欢呼革命，都是激情和热爱的表现。但是作为五四浪漫精神的象征，"戴阿尼斯"是远不如"普罗米修斯"来得重要，后者是人的创造力的象征，它意味着人的奋斗进取精神。此处我们最好再借用德国思想家斯宾格勒（Oswald Spengler）对西方近代精神的刻画，把普罗米修斯加上欧洲近代的浮士德精神（Faustus），更能突出浪漫主义的意义，因为浪漫主义不仅代表人力的奋斗、进取和抗拒精神，而且认为这种精神的发挥是一无限的过程，一种无止境的追求。总之，浪漫主义精神不能缺少这无限感（sense of the infinite）。

这种无限奋进的精神，在近代转型期的开端已经出现，梁启超在1901年就是本此精神，写下"世界无穷愿无尽，海天寥廓立多时"的豪语，而他同年所写的《志未酬》一诗也最可代表这份精神：

> 志未酬，志未酬，问君之志几时酬？志亦无尽量，酬亦无尽时。世界进步靡有止期，我之希望亦靡有止期，众生苦恼不断如乱丝，我之悲悯亦不断如乱丝，登高山复有高山，出瀛海更有瀛海，任龙腾虎跃以度此百年兮，所成就其能几许？虽成少许，不敢自轻，不有少许兮，多许奚自生？但望前途之宏廓而寥远兮，其孰能无感于余情？吁嗟乎男儿志兮天下事，但有进兮不有止，言志已酬便无志。

到了五四时期，这种浪漫精神更形充沛，激荡在时代的空气里。陈独秀在《新青年》上强调"自觉之奋斗"和"抵抗力"之重要，以及他与胡适之讴歌西方近代文明，都含有他们对浪漫精神这一面的赞颂。例如胡适就曾引用英国诗人邓内孙（Alfred Tennyson）的诗句，传达出五四浪漫的豪情：

然而人的阅历就像一座穹门，

从那里露出那不曾走过的世界，

越走越远，永远望不到他的尽头。

……

朋友们，来吧！

去寻一个更新的世界是不会太晚的。

……

用掉的精力固然不会回来了，剩下的还不少呢。

现在虽然不是从前那样掀天动地的身手了，

然而我们毕竟还是我们，——

光阴与命运颓唐了几分壮志！

终止不住那不老的雄心，

去努力，去探寻，去发现，

永不退让，不屈服。

1916 年，李大钊在《新青年》上发表《青春》一文，也是颂扬这无限奋进的精神。他认为"今后人类之问题，民族之问题，非苟生残存之问题，乃复活更生，回春再造之问题也"。什么叫"复活更生，回春再造"？一言以蔽之，就是要实现他所谓的"无尽之青春"，他说：

青年之自觉，在冲决过去历史之网罗，破坏陈腐学说之囹圄，勿令僵尸枯骨，束缚现在活泼泼地之我，进而纵现在青春之我，扑杀过去青春之我，促今日青春之我，禅让明日青春之我……青年循蹈乎此，本其理性，加以努力，进前而勿顾后，背黑暗而向光明，为世界进文明，为人类造幸福，以青春之我，创造青春之家庭、青春之国家、青春之民族、青春之人类、青春之地球、青春之宇宙……乘风破浪，迢迢乎远矣。

值得注意的是，李大钊在这段激动的文字里，提到"本其理性，加以努力"。但此处所谓的理性，已不是单纯的理性。理性的后面是炽热的情感，也可以说：理性主义已为浪漫主义所融摄，转成一种对理性的宗教信念。这是一种吊诡性的思想发展。前面提到，理性主义本身已有造成高度乐观的倾向。加上浪漫主义的浸灌，乐观精神更形高张。其结果，五四变成一个乌托邦思想弥漫的时代。

在李大钊的《青春》里面，从传统的"天人合一"思想出发，再吸收了西方理想主义对精神力量的无限肯定，他相信，个人凭着无限的意志力，不但自己可以进入"无尽的青春"，而且整个民族、世界、宇宙都可进入无尽的青春。是以这种理想主义精神与乌托邦的心态，李大钊迎接了苏俄的十月革命。他相信这场大革命使人类进入一个"新纪元"，使人类"复活更生"。

徐志摩是五四新文学运动的健将，他的政治立场和李大钊很有不同。但是他在五四后期写的《青年运动》一文，却和李大钊旗鼓相应。他说：

在葡萄丛中高歌欢舞的一种 Dionysian madness，已经在时间的灰烬里埋着，真生命活泼的血液的循环已经被文明的毒质瘀住……所以我们要求的是"彻底的来过"；我们要为我们新的洁净的灵魂造一个新的躯体，要为我们新的洁净躯体造一个新的洁净的灵魂，我们也要为这新的洁净的灵魂与肉体造一个新的洁净的生活——我们要求一个完全的再生。

由《新青年》的"回春再造"，到徐志摩此处所谓的"完全的再生"，是五四浪漫精神和乌托邦思想的自然发展。

郭沫若在五四时代尚未完全皈依共产主义，是一个十足的浪漫主义文学家，1921年他发表了当时传诵一时的新诗集《女神》，把五四由浪漫精神转化成为的乌托邦思想发挥无遗；他在这本诗集里唱出一个生命奋进的宇宙观、热情奔放的人生观，而归结到一个乌托邦主义的信念：旧的污浊的世界就要毁灭，在这毁灭的灰烬上，一个新的光辉而温暖的世界就要涌现。这就是他的长诗《凤凰涅槃》的主旨。小说家巴金成长于五四岁月，后来回忆他们的青少年时代，读了《新青年》这些杂志，如痴如狂，好像生活在他所谓的"梦的世界"。

很显然的，"梦的世界"是一个信仰的世界。但是五四在理性主义的震荡之下，也是一个怀疑精神伸展的时代，这又造成五四思想两歧性的另一面。

二、怀疑精神与"新宗教"

在五四时代，怀疑精神是与理性主义结伴而来的。蒋梦麟形容五四当时"问题符号满天飞"，便是指这怀疑精神的散布。五四两员主将，胡适与陈独秀都是提倡怀疑精神最力的人。胡适自称影响他一生思想最大的两位思想家：一位是杜威；另一位就是欧洲十九世纪，以科学理性为基础，发扬怀疑精神的赫胥黎。根据这种怀疑精神，他提出"评判的态度"，而认为这就是五四新文化运动的基本精神，1919 年冬天，五四运动正值高潮，他特别发表《新思潮》一文，来强调这"评判的态度"。他说：

> 仔细说来，评判的态度含有几种特别的要求：
>
> （一）对于习俗相传下来的制度风俗，要问："这种制度现在还有存在的价值吗？"
>
> （二）对于古代遗传下来的圣贤教训，要问："这句话在今日还是不错吗？"
>
> （三）对于社会上糊涂公认的行为与信仰，都要问："大家公认的，就不会错了吗？人家这样做，我也该这样做吗？难道没有别样做法比这个更好、更有理、更有益的吗？"
>
> 尼采说，现今时代是一个"重新估定一切价值"（transvaluation of all values）的时代，"重新评估一切价值"八个字便是评判的态度的最好解释。

是这种"评判的态度"促使他整理国故，针砭传统思想，攻击各种宗教迷信；促使他劝当时人不要一窝蜂似地空谈各种主义，而应该研究具体的问题；促使他要求一般人在日常生活时，要问为什么，避免盲从。这个"评判的态度"，经胡适的宣扬，在当时造成很大的影响。

陈独秀在这方面的影响，不下于胡适，《新青年》创办的初期，正值当时为孔教是否应由宪法规定为国教而展开了争辩，他曾写了好几篇文章极力抨击宗教。他的理论根据，就是十九世纪法国思想家孔德（Auguste Comte）的实论证。他说："孔德分人类进化为三时代，第一曰：宗教迷信时代，第二曰：玄学幻想时代，第三曰：科学实证时代。"孔德这种观点，他完全接受。因此，他认为在现代的世界，一切宗教迷信和玄学幻想，都是偶像崇拜，应该清除。他在《偶像破坏论》一文中曾有这样的话：

> 天地间鬼神的存在，倘不能确实证明，一切宗教都是一种骗人的偶像；阿弥陀佛是骗人的；耶和华上帝也是骗人的；玉皇大帝也是骗人的；一切宗教家所尊重的、所崇拜的神佛仙鬼，都是无用骗人的偶像，都应该破坏！

照陈独秀看来，不但这种"神佛仙鬼"的迷信应该打破，就是"世界上男子所受的一切勋位荣典，和我们中国女子的节孝牌坊，也算是一种偶像"。甚至他认为"国家"这个观念也是一种"骗人的偶像"，也需要破坏。

但是陈独秀和胡适一样，并非一个彻底的怀疑论者，更不是一个虚无论者。他在《偶像破坏论》的末尾，说道："此等虚伪的偶像，倘不破坏，宇宙间实在的真理和吾人心坎儿里彻底的信仰永远不能合一。"可见他主张打破虚伪的偶像，主要是因为不如此，则他无法找到"心坎儿里彻底的信仰"，无法去发现"宇宙间实在的真理"，换言之，他要求偶像破坏是为了追求他所谓的"真实的、合理的"信仰。

明乎此，我们可以了解为什么五四是一个怀疑的时代，也是一个信仰的时代；为什么郭沫若在他的诗集《女神》中说他既是一个偶像破坏者，又是一个偶像崇拜者。

五四的理性主义与怀疑精神是众所周知的事实，也是不难了解的现象。但是五四之为一个信仰的时代，却是一个大家忽略的事实，也是一个比较费解的现象，需要我们对五四所处的"转型时代"的危机意识作一些基本的分析。

　　所谓转型时代是指甲午至五四（1895—1920）大约 25 年的时间。在这一段时间里，两种思想危机开始涌现。一方面是民族救亡的危机意识。从甲午到五四，中国的政治秩序由一个大一统的帝国瓦解为军阀的割据，国家名存而实亡。同时，外来的侵略在这 25 年间，也进入空前剧烈的阶段；由以往间歇性的列强侵略变成连续性的侵略。中国被瓜分成殖民地的危险，迫在眉睫。这内外交织的民族危机，变成知识分子迫切的关怀，他们亟需一套思想和信仰来作为共识和共信的基础，以认识方向，团结意志。

　　除了这种由民族危亡所造成的政治危机意识，我们尚需认识中国知识分子在转型时期所经历的另一种危机感。这种危机感是来自当时的"取向危机"。所谓"取向危机"是由三种危机意识所凝聚成的。最重要的危机意识乃导源于儒家传统核心思想的解纽。此处的核心思想是指儒家价值观的基本结构和以天人合一为本位的宇宙观的思想组合。尽管在这核心结构解体之后，儒家的个别价值，如仁、义、礼、智和忠、孝、节、义，仍然有意无意地对行为有其影响力和控制性。但是由这些个别价值组成的基本价值模式如修身、经世、三纲等，则已受到严重的侵蚀而逐渐失去其威信与效用。这种思想解纽所产生的最直接后果是基本价值取向的动摇，间接的后果是文化认同取向和终极意义取向的失落。要领会这两种取向失落的严重性，我们必须记住：中国传统文化与任何其他的文化一样，自己构成一个"精神的意义世界"（universe of meaning）。在这意义世界里面，儒家的基本价值观和宇宙观，一方面供给我们日常行为和判断的道德准绳，同时也构成一组指标系统，不但替我们相对于世界其他国家和社群的文化作自我定位，而且也使我们对宇宙和人生有一全面的解释，从而在这架构内，认识生命的方向和意义。因此，当支撑这"意义世界"的基本价值观和宇宙观解纽时，文化认同取向和终极意义取向也会因此错乱而失效，造成精神上的空虚失落与情绪上的彷徨无主。

上面我简要地说明了"取向危机"的形成及其意义。这个"取向危机"是在转型时期逐渐显现，至五四而达于高峰。因此，五四的知识分子，是面对着双重的危机：一方面是政治秩序的危机；另一方面是"取向秩序"的危机。在这双重危机的压力之下，他们急切地追求新的价值观和宇宙观，一言以蔽之，即新的信仰。

就信仰的追求而论，五四的思想可以说是形形色色，纷然杂陈，从无政府主义、基尔特社会主义、托尔斯泰的理想主义、马克思社会主义到自由主义；这些信仰内容虽然庞杂，却有两个共同的倾向，一个就是前面提到的乌托邦主义，另一个无以名之，姑名之曰：人本主义的"新宗教"。

关于这种"新宗教"，周作人在当时就看出五四思想有这方面的倾向。1920 年，他给少年中国学会讲演"新文学的要求"，结尾处有这样几句话："这新时代的文学家，是偶像破坏者，但他还有他的新宗教——人道主义的理想是他的信仰，人类的意志便是他的神。"

五四的人道主义来源很驳杂，从欧洲文艺复兴以来的人文主义到巴枯宁、克鲁泡特金等人的无政府主义，乃至基督教和传统儒家的道德理想主义都有影响。重要的是，周作人认为五四的人道主义是一种宗教信仰，称之为"新宗教"。他这个体认和观察，衡之五四当时几位主将的思想成分，是相当有洞见的。

首先，就周作人本人而论，他和他哥哥鲁迅在当时都很受日本无政府主义思想家武者小路实笃的思想影响，他特别醉心于后者的乌托邦式的"新村主义"。他在晚年所写的回忆录《知堂回想录》里面，就曾说新村主义是一种宗教性的信仰："这'新村'的理想里面，确实包含着宗教的分子，不过所信奉的不是任何一派的上帝，而是所谓人类，反正是空虚的一个概念，与神也相差无几了。"

胡适是一个人道主义者，也是一个服膺杜威实验主义哲学的学者，但他的人道主义信仰却不是来自实验主义，因为后者只是教他如何思想和解决问题的一套方法，本身不含有，也无法贞定任何一组特定的价值信仰。他的人道主义主要还是来自东西的人文传统，其最突出的部分，当然是受西方近代人文主义影响极深的个人主义。但胡适的个人主义却是以强烈的社会意识为前提，而这社会意识却是与中国古老传统中的一种人文宗教有极深的关系。

这种人文宗教，按照胡适的解释，是建筑在一个很独特的"不朽"观念上。此所谓不朽，不是指灵魂不朽，而是指"社会不朽"，或者"大我不朽"。这种不朽论，是根据中国古老传统里的"三不朽"的观念，所谓"三不朽"是指立德、立功、立言。人死之后，他的灵魂或"神"也随之俱灭，但是"个人的一切功德罪恶，一切言词行事，无论大小好坏，一一都留下一些影响，在那个'大我'之中，一一都与这永远不朽的'大我'一同永垂不朽"。

胡适认为中国传统的祖先崇拜，和"默示"的宗教、神权的宗教、崇拜偶像的宗教一样，都是"神道设教，见神见鬼"的宗教，在现代已无法发生效力，不能制裁人的行为，所以他提出"大我的不朽"的观念作为他自己的宗教信仰，他说："'我这个现在的小我'，对于那永远不朽的'大我'的无穷过去，须负重大的责任；对于那永远不朽的'大我'的无穷未来，也须负重大的责任。我需要时时想着，我应该如何努力利用现在的'小我'，方才可以不辜负了那'大我'的无穷过去，方才可以不遗害那'大我'的无穷未来?"

很显然的，胡适的个人主义是他人道主义的一部分，而他的人道主义含有很浓厚的人文宗教意识。

陈独秀在他变成马克思信徒以前，也是一个人道主义者，而他的人道主义也是带有很强的宗教性。他也谈"新宗教"。他在五四时期对基督教前后态度的改变很能反映出这种宗教性。

前面提到他在 1918 年夏天发表的《偶像破坏论》已表示反对基督教，其实他早在 1917 年的夏天即在《新青年》上分两期发表长文《科学与基督教》，猛烈抨击基督教，认为后者阻碍科学发展，是人类文明进步的障碍，但是他的态度很快就变了。在 1920 年 2 月出版的《新青年》上面，他发表了《基督教与中国人》一文。在这篇文章里，他一反以前对基督教的蔑视态度而肯定了基督教。他肯定的理由，不是基督教的神学，更不是其仪式，而是因为基督教是他所谓的"爱的宗教"，因为"基督教底根本教义只是信与爱，其他都是枝叶"。这"爱的宗教"充分表现于"耶稣崇高的、伟大的人格和挚烈深厚的情感"。他强调这种人格和情感代表三种精神："崇高的牺牲精神"、"伟大的宽恕精神"、"平等的博爱精神"。

重要的是，陈独秀在当时不仅对基督教改变态度，而且对整个宗教有一番重估，他重估的理由是：人的生命，在"知识的理性"之外，还有"本能上的感情行动"。他说："知识和本能倘不相并发达，人不能算人间性完全发达。"发展理性，当然要靠科学，可是要净化和美化感情，则宗教的重要性极大。

因此，在五四的后期，曾经有一段时间，陈独秀已不视宗教为迷信和偶像崇拜。对于他而言，宗教反映人的生命中所不可少的"超物质的冲动"。可是，照他看来，这种冲动有两种表现方式：一种东方伦理式的；另一种是基督教所代表的，着重"美的宗教的纯情感"。换言之，东方的宗教是偏重外在的、形式的情感表现，而基督教则是偏重于内在的、"纯情感"的表现。他认为中国所需要的就是这种以内在精神情感为本位的"爱的宗教"，才能"将我们从堕落在冷酷、黑暗、污浊坑中救起"。

陈独秀这些肯定宗教的主张都发表在 1920 年的春夏以前，也就是说，在陈独秀接受马列思想以前，他的思想曾经有很强烈的宗教倾向。这些宗教倾向，并不仅是因为他根据社会功能的需要而认识宗教的重要性，而且也是发自他内心的宗教情感。1919 年，他因五四运动牵连入狱，出狱时写了一首长诗《答半农的 D 诗》，很能表现他这份宗教情感。

这首诗的一大半是抒写他如何憧憬一个以爱和关切为基础、没有权威等别，也没有阶级和种族畛域的大同社会。末了，在强调人与人之间是多么需要互相照顾和支持之后，他这样结束他的长诗：

倘若没有他们（其他人的照顾和支持）我要受何等苦况！

为了感谢他们的恩情，我的会哭会笑底心情，更觉得暗地里滋长。

什么是神？他有这股力量？

有人说：神底恩情、力量更大，他能赐你光明！

当真！当真！

天上没了星星！

风号，雨淋，

黑暗包着世界，何等凄清！

为了光明，去求真神，

见了光明，心更不宁，

辞别真神，回到故处，

爱我的，我爱的姊妹弟兄们，还在背着太阳那黑的方面受苦。

他们不能与我同来，我们便到那里和他们同住。

这里所表现的显然是一种宗教的情怀。这世界是有神的，神可以为我们带来光明，但爱更重要，为了爱，他情愿舍弃光明，"辞别真神，回到故处"，去世界上的兄弟姐妹在背着阳光的黑暗处一起受苦。这是耶稣基督的博爱精神，大乘佛教的菩萨精神，也就是他们所谓的"爱的宗教"。

陈独秀这种"爱的宗教"很容易使人联想到孔德的"人道的宗教"（Religion of Humanity）。前面提到，孔德的实证主义曾对陈独秀的思想产生过很大的影响。他和陈独秀一样相信科学是人类进步的基本原动力。可是科学日昌、文明日进的人类社会里，人的情感并不因此减退，仍有其不可或缺的重要性。照他看来，为了净化与凝合人类的情感，宗教有其必要的功能。因此，孔德认为人类虽然进化到历史最后的"实证思想时代"（Positive Age），虽然已超越神学和形而上学思想的牢笼，但是人的宗教性，因为植基于人类的情感，无法超越。可是，表达宗教情感的方式，却不能像从前那样迷信神、崇拜偶像，而只能崇拜人类的爱的理想，或者崇拜孔德所谓的"利他主义"（altruism），这就是他所谓的"人道主义宗教"。

陈独秀的"爱的宗教"，在精神上很类似孔德的"人道宗教"，这种信仰在西方近代思潮里颇具影响力。因此，它在五四思想里出现，是很可理解的。但是"人道主义"宗教，在五四时代，尚以其他的形式出现。例如托尔斯泰（Leo Tolstoy）和泰戈尔（Tagore）的思想，在五四时期，也曾风靡一时，他们的思想和孔德虽有显著的不同，但是他们各以独特的方式，表现人道主义的信仰。托尔斯泰的人道主义，是渊源于基督教《新约》的福音思想。他认为只有耶稣基督所代表的无私的爱，才能拯救人生、改造社会。泰戈尔的思想植基于古印度教的泛神论，他吸收了《奥义书》（Upanishads）和《神赞》（Bhaga-vad gita）里面人神一体、人我交融的哲学，用诗的语言，对生命加以肯定和礼赞。两人的思想，虽各有渊源，但都代表一种"爱的宗教"。

宗白华在五四后期曾任新文学重镇《上海时事新报》副刊"学灯"的编辑，在五四文坛上也曾相当活跃。他当时受了泰戈尔的影响，写了一首叫《信仰》的小诗，很能传达五四的人道主义信仰的另一面：

> 红日出生时
> 我心中开了信仰之花：
> 我信仰太阳
> 如我的父！
> 我信仰月亮
> 如我的母！
> 我信仰众星
> 如我的兄弟！
> 我信仰万花
> 如我的姊妹！
> 我信仰流云
> 如我的友！
> 我信仰音乐
> 如我的爱！
> 我信仰
> 一切都是神
> 我信仰
> 我也是神！

　　最后这一句"我信仰我也是神"是表达古婆罗门教泛神论的观念：每一个人的灵魂深处都有一精神的真我，这精神的真我就是神的寄生。但是在五四当时的思想气氛之中，这种含有超越意识的精神思想，却往往被理解为对"自然人"的光耀和神化。诚如周作人所说，"人的意志就是"代表五四"新宗教"的另一重要特征。

我在前面讨论五四的浪漫主义时，已提到五四有"普罗米修斯"和"浮士德"的精神，强调人有无限向上奋进和追求的意志。就这一点而言，五四的浪漫精神不仅不与理性主义相抵触，反而相辅相成。许多西方现代史家都曾指出：西方启蒙运动，鉴于近世科学的辉煌成就，对人类的理性产生无限的自信，因此相信人的理性可以无尽的发挥，人定可以胜天，世界可以彻底改造。西方思想家卡尔·贝克（Carl Becker），即曾指出，西方十八世纪的理性主义，表面上是反中世纪对天国的信仰，但骨子里仍然承袭这一信仰而加以"人间化"，产生"人间天国"的自信。贝克之论，容有夸大偏颇之处，招致晚近史家甚多之抨击。但不可否认，自启蒙运动以来，因科学理性所产生的乐观精神，弥漫西方近世思想，特别是杜尔戈（Turgot）、孔多塞（Condorcet）、圣西门（Saint-Simon）下至孔德这一思想传承，视科技理性为历史进步的原动力，终至造成科学主义，其突出人的自信与乐观，与浪漫主义时有异曲同工之效，影响五四思想至深且巨。

总之，五四在西方启蒙运动和浪漫主义的双重影响之下，对迷信神力和神权的传统文化，产生反动，因而强调回归人的自主性。但是这种"人化"的趋势走到极端，往往不自觉地流为人的神化的倾向。前面提到胡适在五四以后曾写过一篇文章叫《我们对于西洋近代文化的态度》，很能表现五四以来，新文化运动中"人的神化"的精神趋向。

在这篇文章里，胡适首先指出西方文明不只是物质文明发达，而且精神文明也发达。更重要的是，西方近代的精神文明也有他所谓的"新宗教"。他说："这个新宗教的第一特色是他的理智化。近世文明仗着科学的武器，开辟了许多新世界，发现了无数新真理，征服了自然界的无数势力，叫电气赶车，叫‘以太’送信，真个作出种种动地掀天的大事业来。人类的能力的发展使他渐渐增加对于自己的信仰心，渐渐把向来信天安命的心理变成信任人类自己的心理。所以这个新宗教的第二特色是他的人化。”

他又说：

从前人类受自然的支配……现代的人便不同了。人的智力征服了自然界的无数质力，上可以飞行无碍，下可以潜到海底，远可以窥算星辰，近可以观察极微。这两只手一个大脑的动物——人——已成了世界的主人翁，他不能不尊重自己了。一个少年的革命诗人曾这样的歌唱：

我独自奋斗，胜败我独自承当。

我用不着谁来放我自由

我用不着什么耶稣基督

妄想他能替我赎罪替我死。

这是现代人化的宗教，信任天不如信任人，靠上帝不如靠自己。我们现在不妄想什么天堂天国了，我们要在这个世界上建造“人的乐园”，我们不妄想做不死的神仙了，我们要在这个世界上做个活泼健全的人。我们不要妄想什么四禅定六神通了，我们要在这个世界上做个有聪明智慧，可以戡天缩地的人，我们也许不轻易信仰上帝的万能了，我们却信仰科学的方法是万能的，人的将来是不可限量的……这是近世宗教的人化。

最后，胡适对西方近世文明曾作了这样的总结："他在宗教道德的方面，推翻了迷信的宗教，建立合理的信仰；打倒了神权，建立人化的宗教；抛弃了那不可知的天堂净土，努力建立'人的乐国'、'人的天堂'。"

胡适是崇拜西方近代文明的，他对西方文化这一番阐释，不啻是反映了他个人的向往，同时也反映了五四思想的企向。很显然的，他所描述的"宗教的人化"，已有变成"人的神化"的趋势。这种趋势，就五四以后思想上的发展而论，是有其危险性的。

这种人的"神化"，当然是五四人本主义宗教的极端化。因为一般人常常忽略这极端化的危险性，故特别在此指出。不可忘记的是，同样的五四人本主义也产生了蒋梦麟所看到的"问题符号满天飞"以及胡适所谓的"评判态度"和怀疑精神，五四的吊诡就在此！

三、个人主义与群体意识

前面指出，五四是"转型时代"思想变化的高潮，转型时代一开始就有一个特征，那就是个人主义与群体意识相伴而来的双重倾向。"转型时代"的初期，康有为提出"破除九界"的要求，谭嗣同喊出"冲决网罗"的口号。他们的理想一方面当然是要求个人从传统的种种束缚解放出来，同时他们也希望个人完全融化在一个以爱为基础的大同社会里面。当时梁启超的思想发展和康、谭颇有不同，但是就上面指出的双重倾向而言，他的思想也不例外。例如他在风靡一时的《新民说》里，就是一方面要求个人从传统的精神羁绊中解放出来，另一方面他也要求个人彻底融化于民族国家的有机体里。"五四思想"是否也有这样双重倾向？

无可否认，个人解放是五四宣扬民主自由思想的最突出的特征。《新青年》在 1917 年特别连出两期专号，彰显易卜生主义，在当时思想界产生极大的震撼。仅此就足可显示个人主义在五四思想的特殊地位。但是，从深一层去看，个人主义，在五四思想界绝不是一枝独秀，上面指出的双重倾向依然存在。

李泽厚先生曾以"救亡"与"启蒙"的双重奏来解释中国近代知识分子所面临的困境，极具洞见。他这两个观念也多少指涉到群体意识与个人主义的双重倾向。问题是，以"救亡"这个观念来代表群体意识，似嫌狭窄，因为"救亡"普遍指民族主义，而五四的"群体意识"不仅来自民族主义，它也来自以社会为本位，以有机体为模式的集体心态。从康有为和谭嗣同的大同观念到五四无政府主义和社会主义，都多少含有这种集体主义心态，而这些思想却与民族主义毫无关系。因此，讨论五四的群体意义，绝不能仅限于民族救亡和国家富强等观念。

群体意识在五四早期几位领袖的思想里已经出现。就以陈独秀为例，他在五四后期，接受社会主义，思想当然是以群体意识为主，但不可忽略的是，他在五四初期，极力提倡个人主义的时候，他所发表的文字也时时隐含一些群体意识。

例如 1915 年，他发表《东西民族根本思想之差异》，极力颂扬西方文明，认为西方文化的一大特色和优点，就是西洋民族以个人为本位。但是 1916 年，他在《人生真义》里面透露，他的个人主义掺杂着一些群体意识。一方面，他在这篇文章里强调："社会的文明幸福是个人造成的，也是个人应该享受的。""社会是个人集成的，除去个人，便没有社会，所以个人的意志和快乐是应该尊重的。"这几句话代表十足的个人主义思想。另一方面，他也说："人生在世，个人是生灭无常的，社会是真实的存在。""社会是个人的总寿命，社会解散，个人死后便没有连续的记忆和知觉，""个人之在社会好像细胞之在人身，生灭无常，新陈代谢，本是理所当然，丝毫不足恐怖。"这些观点又很近乎社会有机体的思想，意味着群体为主、个人为辅的观念。

这种群体意识也蕴含在他后来所写的《自杀论》里面。在这篇文章里，他不仅分析自杀的种类和成因，而且提出他反对自杀的生命观："我们的个体生命，乃是无空间时间区别的全体生命大流中底一滴；自性和非自性，我相和非我相，在这永续转变不断的大流中，本来是合成一片，永远同时存在，只有转变，未尝生死，永不断灭。如其说人生是空是幻，不如说分别人我是空是幻；如其说一切皆空，不如说一切皆有；如其说'无我'，不如说'自我扩大'。物质的自我扩大是子孙、民族、人类；精神的自我扩大是历史。"

陈独秀这一段话，很像传统宋明儒者驳斥佛家空观的论调：宇宙不是空相，而是实有，但宇宙的实有是那全体生命的大流，而非代表个体生命的自我。所以他要肯定的不是那个别的自我，而是那可代表"物质的自我扩大"的"子孙、民族和人类"，与代表"精神的自我扩大"的历史，在这种宇宙观和生命观里面，群体意识呼之欲出。

陈独秀在写《自杀论》的同时，发表了一篇《欢迎湖南人民精神》，在这篇文章里，群体意识有更强烈的流露。他说："个人的生命最长不过百年，或长或短，不算什么大问题，因为他不是真生命。大问题是什么？真生命是什么？真生命是个人在社会上的永远生命，这种永远不朽的生命，乃是个人一生底大问题。"他又说："Oliver Schreiner 夫人底小说有几句话：'你见过蝗虫，它怎样渡河么？第一个走下水边，被水冲去了，于是第二个又来，于是第三个，于是第四个，最后，它们的死骸堆积起来，成了一座桥，其余的便过去了。'那过去底人不是我们的真生命，那座桥才是我们的真生命，永远的生命！因为过去底人连脚迹亦不曾留下，只有这桥留下永远纪念底价值。"

这里所表现的强烈群体意识和陈独秀所颂扬的西方个人主义，适成鲜明的对比，但是二者却吊诡地并存于他的早期思想。

就此处所谓的双重倾向而言，胡适的思想发展是一个更有意义的例子。他在五四的主将里面，是受西方思想影响最深的一位。他在美国受过长期的高等教育，不但浸沉于杜威的自由主义思想，而且对英美式的个人主义，在精神上有真正的契入。他所写的《易卜生主义》可以说是五四早期，宣扬西方个人主义最倾动一时的文章，然而胡适的个人主义中也掺杂着浓厚的社会意识。这社会意识，诚如他说，一部分来自杜威自由主义的淑世精神，但一部分也来自他以中国传统思想为基础所阐扬的群体意识。前文论及，胡适的宗教信仰是他所谓的"社会不朽论"。他认为个人死后可以不朽，但不是灵魂不朽，因为他不相信有个人灵魂这种东西。他所谓的"不朽"，是指个人在世的思想言行对社会所产生的各种正负影响。社会是不朽的，因此，个人也可以因社会的不朽而不朽。

胡适这种社会不朽论蕴涵一种与个人主义相反的群体意识。因为西方个人主义是建筑在一个前提上，那就是个人本身有终极的价值。而胡适的不朽观近乎社会有机论，认为个人的价值在于是否能对社会群体有所贡献，也就是说，个人只有在作为社会的一个成员时，才有价值，个人本身并无独立而终极的价值。这里必指提出的是，他的社会不朽论是发表于他在1919年春天写的《不朽——我的宗教》一文。这篇文章，胡适后来强调，是一篇可以代表他的基本思想的重要文字。因此，"社会不朽论"所蕴涵的群体意识，就胡适的整个思想架构而言，其意义是可以与他当时所极力提倡的个人主义相提并论的。

胡适与陈独秀的思想发展反映个人主义与群体意识的两歧性，已在五四初期出现。五四后期，学生运动展开，民族主义白热化，同时，马列主义也开始大规模地散布。群体意识因此激增，个人主义相形之下大为减色。但无论如何，在以胡适为代表的思想中，个人主义仍然有其重要性。因此在整个五四时代，个人主义与群体意识的对立之势，虽有盈虚消长，却始终存在，构成五四思潮的重要一面。

四、民族主义与世界主义

五四与民族主义的关系相当微妙。一方面，民族主义自甲午以后，开始在中国知识分子中间大规模地散布，至五四而进入一个新高潮。另一方面，就新文化运动的主要刊物《新青年》而论，民族主义的声浪却相当的低沉。不错，《新青年》里面不乏爱国主义的声音。但是，以中国当时的国势环境而论，几乎每一个知识分子都多多少少是一个爱国主义者。即令陈独秀，当时深感爱国主义的情绪会干扰中国人的思想自觉和启蒙，也不得不承认他在原则上赞成爱国主义。可是，民族主义有别于爱国主义，前者是指以民族国家为终极社群与终极关怀的思想与情绪。就此而言，我们很难说，五四的思想空气是受民族主义的全面笼罩。因为，刻意超越民族意识的世界主义，也是五四新思潮的一个特色。以五四的思想背景而论，这种世界主义的出现也并非不可理解的。首先，五四的领导人物都是受过极深的传统教育，而传统思想的基本成分，如儒、佛、道三家思想都是以天下为视野、人类为关怀，因此也都是以世界主义为主趋的。同时，五四时代发生影响的国际思想人物如杜威、罗素、马克思、托尔斯泰、泰戈尔等，他们的思想多半是倾向国际主义或世界主义的。因此，五四的几位思想主将有超越民族主义的倾向，是不足为怪的。胡适受了当时英美自由主义的影响，对于民族主义的流弊相当敏感。此外，他当时认为中国的基本问题在于文化的陈旧溃烂，因此，有二十年不谈政治的誓言，以专心于文化改进。所以胡适是位爱国主义者，却不能算是民族主义的信徒。

陈独秀对于民族主义，更是有露骨的反感。上文提到他在《新青年》杂志上指出国家也可以是偶像崇拜的对象，他说："国家是个什么？……我老实说一句，国家也是一种偶像。一个国家，乃是一个或数种人民集合起来，占据一块土地，假定的名称。若除去人民，单剩一块地，便不见国家在那里，便不知国家是什么。可见国家也不过是一种骗人的偶像，他本身亦无什么真实能力。现在的人所以要保存这种偶像的缘故，不过是借此对内拥护贵族财主的权利，对外侵害弱国小国的权利罢了。世界上有了什么国家，才有什么国际竞争，现在欧洲的战争杀人如麻，就是这种偶像在那里作怪。我想各国的人民若是渐渐都明白世界大同的真理和真正和平的幸福，这种偶像就自然毫无用处了。但是世界上多数的人，若不明白他是一种偶像，而且不明白这种偶像的害处，那大同和平的光明，恐怕不会照到我们眼里来。"

陈独秀在这里提到了"世界大同的真理"，不能仅仅视为他的乌托邦幻想。前面提到，他在当时相信一种爱的宗教。这种信念，不仅来自他本于社会功利主义对宗教的认识，也本于他内心深处的情感需要。基于这种信念，他认为民族与国家的畛域是不需要的。前面提到，他于 1919 年从狱中出来，有《答半农的 D 诗》，其中一段很能表现这超越民族主义的大同理想：

> 弟兄们！姊妹们！
>
> 我们对于世上同类的姊妹弟兄们，都不可彼界此疆，怨张怪李。
>
> 我们说的话不大相同，穿的衣服很不一致，有些弟兄底容貌，更是稀奇，各信各的神，各有各的脾气，但这自然会哭会笑的同情心，会把我们连成一气。
>
> 连成一气，何等平安、亲密！
>
> 为什么彼界此疆，怨张怪李？

这种以爱为出发点的大同理想，在五四时代，并非例外。

当时各种无政府主义和政治理想主义，特别是托尔斯泰和克鲁泡特金的理想，甚为风靡。这些思想里面都多多少少含有陈独秀所谓的"爱的宗教"。

即令是李大钊，西方学者如迈斯勒（Maurice Meisner）特别强调他的思想中的民族主义倾向，我们若仔细检查他在五四早期（也就是说在他皈依马克思主义之前）的文字，也不能把他单纯地视为一个民族主义信徒。不错，他突出了"青春中华"的观念，但他也憧憬"青春世界"、"青春人类"。当他以"回春再造，复活更生"为前提，欢呼一个"新纪元"的来到，这个"新纪元"，并不仅指中华民族的新纪元，也指全人类的新纪元。当俄国的十月革命成功的消息传来时，他在五四主将里面，是最受激动、最早响应的一位。他相信，这革命和"法国大革命"一样，是代表人类解放的"新纪元"的来到。这是一个世界主义的信念，而非民族主义的信念。

五四的世界主义，不仅反映于陈独秀的"爱的宗教"，也表现于周作人的《人的文学》。周作人是于1918年底，在《新青年》五卷六号上发表这篇文章，据说当时这篇文章，就被胡适捧为"关于改革文学内容的一篇最重要宣言"。周氏继这篇文章之后，又写了一系列类似的文章。在这些文章里，他提出了"人性的文学"、"人生的文学"、"人道主义"的文学等口号和主张。归纳起来，他的这些主张，诚如他说，不外两点："一、文学是人性的，不是兽性的，也不是神性的；二、文学是人类的，也是个人的，却不是种族的、国家的、乡土及家族的。"很显然，周氏的"人的文学"观念是发自他的人本主义信念，而后者是以世界意识为前提。本着这个前提，"人的文学"是要求发掘普遍的人性，探讨"理想的人性"，用周作人当时的话："重新要发现人，去辟人荒！"

这种文学要求显然不是五四以后新文学发展之所趋。大多数的新文学作品，是被夏志清先生所谓的"感时忧国"的胸怀所笼罩。然而，我们今天回视"五四"当年的文学理念，却不能完全限于这种狭窄的视野，以致忽忘当时"放眼世界，关怀人类"的理想！

此处，我无意夸大五四的世界主义。我只是希望，我们今天对五四思想的再认，不要太受民族主义观点的制约。我所要强调的是，五四思想的氛围是受到各方气压的冲击。世界主义与民族主义，伴着理性主义与浪漫主义、怀疑精神与宗教精神、个人主义与群体意识，都在那里回旋激荡，造成当时五光十色、扑朔迷离的思想气氛。

上面我对五四思想的两歧性作了初步探讨，这些探讨，除了展示五四思想的复杂性之外，还有几点意义，值得在此特别指出。

首先，认识五四思想中的两歧性可以帮助我们了解五四以来中国文化思想出现一些诡谲歧异的发展。例如五四开始，民主自由几乎是每一个政治和文化运动的共同要求。但是环绕这两个理念，各种乌托邦式的思想，使中国人对民主自由的了解，常常如雾里看花，很难落实。科学与理性也是五四以来中国知识分子的共识和共信。可是迷信偶像和崇拜权威并未因此减少；相反地，政治宗教却是长时期的笼罩中国，而各种造神运动，更是层出不穷，这些现象，就五四的思想背景而言，是很可以理解的。

同时，中国现代知识分子所面临的一些思想困境，也和五四思想的两歧性很有关联。前面提到李泽厚所指出的启蒙与救亡两个近代思想主题，其在思想上所造成的困境，就很可以从群体意识与个人主义，和民族主义与世界主义所引发的思想两歧性，去得到进一步的了解。一方面，我们的社会需要群体的凝合，另一方面，需要个人的解放。一方面，我们的国家需要对外提高防范和警觉，强调群体的自我意识，另一方面，文化发展需要破除畛域，增强群体对外的开放性和涵融性。谁能否认这些不同方面的要求，在现代中国现实环境中，是很难实现的两难困境？

但是，从另一个角度看来，这些两歧性的发展，也正反映五四思想的开阔性和丰富性。因为，两歧性代表五四思想朝着不同甚至对立的方向发展，显示五四的思想遗产中有多元性和辩证性发展的契机和挑战。就以个人主义与群体意识的两歧性而论，今天中国知识分子，经过专制集体主义的长期笼罩，自然对群体意识产生反感。但是，我们是否可以因此走向另一极端，无条件地认可个人主义？此处，我们必须留心现代西方学者在这方面所作的研究，对个人主义在现代社会所能产生的流弊，有所警觉。因此，面对五四思想中个人主义与群体意识的两歧性，我们应该避免徘徊于顾此失彼的两极端，而正视其双重的挑战，以求在思想中如何调和平衡这两种对立的理念。

再就民族主义与世界主义的两歧性而论，今天中国所面对的国内外威胁，已远非昔比。因此，我们自然不能再像二次大战以前那样毫无保留地肯定民族主义。但是谁也不能否认，民族竞争仍然是今天国际的基本形势，在各方面，中国都尚未做到它应有的贡献和取得它应有的地位。因此，我们也不能完全无条件地扬弃民族主义。另外一方面，科技的惊人进展已使"地球村"（global village）不仅是未来的理想，而且也是世界现实形势之所趋，我们必须发挥世界意识以适应这形势的需要。总之，五四这两方面的思想，在今天仍然有其重要的意义，我们也应该正视其双重挑战而不可偏废。

理性主义与浪漫主义的两歧性，更是我们今天重估五四遗产所应彰显的一面。因为，在一般人的心目中，五四的人文意识太偏重理性主义，对"人"的了解过于偏窄。事实上，在五四初期是有这种倾向。但是，随着新文学运动和民族主义的展开，浪漫主义的比重也日渐增高，1920年的春天，陈独秀在《新青年》上发表《新文化运动是什么?》。他已对五四初期之偏重理性主义，有所自觉和反省。他在这篇文章里，除了重申科学理性的重要，特别强调：人的生命，在"知识的理性"之外，还有"本能上的感情冲动"，"知识和本能倘不相并发表，不能算人间性完全发达"，而"利导本能上的感情冲动，叫他浓厚、挚真、高尚，知识上的理性，德义都不及美术、音乐、宗教底力量大"。他已公开承认："现在主张新文化运动的人，既不注意美术、音乐，又要反对宗教，不知道要把人类生活养成一种什么机械的状况，这是完全不曾了解我们生活活动的本源，这是一桩大错，我就是首先认错的一个人。"

因此，他要呼吁大家注意蔡元培当时说的一句话："新文化运动莫忘了美育。"同时他也响应了张申甫引用法国大艺术家罗丹（Auguste Rodin）的名言："美是人所有的最好的东西之表示，美术就是寻求这个美的。"此外，如前所述，他也停止攻击宗教，重认宗教的重要性，支持张申甫的"新宗教"观念。

总之，在理性主义与浪漫主义的双重影响下，五四思想对理性与情感的平衡发展是有相当的自觉。但不幸的是，这种自觉在五四以后的思想发展中没有能够持续，造成五四形象中的理性主义特别突出，与中国现代文化的偏枯大有关系。因此今天再认五四，必须继续陈独秀当年对五四思想所作的省思，吸取由理性主义与浪漫主义相互激荡所产生的滋养，其重要性不下于我们透过"五四"的再认，以反省现代思潮中的一些诡谲歧异和思想困境。

转型时代中国乌托邦主义的兴起 *

本文旨在探究乌托邦思想，在近现代的转型时期（1895—1925）兴起的过程，它兴起的背景是转型时代的两个语境：一、双重危机：传统政治秩序解体的危机与文化基本取向脱序危机；二、传统思想的嬗变与西方文化流入的互动。乌托邦思想在这时期的发展可分为两型：软型与硬型。前者以康有为与胡适为代表，后者以谭嗣同、刘师培与李大钊为代表。全文即环绕对此二型的分析而展开，认识转型时代乌托邦思想的兴起，是认识整个近现代乌托邦思想发展的基础。

本文乌托邦一词用得很宽泛，它是指一种以完美主义的理想来憧憬与期待未来的社会。准此而论，乌托邦意识在中国现代知识分子之间是相当的普遍，它在二十世纪中国主要思想流派中亦有重要地位。本文旨在探寻乌托邦主义在转型时代（1895—1925）兴起的过程，因为现代中国思想的发展都植根于这段时期。首先，有必要说明转型时代乌托邦主义兴起的两个历史语境。

---

* 本文译自英文原著 *the rise of Utopianism in modern China*。

一、转型时代乌托邦主义的发展脉络

（一）现代中国的双重危机

转型时代的中国正值列强侵逼日急、内部动荡日深之际，当时最明显的政治思想危机，莫过于那自殷周以来就作为政治秩序的基石的宇宙王制（cosmological kingship）的解体。面对这种困境，中国知识界亟欲寻求新的政治秩序。可以想见，这新秩序的追求充满了国家存亡的焦虑以及民族受侵略的耻辱感[1]。

与政治秩序解体相伴而来的是深重的文化危机，我们不妨称之为取向危机（orientational crisis）。它的出现与转型时代中国人的意识转变有关，而"西学"是推动这种转变的主力。中国与西方虽然自十九世纪初便频繁接触，但西潮却要等到转型时代才汹涌而入。科学知识无疑是西学的核心，它的传布虽不足以让中国知识分子完全接受其中的自然主义世界观，但却侵蚀阴阳、五行、四方、理、气等传统建构范畴（constitutive symbolisms）。由于这些范畴组成了传统各种世界观——包括儒家"天人合一"的思想，它们一旦在理论上失效，将不可避免地导致传统，尤其是儒家世界观的破产。这种效应，明显见诸当时的知识阶层[2]。

---

① 关于中国此时期的政治秩序危机，请参看 Hao Chang, *Chinese Intellectuals in Crisis: Search for Order and Meaning* (Berkeley and Los Angels: University of California Press, 1987), 507ff.

② Hao Chang, *Chinese Intellectuals in Crisis*, pp. 7—8.

由于建构范畴的销蚀而令传统宇宙观受到挑战，遂使"世俗化"过程展开，由此逐步减弱，甚至消解了儒家价值的影响力。传统观点认为，以建构范畴表述的儒家价值，体现于宇宙结构之中，因此具备了现代价值所缺少的当然性与神圣性。随着传统基本范畴的消退，这种当然性与神圣性也就必然减弱，儒家价值再也无法像过去一样引起天经地义式的认同与坚持。

儒家价值除因"世俗化"而减弱外，也直接受西方价值与意识形态的猛烈冲击。本文无意缕析其复杂的解体过程，但只想强调，此一解体现象不但落在个人价值层次上，而且也在价值模式（value-patterns）层次上。忠、孝、仁、义等个人层次上的儒家价值固受到西方思想的侵蚀，经世、修身、三纲等代表的儒家价值形态也逐渐解纽与式微。儒家价值层次上的折损，加上前述的"世俗化"过程，构成了中国自魏晋佛学传入以来所仅见的价值取向危机①。

传统世界观与价值观既受质疑与挑战，危机也就从价值领域扩散到中国文化取向的其他方面，文化认同是其中一例。列文生（Joseph Levenson）曾指出：中国受列强连串打击之后，动摇了知识分子的文化认同，使其无法固守传统的自我形象，由此生出一种渴望弥补受创伤的文化自尊的情绪②。同时，在中国文化认同崩解的同时，中国知识阶层在文化巨变中产生了一种知性需求。为了适应急遽且深广的文化变迁，他们急欲在集体记忆与文化的自我认识中，寻找可资辨识自己是谁、处身

---

① Hao Chang, *Chinese Intellectuals in Crisis*, pp. 7—8.

② Joseph R. Levenson, *Confucian China and Its Modern Fate* (Berkeley: University of California Press, 1958), xiii – xix.

何种时代的参照系统。因此，文化认同的受创不只孕育了文化上自我肯定的情绪渴求，同时亦孕育了足以让他们在逐渐展开的新世界秩序中，找到定位的知性探索。

文化失序的另一个面向是人们对生命与宇宙的秩序与意义感到失落。传统儒家的宇宙观与价值观把生命与宇宙视为整体，但当这些宇宙观与价值观发生动摇，中国知识分子都或多或少感受到精神意义的失落以及随之而来的焦虑与矛盾①。

因此，取向危机表现于传统价值取向、文化认定与精神意义的瓦解。我们必须严肃看待由这取向危机的三方面所引发的不安与焦虑。因为透过道德与情绪的转移，这些焦躁不安很容易引向对政治秩序的探求。当然，这不仅是政治秩序的索求，也是对"世界观与人生观的象征符号"的追寻。后者一方面作为价值取向的基础，另一方面也使人在文化认同与意义的危机中得到安顿。这也说明了中国知识分子对政治秩序危机所作的回应，常带有强烈的道德与精神的感受。我认为，转型时代中国政治思想所彰显的乌托邦倾向，与上述史实有关。由上述政治与取向的双重危机所引发的政治乌托邦主义，及其呈现的想象世界，宣泄了人们久经压抑的道德积愤、精神苦闷与社会政治上的挫折感。

（二）传统与现代西方的互动

转型时期乌托邦主义兴起的另一语境，是传统中国与现代西方在思想上的相遇。这导致中西思想冲突，却也造成双方思想化合。乌托邦主义的兴起就是这思想化合的显例。此一事实

---

① Hao Chang, *Chinese Intellectuals in Crisis*, pp. 7—8.

显示了中国传统与西方思想都有强烈的乌托邦主义倾向。

中国精英文化的主要思想传统都有乌托邦主义倾向。中国乌托邦主义主要的思想来源是首见于轴心时代的三段结构思维模式（the triadic pattern of thinking），首先它强调人的本质（essence）与现实（actuality）之间的区别，而人的本质是超越的天的内化，惟其如此，人才能在现实世界以外看到理想秩序的可能性。此种区别是轴心时代中国思想的核心[①]。儒家思想认为，本质之所以与现实有别，是由于后者存在着恶。然而，儒家并无根本恶（radical evil）的想法，它相信本质会在恶被彻底根除后朗现[②]。儒家将本质与现实二分，遂有人能实现至善的乐观信念。

本质与现实二分的思维模式，以两种方式发展为三段结构。其中一种方式认为，本质分享了神圣的超越——天或天道。此种三段结构的思维模式使儒家相信，由于天或天道内化于现实世界，个人因此能将之彰显。就此而言，儒家相信人有神化的可能。可见乌托邦主义存在于这种儒家信念之中。儒家一方面认为，只有当人透过修身而达到道德完美时，理想世界才会来临；另一方面儒家还有一个更普遍的想法：只有在现实生活中彰显其神圣本质的人才能统治天下，成为圣王，为社会带来理想秩序。

当本质与现实二分的思维模式与本质曾出现在远古盛世的

[①] Benjamin I. Schwartz, *The World of Thought in Ancient China* (Cambridge Mass.: Harvard University Press, 1985), pp. 117—127, 288—290.

[②] 牟宗三：《中国哲学的特质》，香港：人生出版社，1963，第1—67 页。

信念结合，便产生了另一种形式的三段结构：现实→本质→历史本源在儒家思想中，上述两种三段结构虽经常混杂出现，却孕育了乌托邦思想。

到了宋明新儒学，三段结构发展为一种二层的历史观。这种史观的核心是二元的本体论，将纯净的"天道"或"天理"与不纯净的现实世界相对。从时间的角度看，这种二元的本体论将历史分成两个阶段：一是由天道主宰的三代盛世；另一则是三代以下的衰世（the fall）。两段历史之间的紧张关系，激励了新儒家回归三代，希望将来能见到天道的重现。此种历史哲学的背后是儒家的循环史观，强调乌托邦式的追求：期盼自我与社会能达到道德完美①。

三段结构的思维型模式同样见诸儒家以外的佛道传统。不论是在精英或大众的层面，佛道思想都有乌托邦的理想与信念，可是在大众层面上得到较大反响，表现出弥赛亚与末世的思想情态②。综上而论，转型时期的中国知识分子既受传统熏陶，理当对乌托邦思想感到亲近。

一般咸认，现代中国知识阶层受西方文化冲击，而这种文化表现出强烈的现世乐观主义并有乌托邦主义倾向。中国知识

---

① 《大学》开宗明义强调自我与社会的至善。《四书读本》，台北：三民书局，1966，第1页。

② Hao Chang，"Confucian Cosmological Myth and Neo-Confucian Transcendence," in By Richard J. Smith and D. W. Y. Kwok, eds. , *Cosmology, Ontology, and Human Efficacy: Essay in Chinese Thought* (Honolulu: University of Hawaii Press, 1993), pp. 18—19; Thomas A. Metzger, *Escape from Predicament: Neo-Confucianism and China's Evolving Political Culture* (New York: Columbia University Press, 1977), pp. 49—165.

分子既受传统思想熏染而怀有乐观主义与乌托邦主义倾向，他们很容易被西方启蒙与反启蒙两个潮流所带来的乐观主义与乌托邦思潮影响。

晚近的历史研究指出西方启蒙思想以及它的理性观念的复杂性。若将启蒙仅仅理解为对理性的讴歌膜拜，不单言过其实而且过于简化。不过，尽管我们已修正对启蒙的看法，但并不表示可以忽略启蒙产生了激进的理性主义这个事实。我是指从伏尔泰（Voltaire，1694—1778）、杜尔戈（Turgot，1689—1755）、孔多塞（Condorcet，1727—1781）、圣西门（Saint - Simon，1760—1825）、孔德（Auguste Comte，1798—1857）等人一路下来的思想传承。他们对人类理性怀有无比信心，由此产生对人的可完美性与社会不断进步的乌托邦信念。有些史家甚至认为，启蒙的激进理性主义就蕴含着像基督教启示一样对人类发展预示着最后的战胜邪恶①。

毋庸置疑，十九世纪的西方意识普遍存有激进理性主义与过分乐观主义（Panglossian optimism）。这种心态的通俗表现是社会达尔文主义。它曾在现代，尤其是转型时代初期的中国知识分子之间广泛传播，并造成强烈冲击②。

欧洲的反启蒙运动是另一个孕育现代西方现世乐观主义与乌托邦主义的因素。浪漫主义是反启蒙运动的主干，它高扬人的意志与精神，再结合无限感，使人相信只要不断奋进，人类意志可以为自身生命创造不断丰富的意义。这种世界观有时被称为歌德

---

① Eric Voeglin, *From Enlightenment to Revolution* (Durham: Duke University Press, 1975), pp. 74—194.

② Eric Voegelin, *From Enlightenment to Revolution*, pp. 136—159.

精神或浮士德—普罗米修斯精神，构成浪漫主义的重要面向，并且和激进的启蒙理性主义一样，大大助长西方思想中的乌托邦主义。十九世纪西方文学逐渐在转型时代的中国风行，浪漫主义对当时知识分子的影响不下于激进的理性主义[①]。

由于中国知识分子遭遇双重危机，再加上思想背景中的传统与西方因素，他们思想中带有乌托邦倾向是十分自然的。借用尼布尔（Reinhold Niebuhr）的分类，转型时代乌托邦主义可分为硬性（hard）及软性（soft）两种形式[②]。硬性的乌托邦主义相信当下的现实社会可被彻底改变，并跃进理想秩序，而且相信人有完成这种转变的能力，因而孕带着完美的可能性。至于软性的乌托邦主义则不相信自己有这种完美性与彻底改造社会的能力，只寄望完美的未来在历史进程中缓慢实现。

二、乌托邦主义的类型

（一）"软性"乌托邦论者——康有为与胡适

1. 康有为

康有为（1858—1927）是转型时代初期的指标人物，其思

---

① H. Stuart Hughes, *Oswald Spengler*: *A Critical Estimate*（New York: Charles Scribner's Sons, 1962）, pp. 81—82; Leo Ou-fan Lee, The Romantic *Generation of Modern Chinese Writers*（Cambridge, Mass.: Harvard University Press, 1973）.

② Hery R. Davis and Robert C. Good, ed., *Reinhold Neibuhr on Politics*（New York: Charles Scriber's Sons, 1960）, pp. 12—36.

209

想有鲜明的乌托邦主义色彩。康有为的乌托邦思想是植基于对儒家"仁"的观念的解释。康氏认为，"仁"不只是道德理想，更是宇宙的终极实在。

康有为的观点其实来自儒家"天人合一"的世界观。然而，他并没有追随正统新儒家把实在视为由"理"、"气"组成的观点。康有为拒斥这种二元的形而上学，倾向接受自十六世纪逐渐流行的、认为世界只是由"气"组成的非正统观点。尽管如此，康有为的一元形而上学并未使他自外于正统新儒家的二元世界观。康南海认为，虽然世界由气构成，可是气有两种状态：一为原生、太初的状态，一为散灭、浊混的状态。气在前一状态中构成了存在的本质，而在后一种状态则构成了存在的现实性（actuality）①。这两种状态分别代表了价值上有所区隔的上层与下层的存在。上层或存在的本质属于人性的理想界，也就是"仁"。据此，康有为接受董仲舒对仁所下的定义："天，仁也。天覆育万物，既化而生之，又养而成之。……人之受命于天也，取仁于天而仁也。"②

由此可知，康氏的"仁"观与儒家的原型一样，主要表现为一种形而上学的世界观。与儒家的原型相一致，康氏的"仁"不仅在揭露世界的本质为何，更在于揭示世界理当如何。就此而言，"仁"的理念不只投射了道德完美性的理想，而且相信此理想是存在于宇宙的真实结构中。

_____

① 康有为：《孟子微》，台北：台湾商务印书馆，1968，卷二《性命》，第1b—22b页。

② 康有为：《春秋董氏学》，台北：台湾商务印书馆，1969，卷六上《春秋微言大义·天地人》，第10b—11a页。

康有为的道德完美性的理想既指涉个人，也指涉社会。他的社会完美观随后发展成乌托邦主义。若以特洛尔奇（Ernst Troeltsch）的分类观点来分析康氏的乌托邦，可以发现它由两部分组成：目的论与价值论。目的论强调实现乌托邦的演变时间过程，价值论则是以价值高下的观点描述最终完美之境的目标①。

康有为乌托邦主义中的目的论部分，受了中西方传统的影响。就中国传统资源而言，康有为明显受了汉代今文经学影响。他的乌托邦是历史三阶段发展的最终结果，自承此一观点得自今文学派。今文家密传的三世说，亦即"据乱"、"升平"、"太平"三阶段，揭示历史的发展走向②。这是从孔子故乡鲁国发展出来的从过去到现在的线性史观。可是今文学派注重过去，而康有为却关注未来。因此，与其说康有为的史观受今文学家影响，不如说是受宋代新儒学含有未来指向的两阶段论史观的影响③。如前所论，宋代新儒学深切期盼，透过人的道德奋发与作为，可能在未来重建古代的太平盛世。

可是，就算我们将今文学派与宋代新儒学的史观一并考量，儒家的史观仍不足以说明康有为目的论意识中的历史终极发展的观念，因为儒学传统并无此种特色。康有为或许是从大乘佛学中带有浓重末世味道的"末世"（Buddha-Kalpa）思想

① 佛吉灵（Eric Voegelin）对特洛尔奇（Ernst Troeltsch）的分类有精简的说明。见 Eric Voegelin, *Science*, *Politics*, *and Gnosticism*（Chicago：Gateway Edition, 1968），pp. 88—89。

② Hao Chang, *Chinese Intellectuals in Crisis*, pp. 50—55.

③ 关于新儒家的两阶段前进史观，请参考嵇文甫：《王船山学术论丛》，北京：中华书局，1962，第122—163页。

获得灵感①。我们必须重视这一思想渊源对康有为的影响，因为他从小就受大乘佛学的熏染。康有为最亲近的学生梁启超（1873—1929）就认为，康的乌托邦主义深受大乘佛学，尤其是华严宗的影响②。

可是，不论儒学如何看重未来，也不论大乘佛学的"末世"意识如何浓厚，我们都应当注意，这两种学说所持的都还脱不了循环时间观的架构。如果康有为不曾受到西学洗礼，他是不可能完成其指向终极未来的线性史观的。康有为的知识背景，显示他确曾受过西学影响。康有为自小便嗜读"西学"，博览能找到的西方典籍③。我们应该特别注意，康有为线性的历史三阶段论，相当类似于西方的世俗及基督教历史哲学。康有为的目的论史观是本土与外来因子的结合，而现代西方的进步史观更是不可或缺的因子④。

除了综合本土与外来因素之外，康有为目的论史观的另一特征，是它理论表面上的一个困难。康有为认为历史是客观、超乎人力的发展过程，有自身的规律与动力。历史在迈向终极目标，也就是"仁"的完全实现之时，有其进程，人力无法左右。康有为甚至赞同传统宇宙论者将历史视为五阶段的循环运行过程，各阶段有自己的律则与固定的气数⑤。可是另一方面，

———————————

① 梁启超：《饮冰室合集·文集》，第 3 册，上海：中华书局，1936，卷六《南海康先生传》，第 83—84 页。

② 梁启超：《饮冰室合集·文集》，第 3 册，卷六《南海康先生传》，第 83—84 页。

③ Hao Chang，*Chinese Intellectuals in Crisis*，pp. 23—24.

④ *Ibid*，pp. 50—55.

⑤ *Ibid*.

康有为的"仁"以及"仁"的具体展现,亦即"太平世",又常带有高度的道德唯意志论的性格。这在他的四书注解中表现最为清楚①。他常表示,乌托邦的最后降临是人们为自我实现所作的道德精神努力的结果。例如康有为注《孟子》时问道,"仁"的道德理想为何能在"太平世"风行草偃?他的回答是,孟子相信人有天赋向善的潜能。只要人人践行心中的善性,理想秩序(康有为有时又称之为"大同之世")就可以实现②。所以,康有为的史观同时包含了超乎人力的决定论与道德意志论的思想。

不过,对康有为而言,道德意志论与历史作为客观、自动的历程,两者之间并无冲突。在讨论个人与世界的关系时,现代西方的世界观常以主/客对立的方式表述。据此,如果客体依自身动力运行变化,那么主体的角色就相对地被视作被动、消极。但康有为的想法与此不同。他的世界观来自儒家,并以"天人合一"为基础信念。此种信念认为,自我与宇宙并不存在主客二元冲突,两者毋宁是部分与全体的关系③。

康有为在注疏儒家经典时反复强调,汉儒与宋儒都认为,个体的形神受生于天地,是后者的一部分。因此,宇宙整体在时空中演化、变动,个体并不会感觉自己无助地受困于客观因果作用的过程之中。相反地,个体透过道德及精神的修为与宇宙——历史的演化、律动产生亲和感与呼应配合。我们甚至可以说,宇宙的规律召唤个体借自身的道德演化以与历史的进程

---

① Hao Chang, *Chinese Intellectuals in Crisis*, pp. 54—55.

② *Ibid*.

③ *Ibid*.

感应。根据上述观点，与康有为宇宙——社会演化的目的论史观自然配合的，是道德积极性与唯意志论，而非道德消极性①。

至于康有为乌托邦主义中的价值论部分，他自认直接承袭孔子的"仁"的理想。究其实，我们不能把康有为的乌托邦主义单纯视为是"仁"之理想的蜕化变种。尽管如此，"仁"的确是康氏乌托邦主义的开端②。因此，检查康有为的"仁"观，将有助于剖析康氏对未来的想象与价值观。

田立克（Paul Tillich）曾表示，乌托邦主义的意义在于否定现实生活中的负面因素，并进而指出，人生的两大负面因素就是生命的有限性以及疏离感③。他的观点有助我们看清中国传统的两种乌托邦主义。其一是佛教与道教的乌托邦主义。它们的目标在于克服生命之有限，更甚于克服疏离。其二是儒学传统。它的目标克服疏离，甚于克服生命之有限。康有为的"大同"乌托邦理想虽然有克服死亡的意图，但是"仁"观的核心是疏离感④。这疏离感使人想到儒家的"仁"的理想，因为它也预设儒家仁观在现存秩序之外所投射的一个完美的理想秩序。

康有为为克服社会疏离感而发展的"仁"的乌托邦，较传统儒家的乌托邦原型更为激进。在传统儒家与宋代新儒学的诠释中，社会疏离感之所以产生，主要是由于人民道德的退化，而不是源于社会既存的规范秩序本身的缺点。因此，儒家并不

---

① Hao Chang, *Chinese Intellectuals in Crisis*, pp. 54—55.

② *Ibid.*, p. 56.

③ Paul Tillich, *Political Expectation*（New York：Harper and Row, 1971），pp. 154—155.

④ Hao Chang, *Chinese Intellectuals in Crisis*, pp. 57—59.

认为由"仁"所揭示的完善境界与由"礼"教所形成的现实规范之间有多少紧张性。儒家甚至认为两者是互补的①。

在康有为的价值论中，此种互补的看法已失效。原来是统一的伦理价值系统中两个相互依赖的成分，如今被时间化成为社会道德发展的两个前后不同时期。虽然传统儒家规范秩序的代表——"礼教"——有其暂时阶段性价值，但在康有为含有发展意识的价值系统中，它终究会被最终的理想社会的伦理——"仁"——所完全取代②。这里头所隐含的意义非常清楚：唯有全然超越既存的传统制度，"仁"的理想所含有的疏离感才能完全消弭。

如果社会疏离感消弭了，而"仁"所代表的道德与精神理想也具体实现了，社会将是什么样的光景？康有为毕竟忠于他所承续的儒学传统，以修身概念定义"仁"的终极实现。正如在四书评注中，他以自我的道德至善来阐释"仁"的终极概念③。康有为借由强调《孟子》、《中庸》的内在心性修养，突显儒家道德自主的观念。他在《孟子微》开宗明义说道："不忍人之心仁也。……人人皆有之，故谓人性皆善。……人之性善于何验之？于其有恻隐羞亚辞让是非之心。见之人性兼有仁义礼智之四端，故独贵于万物。……人人有是四端，故人人可

———————————

① Hao Chang, *Chinese Intellectuals in Crisis*, pp. 56—64.

② *Ibid.*, pp. 47—49.

③ 根据康有为的自编年谱，他曾经对四书各篇作评注，可是《大学》评注今仅存《序言》。见 Lo Jung-pang, tr. & ed., *K'ang Yu-wei: A Biography and a Symposium* (Tucson: Arizona University Press, 1967), pp. 189—192。

平等自立。自谓不能，是弃其天与之姿，卸其天然之任。"①

不过，康有为并不满足于阐释自我的道德自主性。由于受西方自由思想的影响，他进而探求孟子的个人自主与尊严概念所包含的社会、政治意涵。康有为认为，既然孟子相信是"天"赐予人人向善的本能以实现天命，那么理应同意每个个人都有"天民"②。康有为将上述信念与汉儒所谓"民者天所在"的想法连起来。认为"天子"不该只是皇帝、而是每个个人的尊称。据此，康有为认为儒家的自我实现观念与西方自由主义理念——"独立自主的个人"有相通之处③。康有为在《孟子微》指出："人人皆天生，故不曰国民，而曰天民。人民既是天生，则直隶于天，人人皆独立而平等。"④

令人不解的是，康有为在期盼未来理想秩序的同时，他的个人自主性理想却消失，取而代之的是不存在分别，浑然一体的道德理想。康这个浑然一体的理想是受了好几种世界观影响而形成的，其中以儒家的天人合一信念最为重要。康有为受到这种信念的影响，认为天、地、万物为气所覆盖，因而构成一个无别、有机的整体。在此一涵容万有的整体中，人类因为无拘无碍的情感交流而结合，组成共同的社会⑤。

康有为在《大同书》中仔细勾画了他的乌托邦，并详论共同社会的理想⑥。康有为认为，创造共同社会的前提是，人类

① 康有为：《孟子微》，卷一《总论》，第 2b—3a 页。
② 同上，第 6b—7a 页。
③ 同上，第 6b 页。
④ 同上。
⑤ 同上，第 6、15a—b 页。
⑥ Hao Chang, *Chinese Intellectuals in Crisis*, pp. 56—63.

必须打破现有社会及政治秩序所规范的等别与藩篱。他认为当今的等别与藩篱可分为两类：其一生于社会内部，由阶级、私有财产、性别歧视、婚姻与家庭等造成；另一生于不同社会之间，由种族偏见、领土国家的制度等造成①。

康有为的乌托邦标举的不只是平等、无等级、无族别的社会共同体，也是"去国界合大地"的世界共同体。可是，这并不表示康有为一概否定政治权威的制度。康有为对政治权威的看法，使他的乌托邦主义迥异于其他形式的乌托邦思想。因为其他乌托邦思想多反对政府与威权，可是康有为的乌托邦却是有政治组织的世界国家②。

康所构想的世界国家的政治结构有两项特色。其一为联邦主义。其确切意思是，世界国家是由许多小而自主的区域联合而成③。不论是区域政府或世界政府，都是以民主制度为架构④。民主政府，尤其是区域级民主政府的组织功能是很大的。在"大同"之世，政府必须照顾每一位公民"从出生到死亡"的幸福。既然政府肩负如此庞大的社会福利责任，原本许多属于家庭或公司的社会经济功能，就只能由政府接管。康有为于是认为，未来的社会将不再有私有制度，公有制、公有财产与公营企业制度将是普遍的制度⑤。难怪梁启超在二十世纪初综合介绍康有为的"大同"理想时，特别强调康氏乌托邦政府的"干涉主义"特质。梁启超认为，"社会主义"是康的乌托邦

---

① Hao Chang, *Chinese Intellectuals in Crisis*, pp. 59—62.

② *Ibid.*, pp. 62—63.

③ *Ibid.*

④ *Ibid.*

⑤ *Ibid.*

主义的指导原则①。此一社会主义乌托邦的基础，显然是康有为的社会共同体而不是个人自主的理想。

在康有为的乌托邦思想中，目的论与价值论这两方面都受到详细的阐释，此后很少有人像康氏一样对这两方面都作详细的阐发。"软性"的乌托邦主义者胡适也不例外。

2．胡适

一般认为，胡适（1891—1962）是二十世纪中国最著名的自由派思想家。他在1910年代晚期，也就是五四运动期间声誉鹊起。胡适的乌托邦思想与儒学中的乐观主义有关。在四书成为宋明儒家学说核心的时期，此一乐观主义显得更为突出。四书对人性提出乐观的看法，极易转变成乌托邦思想。孟子思想是儒学现世乌托邦主义的代表，认为人人都可以如圣人一样达到道德至善境界。又因儒学认为政治是个人品德的延伸与扩大，个人道德之至善因而与社会道德之至善息息相关，是故，如何透过修身以达到道德至善之境，便成为宋明儒学的关怀重点。

宋明儒学的程朱学派提出"主智主义"的修身法门，强调对儒学经典的理解与掌握②。"主智主义"遂成为达致个人与社会道德至善的关键至要条件。我们不妨称程朱学派为"主智主义"的乐观主义。胡适的思想正受此影响。

胡适的父亲曾精研程朱学派的道德哲学，相信主智主义的

---

① 梁启超：《饮冰室合集·文集》，第3册，卷6《南海康先生传》，第76—78页。

② 冯友兰：《中国哲学史》，香港：太平洋图书公司，1956，第891—894页。

新儒家主流思想，早早就灌进他年轻的脑袋。胡适后来确实反对新儒学传统，但他反对的仅是其中的道德与知性内容。胡适始终抱持新儒学的信念，认为个人与社会道德的至善，必赖于知性的培养与知识的增长。正如胡适自承，此一主智型乐观主义使他早年开始研读西方哲学时兴趣偏向杜威（John Dewey，1859—1952）与赫胥黎（Thomas Huxley，1825—1895）的哲学世界观①。

当然，胡适在杜威与赫胥黎思想中找到的"主智主义"与他熟悉的儒家"主智主义"多有不同。由达尔文（Charles Darwin，1809—1882）演化论所揭示，再经赫胥黎与杜威发扬的科学方法与观念，迥异于儒家"主智主义"对知识与学习所下的定义。不过，我们不当忽略二者之间的共通性。正是由于这些共通性，胡适才得以从后者转向前者。胡适认为，程朱新儒学的中心论旨在于"学原于思"②。新儒学对"思考与推理"的注重，与赫胥黎及杜威再三强调方法论的精神实有相通之处③。此外，新儒学亦相信奠基于"思考与推理"的知识，是通往个人及社会至善的不二法门。正统新儒家的这种主智型乐观主义，很容易让胡适联想到赫胥黎与杜威④。要言之，赫胥黎思想表现出维多利亚社会对理性与进步的信心。学者也多半如此评论杜威的乌托邦主义思想，认为他的哲学源于一种乐观信念，相信唯一阻挡人类进步的因素是偏见与无知，而这两者

---

① 胡颂平：《胡适之先生年谱长编初稿》，台北：联经出版事业公司，1990，第82—83页。

② 同上。

③ 同上。

④ 同上。

可以透过科学理性加以扫除。胡适说，赫胥黎与杜威是他知识生命的两大源头。然而，我们不当忘记，他之所以能与赫胥黎、杜威的思想亲近，实是因为他的思想背景中的儒学影响为之垫脚。

胡适的儒学知识背景以及杜威、赫胥黎的知识乐观主义，最终发展成以科学主义为主的乌托邦主义。1920年代，中国知识分子掀起了科学与人生观的论战，胡适参与其中。从辩论中可以清楚看出他的科学主义态度①。胡适认为，科学是经验与知识的唯一有效的模式，也是吾人了解真实的基础。科学不单增加我们正确了解事物的能力，同时亦增加我们做出正确道德判断的能力。因此，人可透过科学建立起正确无误的生活观与世界观②。另一位科学主义者吴稚晖曾说："智识以外无道德。知识既高，道德自不得不高。"③ 由于胡适相当推崇吴稚晖，可以想见，他会赞同吴的观点。

对胡适来说，科学是人类进步的根基。他从西方文明的经验看到，只要科学不断发展，社会也就不断发展。这个结论也使胡适对未来的人类社会投射非常乐观的憧憬④。

胡适批评当时的保守主义者，认为他们将现代西方文明化

---

① 胡适：《胡适文存》，台北：远东图书公司，1983，第二集，卷一《科学与人生观序》，第120—139页。

② 《科学与人生观序》，第136—138页。

③ 吴稚晖从某个日本人处得到此一断语。见罗家伦、黄季陆主编：《吴稚晖先生全集》，台北：中国国民党中央委员会党史史料编纂委员会，1969，卷十《国是与党务》，第1235—1236页。

④ 胡适：《胡适文存》第三集，卷一《我们对于西洋现代文明的态度》，第1—15页。

约为物质主义取向的观点过于简单。胡适强调，现代西方文明的精神动力是理想主义，应当成为全世界的典范①。这种理想主义的根源是现代科学知识，它赋予人类无限智慧。因此他提出"科学万能"的观念，表示了人能征服自然，成为"世界的主宰"②。再者，科学带来的知识力量可以改善人类的道德境界。知识进步代表了理想的扩大、想象力的提升以及更丰沛的同情能力。借由这些能力的提升，人类得以创造、实现更高层次的道德理想③。胡适认为，西方在十八世纪揭橥的自由、平等、精诚一致等理想，以及现代所提倡的社会福利与其他社会主义理念，都证明了现代科学文化特别有助于道德的提升④。知识与道德的进步也指向现代西方文明另一重要趋势，用胡适的话说，就是宗教的人性化⑤。宗教人性化一方面与"神圣的不满"有关，意味着人类不安现状及与日俱增的需求⑥；另一方面，亦表示现代人不再乞求神明的帮助与照顾，而独自面对挑战与战斗⑦。胡适曾以一首通俗歌曲描写人类这种不信神的自立精神：

　　　　我独自奋斗，胜败我独自承当，

　　①　胡适：《胡适文存》第三集，卷一《我们对于西洋现代文明的态度》，第4—5页。
　　②　同上，第7—9页。
　　③　同上，第10—12页。
　　④　同上，第10页。
　　⑤　同上，第9、12页。
　　⑥　同上，第14页。
　　⑦　同上，第14—15页。

我用不着谁来教我自由，

我用不着什么耶稣基督，妄想他能替我赎罪替我死。①

　　重要的是，这种勇猛奋进的浪漫思想，充满着普罗米修斯式（Promethean）的自信。胡适强调，现代人舍弃了传统天堂乐土的想法，代之以人类有能力在此世建立天堂的信念②。胡适认为，这是现代西方理想主义中最令人兴奋的一面，而中国人也必需拥抱此一理想③。胡适借用丁尼生（Tennyson）《尤里西斯》的诗句，用以歌颂现代普罗米修斯的乌托邦主义。

然而人的阅历就像一座穹门，

从那里漏出那不曾走过的世界，

越来越远，永远望不到他的尽头。

半路上不干了，多么沉闷呵！

明晃晃的快刀为什么甘心上锈！

难道留得一口气就算得生活了？

…………

朋友们，来罢！

去寻找一个更新的世界是不会太晚的。

…………

用掉的精力固然不回来了，剩下的还不少呢。

---

　　①　胡适：《胡适文存》第三集，卷一《我们对于西洋现代文明的态度》，第8页。

　　②　同上，第9页。

　　③　同上，第1—15页。

现在虽然不是从前那样掀天动地的身手了，

然而我们毕竟还是我们……

光阴与命运颓唐了几分壮志！

终止不住那不老的雄心，

去努力，去探寻，去发现，

永不退让，不屈伏。①

（二）硬性的乌托邦论者——谭嗣同

在"软性"乌托邦理论出现的同时，中国智识阶层之间也出现了"硬性"的乌托邦主义。这位在戊戌变法时代曾与康有为合作的谭嗣同（1865—1898），是第一位清楚表达出"硬性"乌托邦思想的人。表面上看，谭、康二人的乌托邦主义相当一致，谭极为重视"仁"，与康殊无二致②。谭嗣同在作品中公开赞同康有为的历史三阶段论，而且特别强调"大同"的乌托邦理想③。而且，谭嗣同曾视康南海为思想导师④。不过，谭嗣同的思想并非始终一贯。他虽然赞同康有为的历史哲学，但其作品却流露壮烈的情怀，表现出"激进"乌托邦主义的态度。

谭嗣同比康有为更注重"仁"。他们都以儒家"天人合一"的思想为基础，反对正统新儒家的二元形而上学，将天人

---

① 胡适：《胡适文存》第三集，卷一《我们对于西洋现代文明的态度》，第14—15页。

② Hao Chang, *Chinese Intellectuals in Crisis*, pp. 66—103.

③ 谭嗣同：《谭嗣同全集》，北京：生活·读书·新知三联书店，1954，第51—53、337页。

④ 同上，第337页。

合一视为一元的本体论。我们已经讨论过，一元的本体论是指世界乃由不可再化约的元素"气"所构成。谭嗣同认为，"气"就是十九世纪西方科学中所说的"以太"（ether）[1]。由于"气"有两种存在状态，那么这种一元的本体论也就孕育着二元的存在秩序。在现实的世界中，"以太"以相当混沌、缓滞、不和谐的状态存在，但在存在的本体秩序中，"以太"却是纯净、活泼、生动、和谐。谭嗣同认为，"仁"的理想境界就是表现出此种存在的本体状态[2]。

谭嗣同通过政治及历史的发展，看到存在的二元秩序。他认为现实的存在秩序就是自秦统一天下以来的王朝秩序。他批判此种秩序只是一连串的政治掠夺与道德虚伪[3]。不过，谭嗣同并未像传统儒家一样，将王朝秩序的道德衰败与远古三代的道德纯洁相对比。反之，他瞻望未来，相信以"仁"为代表的存在理想秩序正在前面召唤我们，历史会"自苦向甘"[4]。一般认为谭嗣同借用了康有为的历史三世说，其实他主要的史观是视历史只有两阶段：自今以前的漆黑历史与自今而后的光明未来。

如何自黑暗走向光明？谭嗣同表面上取法康有为。诚如前述，康有为认为，要从黑暗走到光明，必须依靠道德的努力以及历史动力，而这个过程相当缓慢，必须经历三个历史阶段始能完成。虽然谭嗣同接受康有为的渐进式进步观，可是他猛烈

---

① 谭嗣同：《谭嗣同全集》，第 119—121 页。
② 同上，第 9—15 页。
③ 同上，第 54 页。
④ 同上，第 4—5 页。

地攻击传统的王朝秩序。谭嗣同"冲决网罗"的强烈悲情意象，表示了他认为现有的秩序应予以全面的摧毁①。

康有为的改革运动失败，谭嗣同成了慷慨成仁的烈士，更加增强了"冲决网罗"的全面否定意识。借由杀身成仁，谭嗣同以身验证，唯有流血才能洗净污秽的现在，中国的政治命运才能得到救赎②。1897至1898年，谭嗣同在湖南从事维新运动期间，便已显露此种思想倾向③。不难理解，谭嗣同死后，当时许多革命分子都以他为榜样④。如果我们考察谭嗣同的主要著作与政治活动，就会发现其中燃烧着强烈的悲情。在激情的比照下，他的渐进式进步观反而显得黯淡。谭嗣同强烈的悲情反映了他的信念——唯有经历翻天覆地的变革，才能通往乌托邦的未来。

谭嗣同的乌托邦理想究竟所指为何？我们见到，他的著作表达了挣脱传统制度的桎梏、追求个人自主的信念⑤。可是，我们也看到，谭嗣同以"仁"去勾绘一幅强调去私无我的一元世界图像；相较之下，他的自主观念显得无足轻重。谭嗣同的无我，是从新儒学、大乘佛学以及道家的神秘主义发展而来的，代表着无法言传以及直诉心源的思想⑥。但在这神秘意象之上，谭嗣同又加上一层理想社会秩序的想象，尽管他的阐释

---

① 谭嗣同：《谭嗣同全集》，第4页。

② 梁启超：《仁学序》，收入于《谭嗣同全集》，第515—516页。

③ 张灏：《烈士精神与批判意识》，台北：联经出版事业公司，1988，第71—86页。

④ 同上。

⑤ 《谭嗣同全集》，第51页。

⑥ 张灏：《烈士精神与批判意识》，第99—103页。

并不十分清楚。谭嗣同的理想社会秩序是一个有机的生命共同体，其中人与人的情感可以自然流露，无羁无碍，无疆无界。情感的交流既跨越国家与民族疆界，生命共同体便体现涵融万有的世界主义精神。这与新儒家"天下一家"的理想如出一辙①。既然情感交流不受社会中的性别阶级所囿，那么这个生命共同体便也具有极端的平等主义精神②。

谭嗣同与康有为的差异在于，谭不以制度的设立来表达乌托邦精神。因而，我们对谭嗣同的了解多半集中于他所反对的制度为何，而非他羡慕的理想制度为何。谭嗣同认为，理想秩序的降临不只反对君主体制，也反对儒家的"礼"教③。因为"礼"教不只充斥着压迫与歧视，更与以"仁"为基础的普世性的生命共同体精神对立④。儒家的"三纲"思想最能表现礼教这种压抑性与歧视性。谭嗣同发现，三纲之义为帝王的权威结构与家庭制度在意识形态上加以神圣化。而此结构与制度，正与他的乌托邦理想的道德精神相抵触⑤。由此观之，谭嗣同相信，唯有推翻传统制度基本结构，理想秩序才能落实。

从谭对"仁"的阐释，我们还可看到动力主义（dynamism）与行动主义（activism）在谭嗣同的大同无私之理想中的重要性，如此才能真正了解他的乌托邦主义的性格。谭嗣同想象的无私的理想世界，并非静如死水，而是动态的和谐⑥。

---

① 张灏：《烈士精神与批判意识》，第89—129页。
② 同上。
③ 同上，第114—129页。
④ 同上，第117—129页。
⑤ 同上，第121—129页。
⑥ 同上。

谭嗣同认为，儒家的"仁"肯定生生不息的生命，而这正是生气勃勃的理想世界的基础①。然而，他对"仁"的理解毕竟与儒家对生命的见解不同。例如谭嗣同虽然在《仁学》中同时肯定生命与世界，可是他的人生观与世界观却极向往西方工业社会的文化精神。

他惊叹西方科技的威力与成就，并认为这与西方视时间为珍宝、高度的惜阴的看法有关。谭嗣同说，现代技术发明，诸如汽船、火车、电报等等都是省时的宝贵工具，它们的出现不啻让人类寿命延长好几倍②。谭嗣同对西方人的旺盛精力与蓬勃生命力印象深刻，他甚至认为，他们之所以取得惊人成就并不断在世界扩张其势力，主要受惠于这种文化气质③。《仁学》强调的另一个价值是"奢"④，但它不同于字面上的"奢侈"、"浪费"之意，而是指尽量地消费、投资、享受、充分地以及一往无前地生活的意欲。因而，"奢"与繁荣工业社会中常见的恣意浪费、纵情精神毫不相干。谭嗣同颂扬"奢"，表明他对工商业社会的精力与动能有着无比信心与向往。因此，谭嗣同肯定生命的"仁"观，带有现代西方普罗米修斯的精神特质⑤。

科学诚然是谭嗣同的普罗米修斯世界观的核心，但他的科学观表现出强烈的转化意识。谭嗣同认为，科学除了带来征服自然、主宰世界所需的知识力量，也提供了解开宇宙与生命的

---

① 张灏：《烈士精神与批判意识》，第 121—129 页。

② Hao chang, *Chinese Intellectuals in Crisis*, pp. 92—93.

③ *Ibid.*

④ *Ibid.*

⑤ *Ibid.*

终极实在奥秘的钥匙。正如前述，谭嗣同把终极实在视为由
"气"或"以太"合成的浑然之物。可是人类的思维与观察习
于分判，以致无法看见浑然无别的真实①。想要探知终极的实
在，可以乞灵于各种宗教神秘主义型的灵知（gnosis），尤其是
大乘佛学②。谭嗣同相信，科学可以使人了解宇宙的终极结构
——以太。此外，科学也有助于人超越习以为常、扭曲真实界
的分别等差思维。可以说，谭嗣同其实将科学视为一种重要的
灵知。根据这种看法，他认为西方科学与儒学之间，有着极为
深刻的思想亲和性③。

简言之，科学与宗教都是灵知。对谭嗣同而言，这种科学
性的灵知极为重要，它不只带来知识的启蒙，还是解救世人的
良方妙药。原因是，终极圆融的知识能改造人的精神生命，从
而体验与宇宙整体合而为一的幸福④。因此，谭嗣同热衷于西
方科学与科技，反映了神秘的灵知心态以及普罗米修斯式的世
界观。一旦这种心态及世界观与追求无私无我的大同世界的道
德精神理想结合，就会在二十世纪的中国引发极端的乌托邦主
义思想资源。

（三）无政府主义者——刘师培

继承谭嗣同的硬性乌托邦主义精神的，并非他的维新改革
派同志，而是鼓吹革命与无政府主义的激进知识分子。他们在

---

① 谭嗣同，《谭嗣同全集》，第 11—18 页。
② 同上，第 32—34、47—50 页。
③ 同上，第 33 页。
④ 同上，第 32—34、47—50 页。

1900 年代的革命运动中，人数虽然不多，却发出了高亢的声音①。中国无政府主义者的乌托邦思想，主要受当时欧洲的无政府主义思潮影响。可是，中国传统，尤其是儒家思想，为他们的乌托邦思想作了一些铺路的贡献。大多数中国无政府主义者在接触西方思想之前，已深受儒学熏陶。因此，研究中国无政府主义者的乌托邦思想，必须注意他们受到儒学的一些影响。

刘师培（1884—1919）就是个好例子。刘在无政府主义知识分子中具有领导地位。1900 年代晚期，中国出现三份无政府主义刊物，刘主编其中两份②。刘师培祖上世代习儒为官，家世中儒学传统深厚③。因此他从小就接受良好的儒学教育。年约二十，已是颇享盛名的学者，擅长当时流行的考据之学，也就是"汉学"④。所以，刘师培虽然自青年时期就被"西学"吸引，但儒学早已在他心中生根。

从 1905 年出版的重要论著《伦理学教科书》来看，不难发现儒学对刘师培的影响⑤，因他仍以儒学的"修身"来阐述伦理学⑥。毋容置疑，刘师培的修身观念已与传统不同，他排斥儒家的"礼"教，尤其是其核心思想"三纲"说⑦。此外，

---

① Peter Zarrow, *Anarchism and Chinese Political Culture* (New York: Columbia University Press, 1990), pp. 172—173.

② Hao Chang, *Chinese Intellectuals in Crisis*, pp. 172—173.

③ *Ibid.*, pp. 146—149.

④ *Ibid.*, pp. 146—147.

⑤ *Ibid.*, p. 156.

⑥ *Ibid.*, pp. 156—162.

⑦ *Ibid.*, p. 162.

他的人性观也受西方学说影响。例如，他喜欢以心理学概念取代传统儒学常用的形上学语言来阐述人性论[①]。但是，刘师培在讨论修身的方法时，仍保留了大量儒家有关精神修养与性格锻炼的思想[②]。更重要的是，他心目中的伦理学的终极目的，与四书的道德理想主义极为相近。只不过刘已不再使用儒家的"圣人"与"君子"观点来讨论人格理想。此外，刘师培也摆脱儒家的圣王传统，不以三代作为社会至善的典范。尽管如此，我们仍可以从刘师培的"完全之个人"与"完全之社会"两个概念清楚看到，他仍受儒家的影响，关怀自我与社会道德如何臻于至善的问题[③]。

究其实，刘师培之所以对现代西方的民主意识形态感兴趣，正是受儒家传统对自我与社会至善的追求的引导。例如他在他的重要论著《中国民约精义》中说，儒家理想秩序"大同"之世的来临，就是民主制度普遍实行的时刻[④]。因此，我们无需讶异刘师培常常透过儒家用以定义自我与社会至善的道德理想去认识民主观念。在刘师培的作品中，民主观念常常不可避免地沾染浓厚的儒家道德理想主义色彩[⑤]。

在他奉民主制度为理想秩序之后不久，刘师培东渡日本并一变成为无政府主义者[⑥]。接受无政府主义思想后的刘师培，

---

① Hao Chang, *Chinese Intellectuals in Crisis*, p. 158.

② *Ibid.*, p. 159.

③ *Ibid.*, pp. 156—157.

④ *Ibid.*, p. 164.

⑤ *Ibid.*, pp. 149—167.

⑥ *Ibid.*, pp. 172—173.

对代议制度感到不满，再也无法热情鼓吹民主制度①。虽然如此，刘的无政府主义作品仍然带有许多自由主义的理想，诸如自由与平等。更重要的是，他发现人可以借无政府主义通往自我与社会的道德至善②。

是故，我们不能单从现代西方寻找中国无政府乌托邦主义的知识来源。以刘师培为例，还必须考虑儒家乐观主义与道德至善主义的因素。对刘师培及其思想同道而言，无政府主义究竟追求何种乌托邦社会？我们可以从一群无政府主义者于1907年创办于巴黎的《新世纪》的创刊号寻得一些线索。该刊的首篇文章宣称，现代社会进步的动力来自于"公理"与革命的结合③：公理为人类设定目标，革命则是达成目标的工具。这篇文章对未来充满乐观，相信公理与革命的结合必定有利于开启无限的进步，而且会为二十世纪带来理想秩序④。

这种高亢的乐观主义其实是中国无政府主义者的特征。可是，他们的革命所指为何？他们之所以赞美革命，当然与无政府主义者对社会进步的信念有关。可是他们也相信，彻底打破既有秩序将加快进步的速度，跃入理想的未来。为了仔细分析中国无政府主义者的目的论理想，我们必须去认识克鲁泡特金（Kropotkin，1842—1921）的革命思想，因为他是中国无政府

①　Hao Chang, *Chinese Intellectuals in Crisis*, pp. 174—175.

②　*Ibid.* , pp. 173—174.

③　新世纪书报局编：《新世纪》（*La Tempoj Novaj* ）1（June 22，1907）。收于沈云龙主编：《近代中国史料丛刊．三编》，第32辑，台北：文海出版社，1987，第1—2页。

④　同上。

主义者心目中的守护神①。

　　克鲁泡特金的革命思想受欧洲启蒙运动的乐观人性论影响②。这一乐观主义强调人性本善，与基督教的原罪观相对立。根据基督教的说法，人性在堕落后已经腐化。因此，人无法管理自己；惟有借外力的控制，人们才能共处。也因此，基督教思想认为社会制度是人类之必需。但是克鲁泡特金却认为，社会制度本身才是堕落的渊薮。如能将之消除，人就可以恢复没有罪恶的生活。诚如一位学者所言，"基督教以堕落说明制度的必要性，克鲁泡特金则是以制度说明堕落。"③ 由此观之，克鲁泡特金的人性论就是他的政治观的基础。罪恶来自于人性之外的制度，如能以革命手段拔除此一罪恶之根，人就可以进入一个充满善意的乐园④。

　　中国无政府主义者之所以接受克鲁泡特金的革命理论，一方面出于回应现代西方的人性论与社会观，但更重要的是受自己传统的影响。首先，克鲁泡特金从欧洲启蒙运动得来的乐观主义，让中国无政府主义者联想到孟子的性善论。可是，以孟子性善论为本，儒家却发展出与克鲁泡特金相当不同的政治观点。儒家同样视政治为个人人格的放大与集体表现，其首要之务在于洗涤人心、彰显本性。因此，儒家政治特别强调道德教

---

　　① 　在无政府主义者的刊物中，不论是发行于东京的《天义》报、《衡报》与巴黎的《新世纪》，克鲁泡特金的身影逐渐压盖过其他的欧洲无政府主义思想家。

　　② 　Eric Voegelin, *From Enlightenment to Revolution* (Durham: Duke University Press, 1975), pp. 218—219.

　　③ 　*Ibid.*；此处意见系根据佛吉灵的分析。

　　④ 　*Ibid.*

育，强调转化人的性格，而非改变制度。儒家的这种政治观点与克鲁泡特金或基督教的政治观均很有不同。

不过，克鲁泡特金的人性论却与新儒学的非主流思想相当契合。有些宋明理学家认为，人性由气组成，而气的纯朴状态充满生机与善①。正如前述，康有为与谭嗣同的人性观与此派思想极有渊源②。谭嗣同从此派理学出发，指出人性之本善与生命力之所以受到压抑与污染，是受制度环境影响③。所以，克鲁泡特金的人性论，其实强化了某种早已在中国知识阶层孳生的人性论。

综上可知，中国无政府主义者的革命论，其实结合了欧洲近代启蒙运动以及儒家两大传统的乐观主义。这种革命理论势将为二十世纪中国知识阶层，尤其是左翼分子所广泛接受。

中国无政府主义者认为只有透过革命才能实现"公理"于理想秩序之中。那么，何谓"公理"？这些无政府主义者所指的"公理"，明显包括他们自欧洲近代思想所学得的道德、政治理想。若以刘师培的思想为例，个人自由在"公理"中当占有重要位置④。如前所述，追求自我与社会的道德至善，是刘师培无政府主义思想的主轴。与康有为一样，他认为个人自主是道德至善的首要条件。

不过，对刘师培及其无政府主义同道而言，个人自主诚然重要，但毕竟只是"公理"的一部分，还有其他"公理"，如平

---

① 嵇文甫：《王船山学术论丛》，第83—98页。
② Hao Chang, *Chinese Intellectuals in Crisis*, pp. 41—50, 84—93.
③ *Ibid.*, pp. 84—103.
④ *Ibid.*, pp. 149—167.

等，普遍无私的爱等等都是其中荦荦大者。中国无政府主义者对普鲁东（Proudhon，1809—1865）、巴枯宁（Bakunin，1814—1876）、克鲁泡特金等人的集体无政府主义的青睐，远胜于对史特纳（Max Stirner）所代表的个人无政府主义的兴趣，说明了他们对平等及无私博爱的执著。[①] 在普鲁东等人的无政府主义中，平等与互助合作的理想和个人自主同等重要。不过，在集体无政府主义的不同版本中，克鲁泡特金的思想最为中国知识分子钟爱。因为克氏向世人揭示，个人自由与互助并非两相排斥。反之，它们可以并存，共同构成理想秩序的伟大远景。克氏在他的"互助"理论中申明这种观点[②]。克氏认为，人性既有乐善好施的本能，也有自私的天性。同情心与慈悲心，一如忌妒与憎恨一般自然。因此，人的个人化，并不必然造成离群索居。人类的互助天性，会让他们群居合作。克氏据此很天真地认为，自主的个人会融入一个互爱互助的生命共同体。他这种看法后来变成中国知识分子最向往的一种理想[③]。

　　一个有趣的现象是，刘师培及其无政府主义同志有时以"大同"这个传统观念来阐释他们的乌托邦理想[④]。这让我们联想到康有为的乌托邦思想。不过刘与康的乌托邦主义有明显的差异：一个是"硬性"的，另一个是"软性"的。康有为相

---

① 《天义》，第6期，第145—148页。
② 同上，第11、12期，第383—386页。
③ 同上。
④ 例如刘师培就在他的《衡报》将无政府主义的理想社会称为"大同"。吴稚晖也以相同词汇描述他的无政府主义秩序。见刘师培：《衡报发刊词》，收入于《刘师培全集》，北京：中共中央党校出版社，1997，第495页。

信"大同之世"会来临，但却在遥远的未来，而无政府主义者相信乌托邦有可能立即降临。康有为认为"大同"之世的出现，必须借助于超越个人的历史力量，而无政府主义者却认为，理想秩序的到来出于人类自觉的行动的创造，也就是社会革命。在康有为的理想中，世界共同体有着一个强有力的社会主义型的政府领导，而无政府主义者的未来蓝图则以克鲁泡特金的无政府共产主义为基调，政府并不具备任何角色①。克氏的理想秩序是由自主小团体共同组成的松散联治组织②。尽管这两种乌托邦主义存在上述差异，我们仍不当忽视其共通性。它们都冀盼一种世界共同体，其中既体现平等与独立自主，却又相当吊诡地表现出无私的道德团结。二者都认为无私团结与人自主完全可以相容，不会冲突。这种想法长期存在于二十世纪中国知识阶层，成为他们世界观的一个主要特征。

对中国无政府主义者来说，"公理"就是以克鲁泡特金为首的西方无政府主义者所揭示的启蒙道德理想。此外，"公理"不只是主观的道德价值，也是以科学为基础的客观真理。就这一点而言，克鲁泡特金对中国无政府主义有着决定性的思想影响。刘师培对克氏思想的阐释可以说明这点。刘师培认为，克氏的无政府主义是一种非常科学的理论。他指出，克氏除了赞赏启蒙的理想，同时也热情接受达尔文的进化论③。可是，这位俄国无政府主义者并不接受赫胥黎版本的达尔文主义，因为

---

① 《天义》，第 3 期，第 24—36 页。
② 同上。
③ 同上，第 11、12 期，第 383—386 页。

赫胥黎认为进化源自竞争（的机制）①。与赫氏相反，克氏认为进化起于合群与互助，这可以从动物或部落社会的行为得到证实②。

刘师培又认为，克氏的无政府主义观点具有科学性，不只因为它以经验研究为基础，同时也因为克氏本人具备自然科学知识。克氏认为，无政府主义最重要的信念是：人是自主的个体，因此社会必须建立在人与人的自愿合作，而不是依赖政府的强迫配合③。他这信念不只出于他个人的想法，更是从自然科学的真理推论而成④。

天文学可以说明这个道理。克氏指出，古代天文学认为地球是宇宙的中心，到了中世纪，地球中心论被太阳中心论取代，而现代天文学则认为，无垠无涯的宇宙系由无数星河组成，并无所谓中心⑤。克氏进一步说，现代物理学也有相同结论：原子小宇宙一如大宇宙，并无所谓中心的存在。每粒原子都会与其他原子碰撞互动，可知原子运动并非受外部压力所致。每粒原子的运动总是依照自己的律则进行⑥。同样的，现代生物学也不相信人的灵魂有个中心，反而认为身体是由各个细胞自发协调合作组成的复合体⑦。刘师培说，克鲁泡特金从科学理论的发展得出结论：人类世界必须按自然规律组织。因

---

① 《天义》，第384—385 页。
② 同上，第3 期，第43—46 页。
③ 同上，第11、12 期，第386 页。
④ 同上，第386—388 页。
⑤ 同上，第386—387 页。
⑥ 同上，第11、12 期，第386—387 页。
⑦ 同上，第386—388 页。

此，每个个体应当保有自由，而彼此又当如自然界的现象所示，自发地协调合作①。

科学主义在克鲁泡特金的无政府主义中占据相当分量，而科学主义又让无政府主义的理想在中国信徒眼中增添一些光环。刘师培就说，克鲁泡特金之所以能在无政府主义者中出类拔萃，是因为他以科学证明自己的观点。刘师培表示，这不是他的一己之见，而是中国无政府主义的普遍看法。其实，无政府主义者能在中国成为提倡科学主义的先驱，主要也是受克鲁泡特金的影响②。就科学主义这个面向来说，吴稚晖是中国最热心又最具影响力的无政府主义者③。

吴稚晖（1865—1953）常以"大同"这个传统观念表述"无私"、"博爱"的理想，并期待理想秩序的出现能具体展现这些精神④。他强调，必须透过革命与教育才能建立起理想秩序。他所谓的教育，基本上是指科学教育。他在 1908 年所写的一封信中说道："值得称之为教育者，只有物理、化学、机械、电机教育。"⑤ 吴稚晖为何如此重视科学教育？一部分原因在于他相信，道德是科学知识的结果。我们在讨论胡适的章节中已提到，吴稚晖对科学知识充满无比信心，认为它是人类道

---

① 《天义》，第 388 页。

② 同上，第 383—385 页；第 3 期，第 43—44 页。

③ D. W. Y. Kwok, *Scientism in Chinese Thought 1900 —1950*（New Haven: Yale University Press, 1965）, pp. 33—58.

④ 《吴稚晖先生全集》，卷一《哲理》，第 142—145、168—172 页。

⑤ 《吴稚晖先生全集》，卷十《国是与党务》，第 1235 页。

德进化的动力所在①。此外，吴稚晖之所以崇拜科学，也因为科学是科技的基础；唯有当科技征服自然、改善物质环境之后，"大同"世界才会降临。吴稚晖提出"科学万能"这句广为人知的口号，来表达他的科学乌托邦理想，并终生致力于科学的普及②。

(四) 五四激进派——李大钊

一直到 1910 年代下半叶，"硬性"乌托邦主义，始终局限于一小群激进知识分子的圈子里。五四运动期间，共产主义运动的兴起加速了这种乌托邦主义在中国知识阶层的传布。我们可以从中国共产党创始人之一的李大钊（1889—1927）的思想，大约看到此"硬性"乌托邦主义所含有的目的论史观。李是五四运动期间最早回应 1917 年布尔什维克革命的知识界领袖，他也因而接受了共产主义。他感受到俄国革命带来了新的时代，此一时代意识正是他对俄国共产革命的主要观感。李大钊认为，世界将进入"新纪元"，而俄国革命正是将世界带入二十世纪的主要动力，一如 1789 年的法国革命将世界带入了十九世纪一般③。值得注意的是，他以圣经的洪水故事比喻革命。洪水譬喻背后所隐藏的意涵是，俄国及法国革命都是新时代降临前所必需的巨大暴力与破坏。因此，李大钊的时代意识不只是期待新时代的即将降临，同时也认为革命具有基督教救

---

① 《吴稚晖先生全集》，卷十《国是与党务》，第 1235 页。

② 《吴稚晖先生全集》，卷一《哲理》：第 1—95 页；卷四《科学与工艺》：第 1—305、418—421 页。

③ 《新纪元》，收于《李大钊选集》，北京：人民出版社，1959，第 119—121 页。

世的意义，使人得以跃进光明的未来。

李大钊的时代意识，反映了一种目的论史观。可以想见，他的目的论主要得自西方的进步史观。1923年，李大钊发表了一篇讨论社会主义乌托邦起源及其历史意识的文章，特别称述孔多塞、圣西门、孔德等人的思想，并由此追溯到欧洲的启蒙运动①。李大钊从这一线索看去，认为马克思的史观是这个传承的进一步发展。李大钊在文章中表示，他如此评断的原因在于马克思的思想使人更确定社会主义乌托邦的来临。前人的社会主义史观强调，理想秩序的到来必须仰赖人的理性。但马克思根据他对历史规律的研究，预言了降临的必然性②。马克思不只冀望乌托邦的来临，而且知道它必然会来③。

不过，这只是李大钊拥抱马克思史观的原因之一。比较完备的解释是，李大钊不只在马克思主义中发现有关社会主义乌托邦的历史必然性，还发现了马克思主义也孕育了"当下时代的临盆感"（a sense of pregnant present），这与他本人的时代意识特别相契。马克思说，人类已走到历史的关键时刻，革命已蓄势待发④。一方面来说，革命顺着历史前进的动力，即将引进"新纪元"。从另一方面来看，人可以透过意志与努力，加速革命的到来。李大钊及其同道发现，只有在马克思主义中才能找到既有确定感又有参与感的乌托邦思想⑤。

虽然马克思主义史观相当重要，但它毕竟不是构成李大钊

---

① 《李大钊选集》，第464—475页。
② 同上，第464—465页。
③ 同上。
④ 同上，第64、93—96、112—118、119—121、177—186页。
⑤ 同上，第93—96、177—186页。

时代意识的唯一因素。中国传统中的一些目的论时间观，同样培育了李的时代意识。在他初识马克思主义之时，他的世界观便已带有不断更生的观念，这与中国目的论时间观有关①。无尽更生的时间观认为宇宙是无限的过程，既无开始亦无结束。此一永恒的时间之流是生老病死的无限循环。李大钊有时甚至用佛教的"轮回"概念来表达这一永恒的时间之流②。可是，李大钊的观点与佛家对轮回的原始定义不同。他并不认为时间的永恒循环有负面意义，以为宇宙就是愁惨不断地往复循环于生、死与再生之间。相反的，李大钊的时间观与儒家甚为接近。儒家对时间流变的思考常出现乐观的宇宙感（cosmic optimism）。儒家与佛教的确都同意时间的循环往复，不过，儒家思想的宇宙循环观并不是像西塞佛斯（Sisyphus）推石头一般的无尽而单纯的重复，而是"生生不已"的生命动力。因此，宇宙生命将会经历无尽的自我更生。李大钊尤其受儒家这种宇宙乐观主义的激励③。由于李大钊的儒家思想背景，使他视宇宙的时间之流为生生不已的过程。所以他说，宇宙之运行如"无尽之青春"④。

除了宇宙内含的新生动力外，人类固有的能动本性也支撑着这种生生不已的过程。李大钊此处的见解，显然来自儒家的"天人合一"思想。李在一篇文章中说道："我即宇宙，宇宙即

---

① Maurice Meisner, *Li Ta-chao and the Origins of Chinese Marxism* (Cambridge, Mass.: Harvard Universtiy Press, 1967), pp. 21, 25—28.

② 《李大钊选集》，第65—68页。

③ 同上，第67页。

④ 同上，第67、95—96页。

我"①。宇宙与自我的连结，一方面使自我得以实践其道德意志，另一方面也让宇宙蓄储其道德能量。因此，尽管宇宙会在衰老阶段颓坠不振，但衰老的过程可能被逆转，并导入复苏之路②。李大钊从儒家的乐观主义得到这样一个信念：集体或个人都能获得新生，并且能透过人的意志与努力加速它的实现。

从上可知，李大钊的时代意识既受西方又受中国传统史观的影响。可是，五四时期也出现另一种同受西方与中国史观影响的时代意识，它的表现方式极富戏剧性。年轻的郭沫若（1892—1978）是五四的名作家。他在1921年发表长诗《凤凰涅槃》，收录于诗集《女神》之中③。这首由三幕场景组成的长诗，迅即受当时中国知识分子的注意。诗的开首描写一对凤凰在除夕之夜盘旋于火炬之上，准备自焚。这两只凤凰在凌空飞绕时，唱出凄哀怨曲，对那些桎梏在这残酷阴森世界里的麻木、悲惨生命发出怨怼与哀恨。第二幕描写这对凤凰在火炬中自焚成灰，将腐败的旧世界一并带入死亡。诗的末段描写两只凤凰从灰烬中重生。随着凤凰的重生，涅槃出现，地球获得新生④。

郭沫若这首诗是一则寓言，目的在传达他的理想。郭认为革命是摧毁旧秩序的必要手段，也是理想新秩序的催生婆。郭沫若将这复活再生的场景摆在除夕之夜，具有特殊意义⑤。一如其他地方，中国的除夕代表旧时间的终结，新时间的开始。

---

① 《李大钊选集》，第75—76页。
② 郭沫若：《女神》，香港：三联书店，1958，第38—58页。
③ 同上，第38—58页。
④ 同上，第38页。
⑤ 同上。

所以，郭沫若的诗与李大钊的文章一样，都孕育了时代的临盆意识。

郭沫若的时代意识的核心在于生与死的辩证关系：生命种子只存于死亡之中①。这首诗附有一篇短序。郭在序中说，此诗取材于近东的凤凰神话②。即使诗中的凤凰寓言取于域外，但其中强调的生死辩证观念，并非中国文化传统所无，因为儒佛两家思想可以提供许多例证。

不过，郭沫若对凤凰神话还做了一个重要的更动。在原来的神话中，自焚前的凤凰已活了500年，在劫火重生后又活了500年。因此原来的神话隐含了循环的历史观。但郭在短序中剔除了此一循环史观。他斩钉截铁地宣称，凤凰重生后永不再死③，因而把原来的寓言修改为隐含线性发展史观的末世神话（eschatological myth）。

郭沫若对时间概念的更动并非偶然。他当时受马克思主义影响，很可能按马克思的历史终极史观改写这个关于再生的东方神话④。结果，西方与本土传统共同铸造了当时的时代意识。

郭沫若的时代意识虽然以理想秩序为重心，但他是用朦胧的诗的语言去表现此一理想。若想要掌握五四激进分子的乌托邦理想的主要特色，我们就不得不回到李大钊的作品中去寻找。从李对俄国及法国大革命的比较中，我们可以发现其中一项特征。在法国大革命主导的时代里，民族主义是当时的秩序

① 郭沫若：《女神》，第38页。
② 同上。
③ 同上，第38—58页。
④ 《李大钊选集》，第102页。

原则；在俄国革命主导的时代中，世界主义与人道主义将盛行于世①。这个新时代的到来，将是他的"大同世界"的序幕②。

李大钊所预想的未来世界，其体制将是民主制度③。他不曾为民主制度下过清晰定义，不过可以看出无政府主义的影响。他的民主观的一个特征是其民粹意识④。他跟无政府主义者一样，不信任代议政府。他反对议会政治，认为它只是为中产阶级的利益而设。相反，他设想的政府是为所有人民的利益服务。由于这个原因，李大钊很自觉地将民主（democracy）译为"平民主义"，特别强调人民大众的政治角色，从而突显民主政体中的民粹特质⑤。

从普鲁东、巴枯宁到克鲁泡特金的无政府式共产主义有一个共同特色，就是认为联邦主义是无政府政治秩序的基本组织结构。李大钊对这个观点特别感兴趣，认为这是全球共同实行民粹式的民主制度的唯一可行方法⑥。

可是我们更需注意的是，李大钊民主思想背后的无政府主义因素。在一篇论民主制度展望的长文中，李大钊一开头就热烈地构想一幅世界大解放的图像，相信那是现代最主要的潮流。"现代的文明是解放的文明。人民对国家要求解放，地方对中央要求解放，殖民地对殖民帝国要求解放，弱小民族向强大民族要求解放，农民向地主要求解放，工人向资本家要求解

---

① 《李大钊选集》，第130—134、303—304 页。
② 同上。
③ 同上，第395—400、407—427 页。
④ 同上。
⑤ 同上，第130—134、395—400、407—427 页。
⑥ 同上，第130 页。

放，女子对男子要求解放，子弟对亲长要求解放。所有现代政治或社会运动，都是解放的运动！"①

但这文章的重点在吁请读者注意他所谓"解放的精神"的两重特质②。他一再强调，解放运动从来不只是为了解放而解放，解放的目的在于建立全新的生命共同体。是故，对李大钊而言，表面上看似单纯合一的人类大解放，骨子里其实包含两种运动："一方面追求自我与社会的个体解放，另一方面提倡世界的合作。"这里所谓的合作，也就是克鲁泡特金的互助理想③。

李大钊认为，这两类运动表面看似相对立，其实是相辅相成。李大钊甚至认为两者互补最终使它们合归于一，共同通向一个"互助"的社会④。

对个人解放的赞歌，最终成了对团结合作的呼吁。正如李大钊所说，毕竟合作才是社会主义理想秩序的基础。"（社会主义的）基础是和谐、友谊、互助、博爱的精神。就是把家族的精神推及于四海，推及于人类全体生活的精神。"⑤ 我们从李大钊的理想不只见到克鲁泡特金无政府主义式的共产主义，也见到以"天下一家"观念所概括的世界共同体的儒家理想。

---

① 《李大钊选集》，第 130 页。
② 同上，第 131 页。
③ 同上，第 221 页。
④ 同上，第 222 页。
⑤ 同上。

三、结　论

在此文我追溯中国"转型时代"的"硬性"与"软性"两类乌托邦的思想。我认为它们都在回应二十世纪中国面临的双重危机。这两派都将乌托邦主义等同于儒家的"大同"（great community）理想。儒家乐观主义的核心信念，是相信人与社会在道德上有臻于至善的可能性。儒家之所以有此信念，在于相信人能完全彰显本性中的神性。因此，儒家乐观主义具有把人神化的倾向。

在转型时代，过分的乐观主义伴随着现代西方的伦理价值进入中国，并强化了儒学的乐观主义。过分的乐观主义既带有浮士德—普罗米修斯的精神取向，也有灵知论对世界的憧憬，它们也助长了当时把人神化的思潮。史华慈（Benjamin Schwartz）曾指出，中国在追求富强时展现了浮士德—普罗米修斯的精神。根据本文的论证，我们发现中国的浮士德—普罗米修斯精神也可以进入中国知识分子追求"大同"的乌托邦理想①。

科学主义是浮士德—普罗米修斯精神以及灵知论者对世界憧憬的一个共同焦点。可是科学主义常常与民主政治联系在一起，而民主思想又是中国乌托邦理想的一个重要燃煤。民主在中国乌托邦理想中常常代表道德秩序，具有两种功能：其一，将个人从代表思想与体制桎梏的既有社会政治秩序中解放出

---

① Benjamin Schwartz, *In Search of Wealth and Power*: *Yen Fu and the West* (Cambridge, Mass.: Harvard University Press, 1964), pp. 237—239.

来；其二，塑造无私无我的人类共同体。这两种功能吊诡地结合在一起。民主同时兼具上述两种功能，但在中国的乌托邦理想里却更强调后者，依此，自主的个体有趋势为无私的世界共同体（universal gemeinschaft）所淹没（merge）。

由儒家及西方入世乐观主义共同哺育的中国转型时代的乌托邦主义，常环绕科学主义与民主的理想化而展开。这种乌托邦的思维模式继续引起五四以后的知识分子的共鸣。这不得不令人回想起转型时代的乌托邦思想的涌现①。是故，研究转型时代乌托邦主义兴起的过程，就是探讨中国现代思想极为重要一面的根源。

---

① 中研出版事业公司编：《知识分子评晚年毛泽东》，九龙：中研出版事业公司，1989，第32—120页。

殷海光先生的理想主义道路：

从公共知识分子谈起 *

　　大家好。今天真是一个很难得的聚会，在殷先生逝世 40 年之后，当他当年教过的年轻人已变成白发老人的时候，大家还能从世界各方赶来参加这个聚会，纪念他，怀念他，并为此作一些学术讨论。殷海光基金会要我为这场讨论会作一个开场白。大家都知道，殷先生这一生的努力与志业有两方面特别为世人景仰与怀念：一方面是他为自由主义所作的阐扬、奋斗与牺牲，另一方面是他作为公共知识分子所走的思想道路。关于自由主义这一面，待会接下来有几场专题讨论。在这开场白里，我想就集中谈谈他作为公共知识分子这一面。

　　关于殷先生作为公共知识分子所走的生命道路，我认为在三个方面的表现，特别值得我们注意：

---

　　* 殷海光基金会为纪念殷海光先生逝世 40 周年暨雷震先生逝世 30 周年，以"追求自由的公共空间：以《自由中国》为中心"为题举办学术研讨会（1998 年 8 月 15—16 日）。本文即为张灏先生为研讨会所作的主题演讲。

一、超越学术专业的限制，走入公共空间

20 世纪末叶，西方文化界、思想界出了一个新观念——公共知识分子。这个观念是美国学者罗素·雅各比在 1987 年《最后的知识分子》这本书里首先提出，立刻产生广泛的回响，其中包括萨依德的名著《知识分子论》。就以这两本书而论，它们的中心意思，都是对当代知识分子发展趋向表示不满，认为知识分子已失去知识分子应有的职责与功能，对政治社会没有理念与关怀，不能发挥批判意识。究其原因，说法虽有不同，但这番公共知识分子的讨论似乎都集中在一点：现代学术界的职业精神要负责任。这种职业精神发展过度，已有专业挂帅的趋势，在这趋势笼罩下，知识分子只注重自己的专业知识，只重视个人的学术成就与职业升迁，除此之外，漠不关心。雅各比与萨依德这些感慨主要因为这种专业挂帅的发展趋向与他们心目中的知识分子典型不合——他们的典型是老一辈的西方理念型知识分子：罗素、萨特、Edmund Wilson、Lewis Mumford，等等。这些人都是本着理念与知识，走入公共空间，面对时代的问题，真诚而勇敢地发言与介入。雅各比称这些人为公共知识分子，以别于一般的知识分子。

从这个观点去看殷先生，他毫无疑问是中国在 20 世纪下半叶的公共知识分子的一位先驱与表率。大家都知道殷先生从少年时代就非常好学，已经开始他一生的知识追求。在高中就曾翻译西方逻辑的书，后来在大学师从金岳霖，进入哲学的领域。他在哲学的专业，多半集中在逻辑经验论、分析哲学，这一类很专门、很技术性的哲学。他在这方面的兴趣始终不衰，

不断地钻研，求长进。但他从不以此自限，从大学起就热切地关心书斋外的时代问题。面对现代中国的政治社会危机，不断地"焦灼的思虑"，不断地提出自己的看法，热烈地参与当时的各种政治社会的活动与讨论，从此终生把他的知识与理念，投入公共空间，发为社会良知、批判意识与抗议精神。甚至不惜冒着自己职业与生命安全的危险，为当时台湾与 20 世纪后半叶的华人世界树立了一个公共知识分子的典型。

二、以大无畏的精神，面对白色恐怖，批评时政

我方才提到在西方，特别是在美国，谈公共知识分子，特别强调他需要超越学术专业精神。这种态度是可以了解的，因为这是目前在西方公共知识分子难产的最主要一个原因。但在当代的中国与 40 年前的台湾，要谈公共知识分子这一角色，就不能只专注在超越专业精神这一点。因为在中国的环境里，公共知识分子还要面临另一个更大的困难，那就是来自政治权威的威胁与迫害。殷先生作为一个公共知识分子，在这方面的惨痛经历，是在座诸位都很熟悉的。他在这方面的种种表现，我想大家都会同意，是他生命中最光辉、最动人心弦、最可歌可泣的一页，我在这里也就不多说了。

三、反潮流的批判精神

方才我从超越学术专业精神的限制、与抗拒政治权威这两个角度去认识殷先生的公共知识分子角色。现在我要从另一个角度，一个比较不为人注意但非常重要的角度去看殷先生作为

公共知识分子的表现。这个角度就是我所谓的"反潮流"。从这个角度去认识殷先生的公共知识分子的角色，首先我们必须把他放在中国现代知识分子思想传统这个大脉络去看。

大家知道，殷先生在五四发生的 1919 年出生，30 年代与 40 年代正是他青少年成长期。重要的是，那个时期也正是近代知识分子传统内思想激化趋势迅速开展、思想左转这个潮流大涨潮的时候。什么是激化？我对激化有三点定义：第一，激化是指对现状全面的否定。所谓现状，不仅指现实政治社会经济文化的状况，更重要的是指它们后面的基本价值与制度。第二，在现实状况之外，看到一个完美的理想社会。第三是相信有一套积极的公共行动方案（特别是政治行动）可以实现这个理想社会。这种激化的思想趋势，从现代知识分子在 1895 以后登上历史舞台开始就出现，但它的成长与壮大主要是在五四时期，特别是五四后期。到了 20 世纪 30 与 40 年代，已经在知识分子里面演为一个势不可当的大潮流。

值得注意的是，面对这左转大潮，殷先生的态度不是投入洪流，而是逆流抗拒。举一些显明的例子，他是在 30 年代末到 40 年代初进大学，念的大学是昆明的西南联大。当时西南联大是抗战时期全国学术中心，也是左倾学者与学生聚汇的中心，左派势力极大。殷先生不但不随声附和，加入他们的行列，而且常常站起来与这些左派人士辩论、争吵、"对着干"。例如他听到左翼学生高唱"保卫马德里"歌曲，就问他们，"为什么不唱保卫华北？"又如当时联大的一位名教授张奚若，曾写文章、发表演说，支持左倾的学生运动，殷先生以一位刚出茅庐的大学生，就曾为了一个民主传单问题，与张奚若激辩了一个多小时。可见殷先生当时面对声势浩大的左倾运动，挺身而斗，丝毫不惧怕、不心虚、不让步来捍卫他自己的立场。待会我会讨论殷先生这种抗拒左倾的态度背后的思想因素。这里我只想指出：殷先生这种反潮流态度反映一种面对社会与文化权威，不随波逐流，仍然维持虽千万人吾往矣的独立自主的精神。这也是他扮演公共知识分子角色的重要一面，其意义不下于我方才指出的其他两面——抗拒政治权威的勇气与超越专业挂帅的学术风气，所表现的社会关怀与责任感。

综合殷先生作为一个公共知识分子在这三方面的表现，我认为它们都透露了他的思想，或者应该说他一生精神生命的一个重要特质、一个基调，那就是他的强烈的理想主义。我想在座诸位曾经与殷先生生前有过接触，有过来往，都会感觉到他的生命与人格散发一股特有的理想主义精神，表现在他的文章里、书信里、教室讨论里、公开演讲里、与朋友和学生私下谈话里，以及他日常生活品味与为人处世的格调里。假如我们说当年台湾有一个殷海光现象，我想这份理想主义就是这现象的精神核心。

回忆起来，我当年就是受这份理想主义的牵引而投到他的门下。记得大约是 1950 年代初，我在《自由中国》上读到一篇题名为《一颗孤星》的文章。作者就是今天也在座的聂华苓女士。在她生动感人的笔触下，一位特立独行，光芒四射的哲人在我的脑海里浮现。这个形象放在 1950 年代台湾灰暗消沉的政治与思想环境里，真像一颗孤星在黑夜中闪闪发光，令人仰望。就这样我登门求见，找到了殷先生。

接近殷先生的学生和朋友都知道，他这一生，受着他的理想主义的驱使，一直在不断地作思想上的探索与精神上的追求。晚年在经过心灵上一番调整以后，他又重新出发，曾经写下一段关于他心路历程的独白。今天大家聚在这里，纪念殷先生，怀念殷先生，我想把这段独白念出来，让大家能透过殷先生散文诗的语言，重温一下他生命中特有的这份理想主义的基调：

> 在这样的背景下，我独自出发来寻找出路和答案。当我出发时，我像是我自己曾经涉足过的印缅边境的那一条河。那一条河，在那无边际的森林里蜿蜒地流着，树木像是遮蔽着它的视线，岩石像是挡住了它的去路。但是，它不懈怠，终于找到了出路，奔赴大海和百谷之王汇聚在一起。现在，我发现了自己该走的大路。我认为这也是中国知识分子可能走的大路。我现在看到窗外秋的蓝天，白云的舒展和遥远的景色。

你们也许注意到我方才用独特这两个字来形容他的理想主义精神。这是因为我拿他与台湾早期和他同辈的知识分子相比。事实上殷先生自己也有相同的感觉。他生前常常感叹当时读书人的精神失落与萎靡。但是我们若把他放在中国近代早期知识分子的思想大脉络去看，他的理想主义不是一个孤例，而是当时知识分子的一个思想基调。我现在要进一步指出：这份基调的出现是有其时代背景的。

这个背景就是晚清出现的所谓三千年未有之大变局，这个变局虽然是开始于19世纪初叶，但真正的展开、真正的启动大约是1895年以后的年代。那是一个空前的危机时代。首先是政治危机，内乱外患已恶化到一种程度，不但国族生存受到威胁，而且传统政治秩序的基本体制——普世王权也开始解体。同时，西方文化思想的侵蚀与挑战已由传统文化秩序的边缘深入到核心，使得以天人合一的宇宙观与三纲五常的价值观组合所形成的儒家核心思想，也在动摇消解中。这空前的政治与文化的双重危机，激发出空前的危机意识，在1895年以后出现的现代知识分子中散布。一方面是对现实情况有一种从根烂起、濒临绝境的悲观。而另一方面，就在同时，中国知识分子的时间观念与历史观念也起了很大的变化。他们放弃了中国传统看历史的运行不是循环往复就是江河日下的悲观论，而开始拥抱西方认为历史是单向直线的、朝着无限的未来进展的乐观论，再加上当时的西潮、西学带来一个崭新世界观，一个新天新地的视野，以及许多前所未闻前所未见的"新生事物"如自由民主的观念、宪政代议制度与科技等等，展开中国人对未来的想象力，对未来的瞩望与远景。在他们的眼里，前途不再是局蹐狭隘、江河日下的趋势，而是"地球由苦到甘"（谭嗣同语）日趋佳境的不断进展。因此，一种高度乐观的前瞻意识与对现状空前的悲观，同时笼罩着1895年以后知识分子的世界，也可说在这危机意识里面有一个两极心态：一边是一片腐烂、一片黑暗的今天，一边是无限光明灿烂的未来。在这两极心态里，当时的知识分子又投注一种积极进取的精神。这精神一部分来自传统士大夫以天下为己任的儒家经世观；一部分来自近代西方文化蕴含的戡世精神。这份积极进取的精神与方才提到的两极心态融汇，成为中国历史前所未有的一种理想主义精神。

最能代表这份理想主义的，是当时知识界的一位领袖人物：梁启超。他认为当时的中国正处于他所谓的"过渡时代"，一方面他是这样形容当时的中国："正如驾一叶扁舟，放乎中流，两头不到岸，险象环生，随时灭顶。"而另一方面，他展望海之彼岸，看到一片璀璨的景观，又有这样兴奋的期待："其将来之目的地，黄金世界，荼锦生涯，谁能限之？"

是在这样乐观而自信的前瞻意识的驱使之下，他写下一首传颂一时的诗歌《志未酬》：

志未酬！志未酬！问君之志几时酬。志亦无尽量，酬亦无尽时。世界进步靡有止期，吾之希望亦靡有止期。众生苦恼不断如乱丝，吾之悲悯亦不断如乱丝。登高山复有高山，出瀛海更有瀛海，任龙腾虎跃以度此百年兮，所成就其能几许？虽或少许，不敢自轻。不有少许兮，多许奚自生？但望前途之宏阔而辽远兮，其孰能无感于余情。吁嗟呼，男儿志兮天下事，但有进兮不有止。言志已酬便无志！

大家也许知道，梁启超这首《志未酬》是殷先生生前非常欣赏、非常喜爱、也时而引用的诗歌。这里我要特别一提的是，殷先生在他逝世大约三周前写的一篇文章里，还念念不忘这首诗歌。那篇文章是他为香港友联出版社编的《海光文选》写的序言，在文章的末了，他这样沉痛而坚强地写道：

我在写这自叙时，正是我的癌症再度并发的时候，也就是我和死神再度搏斗的时候。这种情形，也许正象征着今日中国知识分子的悲运。今天，肃杀之气，遍布大地。自由民主的早春已被消灭得无影无踪了。我希望我能再度战胜死神的威胁，正如我希望在春暖花开的日子，看见大地开放着自由之花。说到这里，我不禁联想起梁启超先生的《志未酬》歌。

接着殷先生就抄录这首诗歌的全文，以结束这几乎是他一生临终绝笔的一篇文字。很显然，在殷先生的心目中，这首诗歌所透显的理想主义精神，也是他一生为之尽瘁的苦志与悲愿的凝聚点。

我在这里把殷先生的理想主义放在中国近现代知识分子思想发展的大环境去看，一方面是要说明他的理想主义不是一个孤立现象，而是与1949年以前中国近代早期知识分子的思想传统一脉相承，精神相通的。同时，我也要提出一个我认为很有意义的问题，我相信思考这个问题，可以帮助我们进一步认识殷先生的思想生命，与殷先生所归属的近代中国知识分子的精神传统。

提到这个问题，我就要回到我方才讨论过的一个殷先生的思想特征——反潮流。我曾经指出，这个"反潮流"态度的思想背景就是五四后期到1940年代的知识分子的左转大潮流，而这个大潮流后面的一个最重要的思想动力，也就是我所谓的"激化"趋势。这个趋势，如我方才指出，在近代知识分子的思想传统里可以追溯到梁启超与康有为、谭嗣同等第一代知识分子所开启的文化启蒙。也就是说，当梁启超在20世纪初写《志未酬》诗歌的时候，这激化的趋势已开始在他们所引导的思想界显露端倪。以后它持续扩展，继长增高，从五四后期开始几乎有席卷知识界与文化界的趋势，而殷先生身处这样一个理想主义传统之中，却不为所动，力抗这股激化的洪流。这是什么原因？

在回答这问题以前，为了彰显这问题的意义，让我简略地追溯一下理想主义在殷先生思想里的发展。首先，我要指出：他进入这理想主义传统是很早的。我的证据是他早年，大约是大学时代，写的一首新诗《灯蛾》：

> 只为贯彻毕生的愿望，毅然地奋力扑向火光。
> 千百次回旋也不觉疲惫。
> 是光明激起了无穷力量？
> 直至火花燃去了翅膀，
> 倒下了，也不悲伤。
> 挣扎中，还再三叮咛同伴，
> 一定要扑向火花！

这首新诗的主题，灯蛾扑火，是中国知识分子早期思想传统里常见的一个引喻，特别在所谓的"三十年代文学"与"革命文学"里。灯蛾，为了追求光与热，不惜葬身火焰；人，为了追求真理与理想所发出的光与热，也应该有同样的牺牲精神。这种殉道精神、烈士精神，毫无疑问是理想主义的最高表现，殷先生显然在少年时代已经拥抱，但他却没有像他同时代许多热血青年一样跟着这种精神左转，这是为什么？

大约 10 年之后，1950 年代初，殷先生已是一位中年学者，他写了一篇长文——《自由人底反省与重建》，重申他少年时所展现的理想主义精神。重要的是：在这十年间，他不但没有随着时代潮流，往左转去追求他的理想主义，反而认为这份理想主义的精髓，可以化为"至大至刚"的独立自主精神，一旦形成时代的酵母，能够抗拒与扭转时代的洪流。他说："我们先在思想中成长一个新的世界，我们内在的生命力、思想力、意志力充实的一天，我们底光辉自然会放射于外，照彻四海。"然后他话锋一转，针对他认为精神萎靡的同时代知识分子喊话："作者深知人心并未死绝。许多人底灵魂还隐藏在他们底腔子里头。不过，他们像冬天的草虫，在冬季西伯利亚的寒风里蛰伏起来，以待春到人间的一天。可是我们要知道，这不是御寒最佳的方法。御寒的最佳方法，是自动地创造春天。"

殷先生这番话，使我联想到五四时代一位知识分子的领袖李大钊。他曾在《新青年》杂志上发表一篇题名为《春》的文章，向他精神萎靡的同胞，发出了"回春再造"的呼声。这个呼声与殷先生的"自动地创造春天"那句话，都是用象征性的语言来表达同样的信念：人的精神力量是伟大的，无限的，发挥起来可以把春天带回严冬封锁的人间，使得大地欣欣向荣地滋长繁荣下去。顺便提醒大家，李大钊也是受过早期知识分子的精神传统的强烈影响。殷先生在这个传统里最心仪崇拜的人物是梁启超；李大钊最心仪崇拜的是梁的挚友谭嗣同，因此殷先生与李大钊来自同样的精神传统，用着同样的象征语言，表达了同样的精神信念。但令人费解的是二人的思想发展，却是非常的不同。李后来变成共产党的创党人，抱着共产主义天堂的理念，走上悲剧性的革命道路。大多数与殷先生同时代的知识分子，也都走上这条革命的道路。但殷先生却与众不同，始终拒绝走上李大钊的道路，始终与革命与激化的潮流保持着批判的距离。照理讲，以殷先生高昂的理想主义精神，应该很容易被牵引走上李大钊的激进道路，但他却始终没有，这是为什么？

对这个问题，我没有很满意的答复，但是我在他的思想里看到三个因素，合而观之，我相信可以帮助我们说明他与激化的逆反关系。

第一个因素是殷先生的天生性格。我方才在讨论他的反潮流精神时，曾经提到过，我认为他有与生俱来的一副傲骨，不与世俗妥协的反抗劲儿，一番"千山我独行"的气概，这些性格与气质后来化入他一生再三强调的独立自主的精神，使他面对外在的权威时，不论是时代精神、思想潮流或学术风尚，很容易产生先天的抗拒力。

其次，殷先生认为激化思想的核心——马克思主义的基本观念——与他的理想主义相抵触。他在《自由人的反省与再建》的文章里再三强调他的理想主义是建筑在对人的主观精神的信念。让我再引用他的一段话作为说明，他说："精神力量是不可计量的，因而是无穷的。今日只有借这无穷的精神力量来运用物质力量才能打败邪恶的极权主义。这种精神力量，在起支配作用时，比氢气原子弹底力量不知伟大多少万倍。"这里顺便提一下，在这方面我认为他有意无意地受到传统儒家思想中唯心论的很大影响。大家知道，孟子是古代儒家唯心思想集大成的人物。殷先生这篇文章里有好几节，从他引文的字句语言、气势以及强调唯心的观点，是充满了"孟子精神"。而他认为这种宝贵的唯心精神是被马克思主义否定了。因为马克思主义有一个基本哲学观念，那就是"存在决定意识"。后者，更具体地说是一种经济决定论，认为人的思想是一种上层建构，受制于基层的经济结构，亦即主观意识只能被动地反映现实社会经济环境的影响。换言之，殷先生的理想主义的中心观念——他所谓的"人的自主性与自动性"，以及随之而来的"自由精神"与精神至上的观念，都被马克思主义否定了。这自然不是他能接受的。可见他的理想主义对思想激化是有内在的抗拒力。

此外，我要强调：就思想激化而言，殷先生的理想主义还有一个更大的、更重要的内在抗拒力，这就是殷先生对乌托邦的看法。我方才曾经对"激化"观念的意义作了三点简单的说明。综合这三点，我们可以说"激化"的核心思想就是一种以乌托邦主义为取向的政治转化意识，也就是说，它不但相信未来有一个终极的理想社会，而且相信这个社会可以透过政治组织的安排与权力的运作加以实现。

殷先生对建构型的乌托邦以及随之而来的激化思想有很深的反感。问题是：他这种反感的思想根源从何而来？一个明显的答复是他的自由主义。但是问题接着来了。因为西方的民主自由观念，从1895年开始大规模地进入中国，到殷先生成长的20世纪30至40年代已经形成一个思想传统，这个传统有一个主驱，我称之为高调的自由主义。后者对建构式的乌托邦主义以及随之而来的激进主义，不但没有抗拒性，反而在思想上有很强的亲和性。就了解殷先生的自由主义的思想背景而言，这是一个很有相关性的重要事实，让我在此作一些简略的说明。

大致而言，高调的自由主义的出现，是因为近代早期的中国知识分子受到两方面思想的影响：一方面是来自欧陆理性主义传统的激进主义民主观，另一方面是来自传统儒家以道德理想主义为取向的经世思想。这两种影响使他们相信民主与自由代表一种政治秩序，其主要功能在于实现崇高的道德理念，也就是说他们认为自由主义的政治就是我方才提到的创造性的政治；它可以创造出一个美好的理想社会。我想以他们最常谈的两个观念——"自由"与"民主"，来稍稍说明一下这高调的自由主义。

首先是自由的观念。对于许多当时的知识分子而言，个人自由主要指"精神自由"。什么是精神自由？它有一个前提，那就是来自中国传统的二元自我观，相信人的个体自我有双重性：一方面是人的理性或"良知"，或它们所代表的"精神我"、"真我"、"贵体"、"大我"；另一方面是人的各种情绪、感觉、冲动、欲望以及成见与私意以及它们所反映的"躯体我"、"贱体"、"小我"。当个人能以自己的本性或良知为主宰，克服或控制自己的情感、欲望以及身体其他各种需要，这就是精神自由。换言之，这种个人自由就是要求压制个人外在躯体的小我以彰显内在精神的大我或真我，这显然是理想性很强的自由观，很近乎伯林所谓的积极自由。诚如伯林所指出，这种自由观有其重要的意义与价值，但也有其危险性，因为这种精神自由以及随之而来的二元自我观念，由于缺乏纯净的超越内化意识，常常会被群体意识与权威意识所渗透与扭曲，变成一种否定经验现实中活生生个人的自由与自主的观念，从而变为一种专制主义与集体主义的思想因子。

再看高调自由主义的民主观念。近代早期的知识分子一开始接受民主观念，就有朝着卢梭型的共和主义民主观发展的倾向，含有很强的道德意识与集体意识，而同时对古典自由主义的民主观，采取批判的态度，认为古典自由主义的民主观太狭隘、太为资产阶级的利益着想、太接近资本主义，因此扩大民主观念的呼声愈来愈高，其结果是一种激进的、高调的民主观在知识分子之间流行起来。它有两个特征。一是民粹主义，也就是以表达社会低下层大多数人民的意志与利益为宗旨，而产生一种理想化的人民观，视人民为一个单纯同质的整体，有共同的意志，可以直接选举或公投等方式表达出来，这就是所谓的直接民主。

另外一个特征是民主的偶像化，认为民主可以为这个世界带来乌托邦。在现代世界，民主观念变成乌托邦思想的温床，原来就是一个相当普遍的趋势。中国早期的知识分子也不例外，从康有为、谭嗣同到陈独秀、李大钊都有这种倾向。李大钊在五四时代对民主的看法就是一个典型的例子。他曾引用《圣经》中的诺亚方舟故事，把当时的民主潮流视为冲洗世界的大洪水，能把污秽肮脏的世界洗得干干净净，产生一个他所谓的"新生活，新文明，新世界"。这种理想化的民主观，配上理想性的自由观念，产生我所谓的高调自由主义，在 20 世纪前半期是知识分子思想激化的一个主要渠道，同时也变成极权民主的一个重要阶梯。

现在回头来看殷先生的自由主义。如果他与他同时代大多数的知识分子有着同样的背景，则顺着高调自由主义的思路发展，他不应该会对建构型的乌托邦主义有反感。但重要的是，他的思想是来自与高调自由主义很不同的背景。大家知道，影响他的自由与民主观念的人如金岳霖、罗素、海耶克乃至张佛泉，都与英国自由主义传统直接或间接有很深的思想渊源关系。而大约而言，这个传统的自由主义的性格，是属于低调型与消极型。

英国自由主义这种低调性格的形成，简化地说，可以归因于来自两方面的历史影响。最显著的当然是英国哲学传统主流的经验论，特别是随之而来的知识上的怀疑主义，也就是卡尔·波普尔所谓的"悲观的知识论"（epistemological pessimism），认为人的理性有限，认知能力有限，不足以设计与建构一个理想社会。另外一个影响是来自基督教的新教，特别是加尔文教派。我们知道新教有很强烈的悲观的人性论，认为人性充满了阴暗面，充满贪得无厌的欲望，特别是对权力的欲望。因此权力在人手上是很危险的，弄得不好，就会泛滥成灾，血流成河。而权力又是政治秩序不可或缺的东西，因此他们对权力，对政治秩序，总是心存疑虑与恐惧，总是小心翼翼，战战兢兢的。

总之英国自由主义，由于他们双重的悲观论——知识的悲观论与人性的悲观论，对政治秩序以及随之而来的权力的行使，不敢抱奢望，不敢存幻想，与高调自由主义对政治秩序的乐观态度及其相信政治有创造性的想法，适成鲜明的对照。就此而言，英国经验主义的哲学大师大卫·休谟曾经说过一句话，很足以代表英国的低调自由主义："所有的政府想要在人的思想与行为上作一番大改动的计划，都明显是想入非非。"

我方才提到英国的自由主义传统是殷先生的主要思想背景。当然，我们认识殷先生的自由与民主思想，必须要考虑到他在这方面的思想，不是前后一贯，而是时时有些变化，有些反复与游移。但总的来说，他在 1949 年以后的自由主义是有一个大方向，那就是来自英国传统的自由主义式的民主（liberal democracy），他所强调的大体是这种自由主义式的民主的核心观念：人权自由与民主宪政。这些观念所蕴含的对政治秩序一种消极、低调与戒慎恐惧的态度自然也是殷先生的自由主义的一个基调。就此而言，殷先生毫无疑问是一个反乌托邦主义的学人。

话说到这里，问题又来了。我们能不能据此进一步说殷先生是一个彻头彻尾的反乌托邦主义者？我的答案是否定的。我主要的理由是因为，乌托邦思想可以不同形式出现。仅就乌托邦作为社会理想而言，大致可分为两类：一类就是我方才谈到的建构型或硬性的乌托邦主义，我已指出它与殷先生的低调自由主义格格不入，为他所不取。但重要的是，所谓社会型的乌托邦意识还有另一类，西方一些学者如康德与甫过世的现代学者柯拉科夫斯基都曾注意到，那就是我称之为指标型或方向型的乌托邦意识。这种意识，是来自人性中无法避免的一些理想性或价值意识。也就是说，人不时地会把他生命中所珍贵的一些理想，投射到未来，形成地平线上一个可望而不可即的远景，向人招手，激励他往这个方向去追求，驱策他以这个远景为指标去探索。在此，我想引用台湾一位外科医生曾经说过的一段很有意义的话。他告诉人，他在替人开刀时，总是在追求一个"完美的境界"。他说："这境界，就像北斗星一样，让人晓得方向，但永远追求不到。"这北斗星的比喻，我觉得为指标型的乌托邦主义作了一个绝好的说明。

此外，我认为要认识指标型乌托邦主义的意义，我们同时必须正视人性中不可捉摸、难以预测的双重性向：人有理性，也有狂性；人有罪恶性，也有道德性；人有毁灭性，也有创造性；人是有限的，也是无限的；一言以蔽之，人是神魔混杂的动物。人因为有魔性，他不时会有罪恶性、毁灭性出现；因此在追求理想的目标时，不能走火入魔，不能强求，不能蛮干，特别是不能用政治的强制力去强求与蛮干。但同时也不能因此而放弃追求理想的目标，因为人也有神性，他的理性、德性与创造性也不时会出现，发挥起来，也可能有意想不到的契机与善果。总之人在追求理想目标时，一方面要有戒慎恐惧的态度，但另一方面也要对那可望而不可即的远景维持心灵的开放，作不断的追求与探索。记得韦伯曾经说过这样一句话，提醒大家："历史充分证明：人类将不能做到他可能做到的，除非他时而追求那不可能的。"

我认为殷先生就是这样一个指标型的乌托邦主义者。我的证据就在他高昂的理想主义里面。这种理想主义在他的文字里到处可见，但我要特别引用他晚年写的一篇文章《人生的意义》，因为在这篇文章里，他的理想主义，直指指标型的乌托邦思想。他把人的生命分为由下到上的四个层面：物理层面，生物逻辑层面，生物文化层面，道德理想真善美层面。而人生命的发展就是由下到上，层层提升，最后提升到以真善美为代表的道德理想层面。他认为这一层"是人所独有"，也是"人之所以为人的层级"。他说："我们讲道德，追求理想，要创造理想社会，从柏拉图的理想国，汤姆斯·穆尔（一译托马斯·莫尔）的乌托邦，以至我们要追求真善美等，这都是超生物逻辑的东西，借用黑格尔的话说是'精神的创造'。我想大概说来只有人类有精神的创造。"

很显然，在殷先生的心灵深处，在他的理想主义的深处是有一股强烈的精神创造的冲动，以及乌托邦的向往，与他的自由主义同为他作为公共知识分子的重要思想资源。他为自由主义所作的努力，已为世人所共知。但他的理想主义以及随之而来的乌托邦意识，我想却不那么容易为世人所了解。因为，大家不要忘记，我们今天所处的时代是一个反乌托邦主义的时代。这种反乌托邦的意识，在今天盛行并不足怪。只要看看建构型乌托邦主义在 20 世纪所造成的巨大的政治灾害，便可以了解。但是同时，如我所强调，我们也要认清乌托邦思想的复杂性，不能不分青红皂白的对乌托邦主义作全面的否定，我们必须记住在建构型之外，还有一指标型的乌托邦主义。我相信这种乌托邦主义，只要人类存在一天，只要人性中仍然有价值意识，仍然有精神创造的冲动，它就不会消失，它就会不时地出现。殷先生这一生作为公共知识分子所留下的生命纪录，就是一个例证。

现在让我总结一下。在这篇演讲里，我简略地讨论了殷先生作为公共知识分子的思想道路。我强调他有一个理想主义的基调。这个基调的源头，可以追溯到 1895 年以后的中国现代知识分子兴起时形成的理想主义传统。这个传统在发展的过程里，至少由五四时期开始，逐渐出现了一个激化与左转的趋势，导致大批知识分子卷入这个趋势，走上悲剧性的革命道路。殷先生这一生的思想告诉我们这一个理想主义的传统还有另一面，它把高昂的理想主义以及随之而来的指标性乌托邦意识与西方自由主义的民主观念结合在一起。一方面自由主义的民主观念可以为理想主义与乌托邦意识消毒与防疫，使他避免堕入建构型的乌托邦主义与极权民主的思想陷阱。另一方面，这理想主义与乌托邦意识可以召唤他、驱使他，朝着自由民主的大方向，不断地追求，不懈地奋进去改善人的个体与群体生命。我认为，这就是殷先生作为公共知识分子的思想道路的意义所在。同时我认为，这也是现代中国知识分子理想主义传统有待进一步探讨与认识的一面。